中等职业学校公共基础课程配套用书

数　学

（拓展模块二）

学习指导与能力训练

主　　编：曹一鸣

分 册 主 编：翁志峰

分册副主编：林雪梅　李雅琪

分 册 参 编：金燕群　夏　焱　严　凯　杨　爽

　　　　　　张卫慧　钟丛香　周海燕

SHUXUE TUOZHAN MOKUAI ER

XUEXI ZHIDAO YU NENGLI XUNLIAN

北京师范大学出版集团

BEIJING NORMAL UNIVERSITY PUBLISHING GROUP

北京师范大学出版社

图书在版编目(CIP)数据

数学拓展模块. 二,学习指导与能力训练 / 翁志峰主编. —北京：北京师范大学出版社，2024.9
ISBN 978-7-303-29776-4

Ⅰ. ①数… Ⅱ. ①翁… Ⅲ. ①数学课－中等专业学校－教学参考资料 Ⅳ. ①G634.603

中国国家版本馆 CIP 数据核字(2024)第 024718 号

图书意见反馈：zhijiao@bnupg.com
营销中心电话：010-58806880 58801876
编辑部电话：010-58807762

出版发行：北京师范大学出版社 www.bnupg.com
　　　　　北京市西城区新街口外大街 12-3 号
　　　　　邮政编码：100088
印　　刷：天津旭非印刷有限公司
经　　销：全国新华书店
开　　本：889 mm×1194 mm 1/16
印　　张：16.75
字　　数：327 千字
版　　次：2024 年 9 月第 1 版
印　　次：2024 年 9 月第 1 次印刷
定　　价：36.00 元

策划编辑：余娟平 林　子　　责任编辑：余娟平
美术编辑：焦　丽　　　　　　装帧设计：焦　丽
责任校对：陈　民　　　　　　责任印制：马　洁 赵　龙

前　言

职业教育与普通教育是两种不同的教育类型，具有同等重要的地位。公共基础课程是中等职业学校课程体系的重要组成部分，对促进学生可持续发展具有重要意义。本书是在习近平新时代中国特色社会主义思想指导下编写完成的，是中等职业学校公共基础课程教材《数学（拓展模块二）》的配套学习用书，是学生学习数学课程的辅助资料。

本书知识框架与教材《数学（拓展模块二）》保持基本一致，由数学文化、数学建模、数学工具、规划与评估、数学与信息技术、数学与财经商贸、数学与加工制造，以及数学案例八个专题构成，另含单元测试卷。每个专题由若干知识小节组成，设置"知识要点""运用举例""同步训练""数学窗"等板块。"知识要点"引导学生总结梳理数学知识要点，建立自己的数学知识体系；"运用举例"引导学生学习理解数学知识运用的典型例题，掌握基本数学方法和思想；"同步训练"则设置水平一和水平二两种不同学业水平的习题，满足学生的个性化需求，提高大家分析问题和解决问题的能力；"数学窗"重点介绍数学发展史、数学文化、数学在生活中的应用等拓展知识，丰富数学内容，将"枯燥无味"的数学变得"生动活泼"。单元测试卷包含两套试卷（分别对应水平一和水平二）。我们力求版面设计简洁合理、习题精干高效、拓展史料丰富有趣，以期提高学生学习数学的兴趣和积极性。我们另提供所有习题的答案、提示或详细解答，为学生开启思路、解题提供参考。

数学源于大千世界，服务于生活实际。本书还引导学生掌握一定的数学学习方法。方法一是学会总结归纳，即总结梳理数学基本概念、公式、法则、定理、性质等数学知识要点，可以用条目、表格、框架图、思维导图等方式表达出来，厘清知识要点之间的逻辑关系，形成自己的数学知识主线。方法二是学会借鉴思考，从典型例题的分析解答中巩固公式、深化概念、掌握基本的解题方法与技巧、举一反三。方法三是勤于动笔训练，好记性不如烂笔头，通过同步训练及时反馈学习效果，规范解题过程，提高运算能力和逻辑推理能力。

"数学是锻炼思维的体操"，希望大家热爱数学学习，乐于探索数学问题，在数学学习过程中领略数学文化，感受数学魅力，提升数学学科核心素养。

本套丛书由北京师范大学曹一鸣任丛书主编，上海市材料工程学校翁志峰任分册主编，上海商业会计学校林雪梅、上海电机学院附属科技学校李雅琪任分册副主编。参考编写的有：上海商业会计学校林雪梅(专题一)、上海工商信息学校周海燕(专题二)、上海市材料工程学校夏焱(专题三)、上海振华外经职业学校钟丛香(专题四)、上海市石化工业学校杨爽(专题五)、上海市工商外国语学校张卫慧(专题六)、上海市材料工程学校严凯(专题七)、上海信息技术学校金燕群(专题八)。

由于编者水平有限，本书还有一些需要完善修订的地方，我们将认真听取大家的意见，不断对其进行改进和提升，以便更有效地为大家所用。

编者

2023 年 7 月

目 录

▶ 专题七　数学与加工制造

▶ 专题八　数学案例

专题一 · 数学文化

1.1 计算数学的典范——《九章算术》

1.1.1 《九章算术》中的"算术"

运用举例

例1 （相遇问题）《九章算术·均输》中载："今有凫起南海，七日至北海；雁起北海，九日至南海。今凫雁俱起。问何日相逢。"大意是：有野鸭从南海起飞，用 7 日飞到北海；有大雁从北海起飞，用 9 日飞到南海。现在野鸭和大雁分别从南海和北海同时起飞。问：多长时间相遇？

解：设南北海全长为 63 份，野鸭的平均飞行速度为 $\frac{1}{7} \times 63 = 9$ 份/日，大雁的平均飞行速度为 $\frac{1}{9} \times 63 = 7$ 份/日，若同时相向飞行，共同的平均速度为 $7 + 9 = 16$ 份/日，则相遇时长为 $\frac{63}{16}$（日）。

例2 （柱体体积问题）《九章算术·商功》中载："今有城，下广四丈①，上广二丈，高五丈，袤一百二十六丈五尺。问：积几何？"大意是：现有"城"（如图 1.1-1，截面是等腰梯形的直棱柱体），下底长 4 丈，上底长 2 丈，高 5 丈，纵长 126 丈 5 尺（1 丈 = 10 尺），则该问题中"城"的体积等于多少？

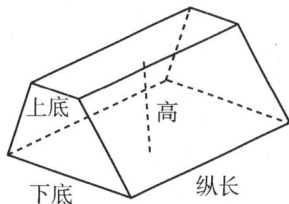

图 1.1-1

---

① 丈、尺，均为古代长度单位。

1

解：由题意，"城"可被看作直四棱柱，该直四棱柱的底面积为

$$S=\frac{1}{2}\times(20+40)\times50=1\,500（平方尺）；$$

又直四棱柱的高为 1 265 尺，所以，"城"的体积为

$$1\,500\times1\,265=1.897\,5\times10^{6}（立方尺）。$$

例 3 （堑堵模型）《九章算术》中，将底面是直角三角形的直三棱柱称为"堑堵"，已知某"堑堵"的三视图如图 1.1-2，正视图中虚线平分矩形的面积，则该"堑堵"的侧面积为多少？

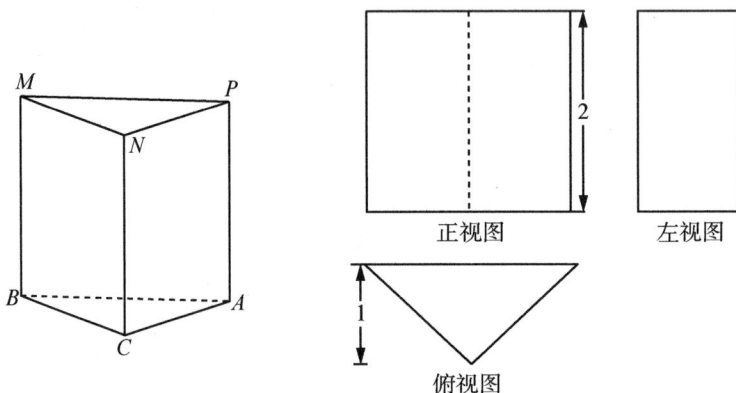

图 1.1-2

解：如图 1.1-3，取 AB 的中点 D，连接 CD，由左视图可知 $CD=1$。由题意，$\angle ACB=90°$，$AD=BD$。

所以 $AB=2CD=2$，$BC=AC=\sqrt{2}$，

所以该"堑堵"的侧面积为 $2(2+2\sqrt{2})=4+4\sqrt{2}$。

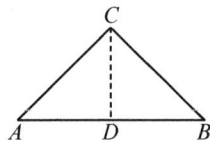

图 1.1-3

同步训练 1.1.1

水平一

1.《九章算术·方程》中载："今有牛五、羊二，直金十两[①]；牛二、羊五，直金八两，问：牛、羊各直金几何？"大意是：假设有 5 头牛、2 只羊，值金 10 两；2 头牛、5 只羊，值金 8 两。问：每头牛、每只羊各值金多少两？若设每头牛、每只羊分别值金 x 两、y 两，则可列方程组为（　　）。

A. $\begin{cases}5x+2y=10,\\2x+5y=8\end{cases}$　　　B. $\begin{cases}5x-2y=10,\\2x-5y=8\end{cases}$

---

① 两，古代重量单位。

C. $\begin{cases} 5x+2y=10, \\ 2x-5y=8 \end{cases}$ D. $\begin{cases} 5x+2y=8, \\ 2x+5y=10 \end{cases}$

2.《九章算术·方田》中载："今有环田，中周九十二步，外周一百二十二步，径五步。问：为田几何？"大意是：现在有一圆环形田，内圆的周长是 92 步，外圆的周长是 122 步，外圆半径与内圆半径的差是 5 步。问：圆环形田的面积是多少？

3.《九章算术·方田》中载："今有田，广十五步，从十六步。问：为田几何？"大意是：现有一块田，宽 15 步，长 16 步。问：这块田的面积是多少？

4.《九章算术·盈不足》中载："今有共买物，人出八，盈三；人出七，不足四。问：人数、物价各几何？"大意为：几个人一起去购买物品，如果每人出 8 钱①，那么剩余 3 钱；如果每人出 7 钱，那么差 4 钱。问：有多少人，物品的价格是多少？

————————

① 钱，古代货币单位。

5.《九章算术·盈不足》中载："今有共买羊，人出五，不足四十五；人出七，不足三。问：人数、羊价各几何?"大意是：若干人共同出资买羊，每人出 5 钱，差 45 钱；每人出 7 钱，则差 3 钱。问：人数和羊价各是多少？

6.《九章算术·均输》中载："今有人持米出三关，外关三而取一，中关五而取一，内关七而取一，余米五斗^①。问：本持米几何?"大意是：有人背米过关卡，经过外关时，用全部米的三分之一纳税，经过中关时，用所余米的五分之一纳税，经过内关时，再用余米的七分之一纳税，最后还剩下 5 斗米。问：这个人原来背多少斗米出关？

水平二

1.《九章算术·方田》中计算弧田面积所用的经验公式是：弧田面积 $=\frac{1}{2}($ 弦 $\times$ 矢 $+$ 矢 $^2)$。弧田（如图阴影部分），由圆弧和其所对弦围成，公式中的"弦"指圆弧所对弦长，"矢"等于半径长与圆心到弦的距离之差，现有圆心角为 120°，半径为 4 m 的弧田，按照上述公式，试计算该弧田的面积。

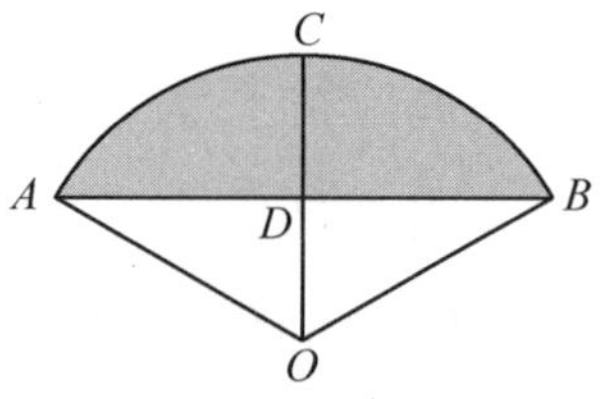

（第 1 题图）

---

① 斗，古代计量工具，后用作计量单位。

2.《九章算术·均输》中载："今有池，五渠注之。其一渠开之，少半日一满；次，一日一满；次，二日半一满；次，三日一满；次，五日一满。今皆决之，问：几何日满池？"大意是：一个水池有五条进水渠。单开第一条水渠不到半天注满（意思是一天可以注满三次）；单开第二条水渠 1 天注满；单开第三条水渠 2 天半注满；单开第四条水渠 3 天注满；单开第五条水渠 5 天注满。五条水渠一齐开，问：几日注满水池？

3.《九章算术·均输》中载："今有程传委输，空车日行七十里，重车日行五十里。今载太仓粟输上林，五日三返。问：太仓去上林几何？"大意是：有一个叫程传的人负责运输，空车一日行 70 里[①]，满载的车一日行 50 里。现在从太仓运谷子到上林，5 日往返 3 次。问：太仓距上林多少里？

◉ **数学窗**

《九章算术》目录

《九章算术》中每一章都对应着中国古代数学应用的智慧。

第一章"方田"：田亩面积计算。

第二章"粟米"：谷物粮食按比例折换。

第三章"衰分"：比例分配问题。

第四章"少广"：已知面积和体积，求其一边长和径长等。

第五章"商功"：土石工程、体积计算。

第六章"均输"：合理摊派赋税。

第七章"盈不足"：双设法问题。

第八章"方程"：一次方程组问题。

第九章"勾股"：图形问题。

---

　① 里，古代长度单位。

1.1.2 《九章算术》中的"程序"

笔 记

知识要点 ——————————————————————

1.《九章算术》中的"更相减损术"：

原文：可半者半之，不可半者，副置分母、子之数，以少减多，更相减损，求其等也。以等数约之。

大意是：任意给定两个正整数 a 和 b，求最大公约数。

判断是否都是偶数：

①如果都是偶数，用 2 除约简；

②如果不都是偶数，则以较大的数减较小的数，再把所得的差与较小的数比较，并以大数减小数。继续这个操作，直到所得的差和减数相等为止。

第①步中约简的若干个 2 的积与第②步中等数的乘积就是所求的最大公约数。其中所说的"等数"，就是公约数。求"等数"的方法就是"更相减损术"。

由于这个过程可以循环下去，我们可以设计程序框图或程序语言来进行求解。因此，可以说中国古代《九章算术》中的"更相减损术"已经有了现代数学"程序"思想的萌芽。

2. 中国古代数学的基本特征就是机械化、程序化。《九章算术》中的分数四则运算法则、开平方（开立方）的程序、方程术的解题过程等，魏晋时期刘徽的割圆术、宋朝秦九韶的高次方程求解、元朝朱世杰的四元术等，都具有规范化的求解程序，是典型的机械化方法。

运用举例 ——————————————————————

例 1 求 153 与 119 的最大公约数。

解：153 与 119 都是奇数，因此用较大数减较小数，并辗转相减可求得它们的最大公约数。

$$153-119=34,$$
$$119-34=85,$$
$$85-34=51,$$
$$51-34=17,$$
$$34-17=17。$$

所以 153 与 119 的最大公约数为 17。

根据"更相减损术"，上面的过程也可以简写为：

$$(153，119)=(119，34)=(85，34)=(51，34)=(34，17)=(17，17)=17。$$

例 2　《九章算术·方田》中载："又有九十一分之四十九，问：约之，得几何？答曰：十三分之七。"

解：《九章算术》中的"更相减损术"本质上是分数约分的方法（约分即找出分子、分母的最大公约数）。

本题先用"更相减损术"求得 91 与 49 的最大公约数：

$$(91，49)=(49，42)=(42，7)=7。$$

所以，$\dfrac{91}{49}=\dfrac{13\times 7}{7\times 7}=\dfrac{13}{7}$。

例 3　《九章算术·方程》中对方程组的解法提出了完整的解法"程序"，与现在学习的"代入消元法"或"加减消元法"类似。但《九章算术》中的方程组是用算筹图表示的，如方程组 $\begin{cases}2x+4y=13，\\3x+2y=28\end{cases}$ 可用图 1.1-4(1) 表示：

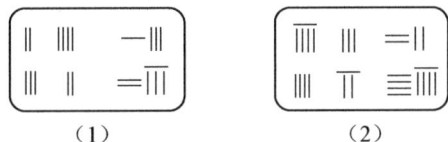

（1）　　　　　（2）

图 1.1-4

那么，图 1.1-4(2) 表示的方程组为（　　）。

A. $\begin{cases}4x+3y=22，\\4x+2y=49\end{cases}$　　　　B. $\begin{cases}9x+3y=4，\\4x+7y=13\end{cases}$

C. $\begin{cases}9x+3y=22，\\4x+7y=49\end{cases}$　　　　D. $\begin{cases}14x+3y=22，\\4x+12y=49\end{cases}$

解：算筹是中国古代的一种计算工具，由长约 10 cm 的小木棍制作而成（制作材料也可以是铁、竹、玉、骨等）。《九章算术》中用算筹计数的方法有纵、横两种：

算筹计数法则为：凡算之法，先识其位，一纵十横，百立千僵，千十相望，万百相当。

根据以上算筹计数法，可知正确答案为 C。

同步训练 1.1.2

水平一

1. 用"更相减损术"将分数 $\dfrac{119}{221}$ 约分的结果为（　　）。

A. $\dfrac{11}{13}$ 　　　　B. $\dfrac{7}{13}$ 　　　　C. $\dfrac{7}{11}$ 　　　　D. $\dfrac{13}{17}$

2. 宋代秦九韶所著的《数书九章》中提出了求多项式的值的"秦九韶算法"。下图为秦九韶算法的一个程序框图，执行这个程序框图，输出的 S 为（　　）。

A. $a_1 + x_0[a_3 + x_0(a_0 + x_0 \cdot a_2)]$ 的值

B. $a_3 + x_0[a_2 + x_0(a_1 + x_0 \cdot a_0)]$ 的值

C. $a_0 + x_0[a_1 + x_0(a_2 + x_0 \cdot a_3)]$ 的值

D. $a_2 + x_0[a_0 + x_0(a_3 + x_0 \cdot a_1)]$ 的值

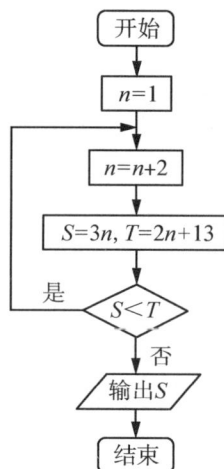

（第 2 题图）　　　　　（第 3 题图）

3. 我国古代数学著作《孙子算经》（卷下）记载"多人共车"问题，原文如下：

今有三人共车，二车空；二人共车，九人步。问：人与车各几何？

如图是该问题中求人数的程序框图，执行该程序框图，输出的 S 的值为（　　）。

A. 31 　　　　B. 33 　　　　C. 35 　　　　D. 39

4. 公元 263 年左右，我国数学家刘徽创立了"割圆术"，并用"割圆术"得到了圆周率精确到小数点后面两位数的近似值 3.14，这就是著名的"徽率"。如图是利用刘徽的"割圆术"思想设计的一个程序框图，则输出的 S 的值为（　　）。

A. 48 　　　　B. 36 　　　　C. 24 　　　　D. 12

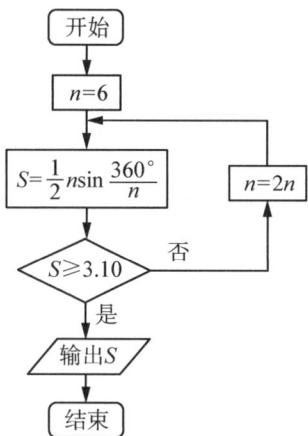
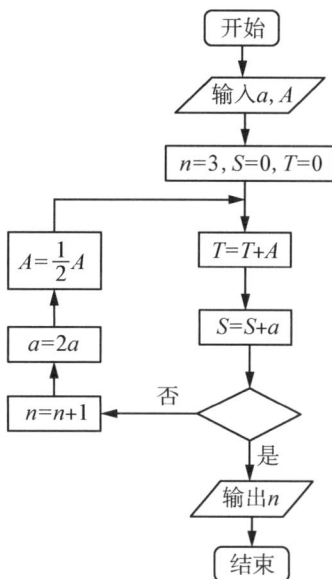

（第4题图）　　　　　　　　　　（第5题图）

5.《九章算术·盈不足》中载："今有蒲生一日，长三尺。莞生一日，长一尺。蒲生日自半，莞生日自倍。"（注：蒲是一种多年生草本植物，莞是一种水葱类植物。）

大意是：今有蒲生长1日，长为3尺；莞生长1日，长为1尺。蒲的生长逐日减半，莞的生长逐日加倍。

现在问：几日后，莞高会超过蒲高的一倍？

为了解决这个问题，设计如图的程序框图，输入 $a=1$，$A=3$。那么，在判断框中应填（　　）。

A. $T>2S$ 　　　　　B. $S>2T$ 　　　　　C. $S<2T$ 　　　　　D. $T<2S$

6.《九章算术·方田》中载："今有十八分之十二，问：约之，得几何？"试用"更相减损术"求解。

水平二

1.《孙子算经》（卷下）中"器中取米"原文如下："今有器中米，不知其数，前人取半，中人三分取一，后人四分取一，余米一斗五升。问：本米

几何？"大意是：器物中不知道有多少米，只知道第一个人取了其中的 $\dfrac{1}{2}$，第二个人取了余下的 $\dfrac{1}{3}$，第三个人取了再余下的 $\dfrac{1}{4}$，此时还剩下 1.5 斗米，问：器物中原有多少米？

如图是解决该问题的程序框图，执行该程序框图，若输出的 $S=1.5$（单位：斗），则输入的 k 的值为（   ）。

A. 4.5   B. 6   C. 7.5   D. 9

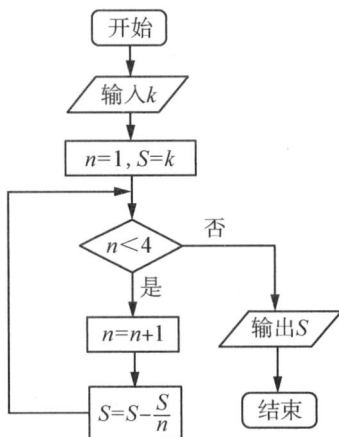

（第 1 题图）

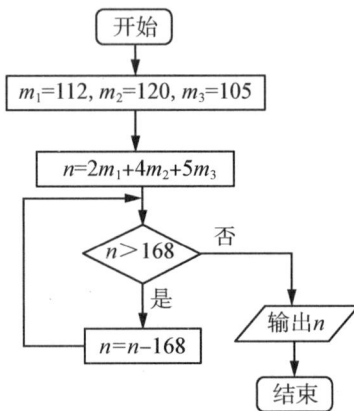

（第 2 题图）

2. 如图程序框图的算法思路来源于《孙子算经》中的"物不知数"问题。

题："今有物，不知其数，三三数之剩二，七七数之剩四，八八数之剩五。问：物几何？"

大意是：已知正整数 n 被 3 除余 2，被 7 除余 4，被 8 除余 5，求 n 的最小值。

执行该程序框图，则输出的 n 的值为（   ）。

A. 62   B. 59   C. 53   D. 50

3. 魏晋时期的著名数学家刘徽在为《九章算术》作注时说："徽幼习《九章》，长再详览，观阴阳之割裂，总算术之根源。"这句话表明，刘徽是通过《周易》的阴阳之说来研究算术的起源的。众所周知，《周易》的阴阳八卦中孕育着二进制数的思想方法。

右图是将二进制数 $111\ 111_{(2)}$ 化成十进制数的一个程序框图，判断框内应填入的条件是（   ）。

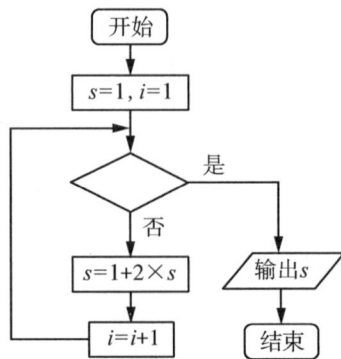

（第 3 题图）

A. $i>6$ B. $i\leqslant 6$ C. $i>5$ D. $i\leqslant 5$

辗转相除法

　　求两个正整数的最大公约数的方法，我国古代数学著作《九章算术》中提出了"更相减损术"。在西方，约公元前 300 年，古希腊数学家欧几里得提出了用"辗转相除法"求两个正整数的最大公约数的方法。

　　"辗转相除法"求最大公约数的基本思想是：用两个数中较小的数除较大的数，得商与余数；然后将前一步骤的除数作为被除数，余数作为除数，再用带余除法求余数；重复以上操作步骤，直到余数为 0，则两个数的最大公约数就是最后一步的除数。

　　显然，"辗转相除法"也具有机械化、程序化的特点，因此，其操作过程也可以用流程框图（如图 1.1-5）表示。

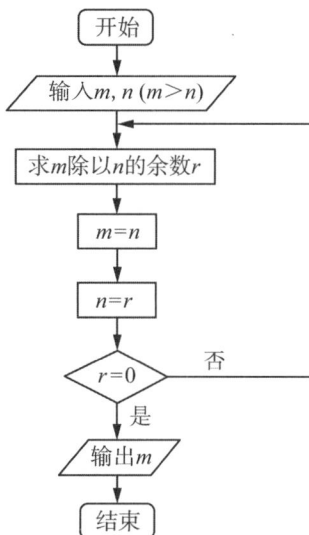

　　试一试：用"辗转相除法"求 9 357 与 5 481 的最大公约数。

开始

输入 $m, n \, (m > n)$

求 m 除以 n 的余数 r

$m = n$

$n = r$

$r = 0$　　否

是

输出 m

结束

图 1.1-5

1.2　公理几何学的鼻祖——《几何原本》

1.2.1　《几何原本》中的勾股定理

知识要点

　　1. 勾股定理反映了直角三角形三边之间的关系，是直角三角形的重要性质之一，其主要应用：

　　(1)已知直角三角形的两边求第三边(在 $\triangle ABC$ 中，$\angle C = 90°$，则 $c = \sqrt{a^2 + b^2}$，$b = \sqrt{c^2 - a^2}$，$a = \sqrt{c^2 - b^2}$)；

　　(2)已知直角三角形的一边及已知边与另两边的关系，求直角三角形的另两边；

　　(3)利用勾股定理可以证明线段平方关系的问题。

　　2. 勾股定理的证明：勾股定理的证明方法很多，常见的是拼图的方法。

　　用拼图的方法验证勾股定理的思路是：

（1）图形经过割补拼接后，只要没有重叠，没有空隙，面积不会改变；

（2）根据同一种图形的面积不变，列出不同表示方法的等式，推导出勾股定理。

运用举例

例1 如图 1.2-1，有一块长方形花圃，有少数人为了避开拐角走"捷径"，在花圃内走出了一条"路"，他们仅仅少走了(   )m的路，却踩伤了花草。

A. 5   B. 4   C. 3   D. 2

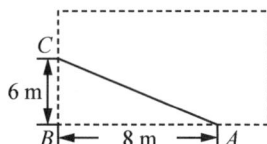

图 1.2-1   图 1.2-2

解： 如图 1.2-2，原来走的路长为 $AB+BC=8+6=14$（m），

在 Rt$\triangle ABC$ 中，$\angle ABC=90°$，

$AC^2=AB^2+BC^2=100$，

所以 $AC=10$（m）。

即"捷径"路长 10m，少走了 $14-10=4$（m），故本题答案选 B。

例2 如图 1.2-3，学校操场边上的一块空地（阴影部分）需要绿化，测出 $AD=8$，$CD=6$，$\angle ADC=90°$，$AB=26$，$BC=24$，那么需要绿化部分的面积为_____。

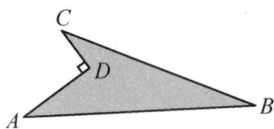

图 1.2-3   图 1.2-4

解： 如图 1.2-4，连接 AC，在 Rt$\triangle ACD$ 中，$AD=8$，$CD=6$，

所以 $AC=\sqrt{AD^2+CD^2}=\sqrt{8^2+6^2}=10$。

在 $\triangle ABC$ 中，

因为 $AC^2+BC^2=10^2+24^2=26^2=AB^2$，

所以 $\triangle ABC$ 为直角三角形。

所以需要绿化的面积为 $S_{\triangle ABC}-S_{\triangle ACD}=\dfrac{1}{2}\times 10\times 24-\dfrac{1}{2}\times 6\times 8=96$。

故答案为 96。

例3 如图 1.2-5，某小区的两个喷泉 A，B 位于小路 AC 的同侧，两个喷泉的距离(AB 的长)为 250 m。现要为喷泉铺设供水管道 AM，BM，供水点 M 在小路 AC 上，供水点 M 到 AB 的距离(MN 的长)为 120 m，BM 的长为 150 m。

图 1.2-5

(1)求供水点 M 到喷泉 A，B 需要铺设的管道总长；

(2)求喷泉 B 到小路 AC 的最短距离。

解：(1)在 Rt$\triangle MNB$ 中，由勾股定理得 $BN = \sqrt{BM^2 - MN^2} = \sqrt{150^2 - 120^2} = 90$(m)，

所以 $AN = AB - BN = 250 - 90 = 160$(m)。

在 Rt$\triangle AMN$ 中，由勾股定理得 $AM = \sqrt{AN^2 + MN^2} = \sqrt{160^2 + 120^2} = 200$(m)，

所以供水点 M 到喷泉 A，B 需要铺设的管道总长为 $200 + 150 = 350$(m)。

(2)因为 $AB = 250$ m，$AM = 200$ m，$BM = 150$ m，

所以 $AB^2 = AM^2 + BM^2$，

所以$\triangle ABM$ 是直角三角形，且$\angle AMB = 90°$，

即 $BM \perp AC$。

因此，喷泉 B 到小路 AC 的最短距离就是 BM 的长，即喷泉 B 到小路 AC 的最短距离是 150 m。

📖 同步训练 1.2.1

水平一

1. 如图，点 A 为圆被数轴所截半圆上的一个点，则点 A 所表示的数为(　　)。

　A. $-\sqrt{5}$　　　　B. $-1 + \sqrt{5}$　　　　C. $-1 - \sqrt{5}$　　　　D. $1 - \sqrt{5}$

2. 如图，在正方形网格中，点 A，B，C，D，E 是格点，则$\angle ABD + \angle CBE =$ _____。

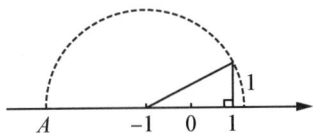

(第 1 题图)

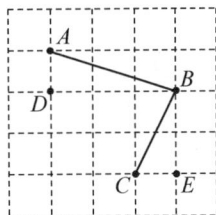

(第 2 题图)

3. 如图是一个三级台阶，它的每一级的长、宽、高分别为 20 dm，3 dm，2 dm，A 和 B 是这个台阶上两个相对的端点，A 处有一只蚂蚁，想到 B 点去吃可口的食物，则蚂蚁沿着台阶面爬到 B 点的最短路程是_____ dm。

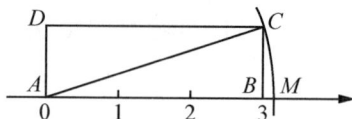

（第 3 题图）　　　　　　（第 4 题图）

4. 如图，长方形 $ABCD$ 中，$AB=3$，$BC=1$，AB 在数轴上，以点 A 为圆心，AC 的长为半径作弧交数轴的正半轴于点 M，求点 M 所表示的数。

5. 如图，将长方形 $ABCD$ 沿 EF 折叠，使顶点 C 恰好落在 AB 边的中点 C' 处。若 $AB=6$，$BC=9$，求 BF 的长。

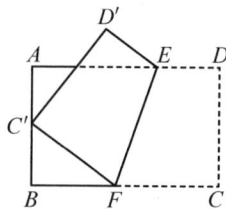

（第 5 题图）

6.《九章算术·勾股》中载："今有开门，去阈①一尺，不合二寸，问：门广几何？"大意是：如图 1，2（图 2 为图 1 的平面示意图），推开双门，双门间隙 CD 的距离为 2 寸，点 C 和点 D 距离门槛 AB 都为 1 尺（1 尺＝10 寸），求 AB 的长。

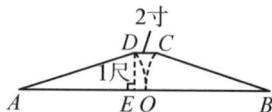

图1　　　　　　图2

（第 6 题图）

①　读 kǔn，门槛的意思。

水平二

1. 如果正整数 a，b，c 满足等式 $a^2+b^2=c^2$，那么正整数 a，b，c 叫作勾股数。某学生将自己探究勾股数的过程列成下表，观察表中每列数的规律，可知 $x+y$ 的值为（　　）。

a	b	c
3	4	5
8	6	10
15	8	17
24	10	26
⋮	⋮	⋮
x	y	65

A. 47　　　　　B. 62　　　　　C. 79　　　　　D. 98

2. 如图，已知 C 是 SB 的中点，圆锥的母线长为 10 cm，侧面展开图的圆心角是 $90°$，A 处有一只蜗牛想吃到 C 处的食物，它只能沿圆锥曲面爬行。请你求出蜗牛爬行的最短路程。

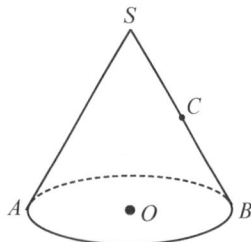

（第 2 题图）

3. "赵爽弦图"巧妙地利用面积关系证明了勾股定理，是我国古代数学的骄傲，如图所示的"赵爽弦图"是由四个全等的直角三角形和一个小正方形拼成的一个大正方形。设"赵爽弦图"中直角三角形较长直角边长为 a，较短直角边长为 b，若 $(a+b)^2=24$，大正方形的面积为 14，求小正方形的面积。

（第 3 题图）

⊙ 数学窗 ───────────────────────────────●

华蘅芳及他的勾股定理证明

历史上勾股定理的证明方法层出不穷，在这些证明方法的背后，各个不同时期的数学发展隐约可见。在此我们将给大家介绍华蘅芳以及他关于勾股定理的 22 种证明方法。

华蘅芳(1833—1902)，字若汀，我国清末数学家、科学家、翻译家和教育家，江苏无锡县荡口镇(今江苏省无锡市锡山区鹅湖镇)人。他出生于仕宦门第，少年时酷爱数学，遍览当时的各种数学书籍，青年时游学上海，与著名数学家李善兰交往，后者向他推荐西方的代数学和微积分。1861 年华蘅芳为曾国藩擢用，和同乡好友徐寿一同到安庆的军械所绘制机械图，并造出中国最早的轮船"黄鹄"号。他曾三次被奏保举，受到洋务派器重，一生与洋务运动关系密切，成为这个时期有代表性的科学家之一。

华蘅芳关于勾股定理的 22 种证明方法如图 1.2-6 所示。

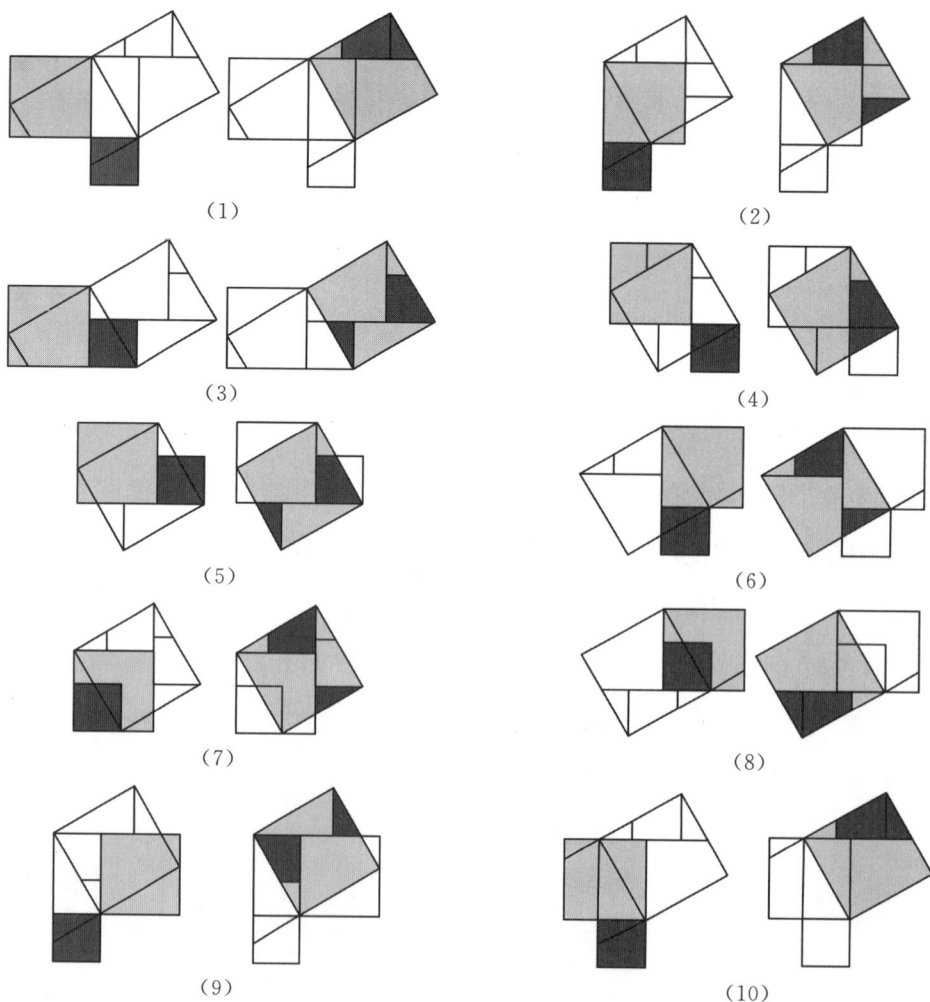

(1)

(2)

(3)

(4)

(5)

(6)

(7)

(8)

(9)

(10)

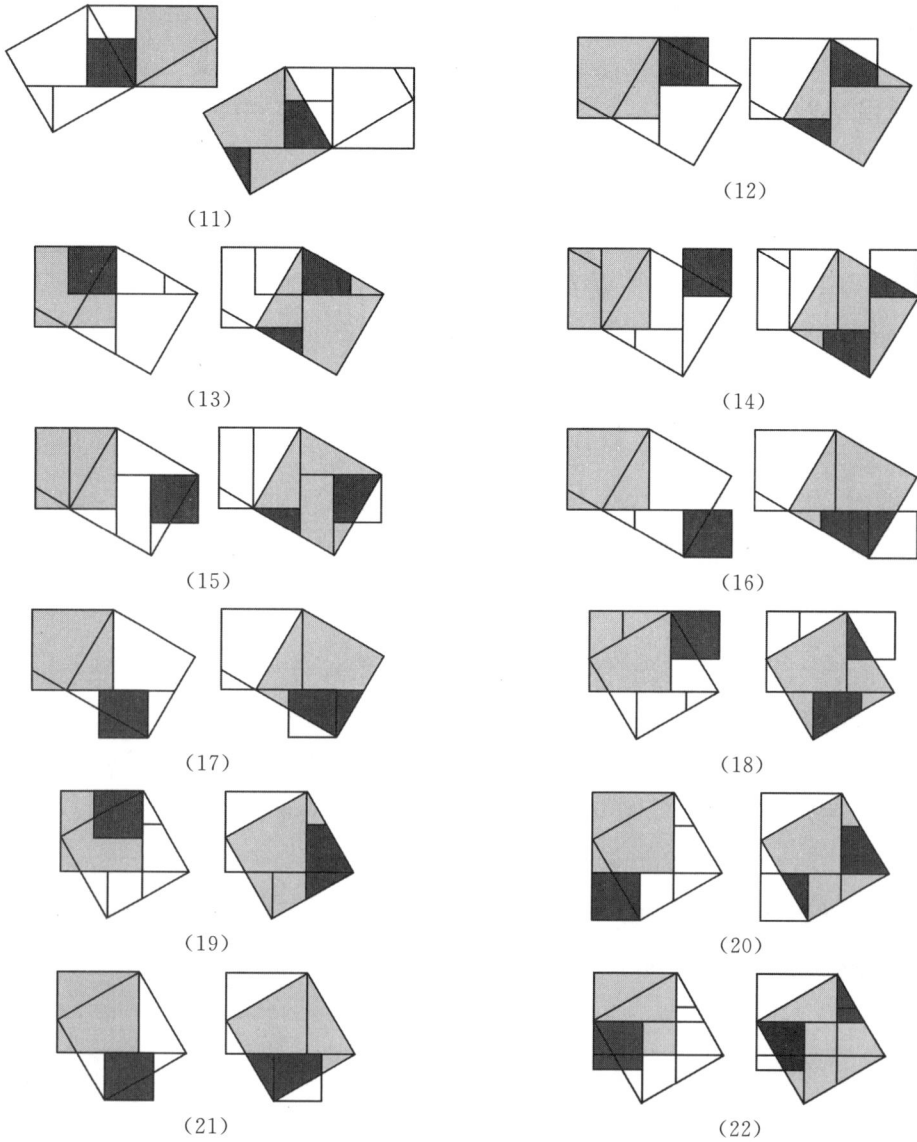

（11）

（12）

（13）

（14）

（15）

（16）

（17）

（18）

（19）

（20）

（21）

（22）

图 1.2-6

1.2.2 "第五公设"与反证法

知识要点

  反证法是一种间接证法，它是先提出一个与命题的结论相反的假设，然后，从这个假设出发，经过正确的推理，导致矛盾，从而否定相反的假设，达到肯定原命题正确的一种方法。反证法可以分为归谬反证法（结论的反面只有一种）与穷举反证法（结论的反面不止一种）。用反证法证明一个命题的步骤，大体上分为：（1）反设；（2）归谬；（3）结论。

  反设是反证法的基础，为了正确地提出反设，掌握一些常用的互为否定的表述形式是有必要的。归谬是反证法的关键，导出矛盾的过程没有固

笔 记

定的模式，但必须从反设出发。

运用举例

例1 已知 a，b，c，d 是实数，且 $ad-bc=1$。

求证：$a^2+b^2+c^2+d^2+ab+cd \neq 1$。

证明： 假设 $a^2+b^2+c^2+d^2+ab+cd=1$，

把 $ad-bc=1$ 代入上式得 $a^2+b^2+c^2+d^2+ab+cd-ad+bc=0$，

即 $(a+b)^2+(b+c)^2+(c+d)^2+(a-d)^2=0$，

因为 a，b，c，d 是实数，所以 $a+b=b+c=c+d=a-d=0$，

所以 $a=b=c=d=0$，所以 $ad-bc=0$，

与已知 $ad-bc=1$ 矛盾，故假设不成立，从而 $a^2+b^2+c^2+d^2+ab+cd \neq 1$。

例2 已知 $p>0$，$q>0$，$p^3+q^3=2$，求证：$p+q<2$。

证明： 假设 $p+q>2$。

因为 $p>0$，$q>0$，所以 $(p+q)^3=p^3+q^3+3p^2q+3pq^2>8$，

又 $p^3+q^3=2$，故有 $3p^2q+3pq^2>6$，即 $pq(p+q)>2$。

由 $p^3+q^3=2$，得 $(p+q)(p^2+q^2-pq)=2$，

则有 $pq(p+q)>2=(p+q)(p^2+q^2-pq)$，

所以 $pq>p^2+q^2-pq$，所以 $p^2+q^2-2pq=(p-q)^2<0$，

所以假设不成立，故 $p+q<2$。

例3 已知 a，b，c，d 均为实数，且 $a+b=c+d=1$，$ac+bd>1$。

求证：a，b，c，d 中至少有一个是负数。

证明： 假设 a，b，c，d 都不是负数，即 $a \geq 0$，$b \geq 0$，$c \geq 0$，$d \geq 0$。

因为 $a+b=c+d=1$，所以 $b=1-a \geq 0$，$d=1-c \geq 0$，

所以 $ac+bd = ac+(1-a)(1-c)$

$$= 2ac-(a+c)+1$$
$$= (ac-a)+(ac-c)+1$$
$$= a(c-1)+c(a-1)+1 \leq 1。$$

与 $ac+bd>1$ 相矛盾，所以假设不成立，即 a，b，c，d 中至少有一个是负数。

同步训练 1.2.2

水平一

1. 要证明命题"若 $a>b$，则 $a^2>b^2$"是假命题，下列 a，b 的值不能作

为反例的是(　　)。

　　A. $a=2$，$b=-3$　　　　　　　　B. $a=3$，$b=-2$

　　C. $a=3$，$b=2$　　　　　　　　D. $a=-3$，$b=-2$

　　2. 用反证法证明"若 a，$b\in\mathbf{R}$，$a+b>0$，则 a，b 中至少有一个大于 0"时，假设正确的是(　　)。

　　A. a，b 都大于 0　　　　　　　B. a，b 都小于 0

　　C. a，b 都大于或等于 0　　　　D. a，b 都小于或等于 0

　　3. 用反证法证明"在 $\triangle ABC$ 中，如果 $AB\neq AC$，那么 $\angle B\neq\angle C$"时，应先假设_____。

　　4. 设 $n\in\mathbf{R}$，用反证法证明：若 n^2 是偶数，则 n 是偶数。

　　5. 设 x，$y\in\mathbf{R}$，用反证法证明：若 $x+y>2$，则 $x>1$ 或 $y>1$。

　　6. 用反证法证明：等腰三角形的底角必定是锐角。

　　如图，在 $\triangle ABC$ 中，$AB=AC$，求证：$\angle B$，$\angle C$ 必为锐角。

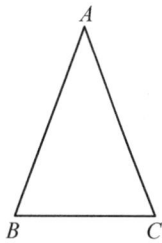

（第 6 题图）

水平二

　　1. 已知六个正数的和等于 1，用反证法证明：这六个数中至少有一个数大于或等于 $\dfrac{1}{6}$，应先假设_____。

　　2. 已知五个正数的和等于 1，用反证法证明：这五个数中至少有一个数大于或等于 $\dfrac{1}{5}$。

3. A，B，C，D，E 五名学生猜测自己的数学成绩。

A 说："如果我得优，那么 B 也得优。"

B 说："如果我得优，那么 C 也得优。"

C 说："如果我得优，那么 D 也得优。"

D 说："如果我得优，那么 E 也得优。"

已知大家都没有说错，但只有三个人得优，请问：得优的是哪三个人？

⊙ 数学窗

非欧几何

德国数学家希尔伯特曾指出：19 世纪最有启发性、最重要的数学成就是非欧几何的发现。真正预见到非欧几何的人是高斯。1792 年，高斯 15 岁时，就已经有了第五公设不可证和非欧几何的思想萌芽，之后逐渐取得许多这方面的重要成果。正如克莱因所说："高斯深信自己的星空几何。""在逻辑上是相容的，并且是能够应用的。"不幸的是，由于在数学界占统治地位的所谓现实空间只能是欧氏空间这一旧传统观念，高斯怕引起争议而毕其一生也没有发表他的研究成果。

回顾对第五公设问题两千多年的探索直至非欧几何的发现过程，思维方式的转变是非欧几何诞生的主要原因。几何公理并非天赋原则，它应根据经验和应用而加以变化和发展。数学上一些新概念、新思想的发生离不开旧的思想方法，因此数学思想的不断发展是在历史的继承中，在数学思想本身的矛盾运动中，在思维的转变过程中，取得理论上的突破以及创新。

1.3 数海拾贝

1.3.1 数列求和

⊙ 知识要点

不同的数列求和方法虽然各有其特点，但总的原则是要善于改变原数列的形式结构，使其能使用等差数列或等比数列的求和公式以及其他已知的基本求和公式进行消项处理来解决。

一般的数列求和，应从通项入手，若无通项，先求通项，然后通过对通项变形，转化为与特殊数列有关或具备某种方法适用特点的形式，从而选择合适的方法求和。解决非等差、等比数列的求和，主要有两种思路：

①转化的思想，即将一般数列设法转化为等差或等比数列，这一思想方法往往通过通项分解或错位相减来完成。

②不能转化为等差或等比数列的数列，往往通过裂项相消法、错位相减法、倒序相加法等来求和。

运用举例

例1 《周髀算经》中有这样一个问题：从冬至之日起，冬至、小寒、大寒、立春、雨水、惊蛰、春分、清明、谷雨、立夏、小满、芒种这十二个节气的日影子长依次成等差数列，已知冬至、立春、春分的日影子长的和是 37.5 尺，芒种的日影子长为 4.5 尺，求冬至的日影子长。

解： 冬至、小寒、大寒、立春、雨水、惊蛰、春分、清明、谷雨、立夏、小满、芒种这十二个节气的日影子长依次成等差数列 $\{a_n\}$，冬至、立春、春分的日影子长的和是 37.5 尺，芒种的日影子长为 4.5 尺，则有

$$\begin{cases} a_1+a_4+a_7=3a_1+9d=37.5, \\ a_{12}=a_1+11d=4.5, \end{cases} \text{解得} \begin{cases} a_1=15.5, \\ d=-1。 \end{cases}$$

所以冬至的日影子长为 15.5 尺。

例2 《九章算术·均输》中有如下问题："今有五人分五钱，令上二人所得与下三人等。问：各得几何？"大意是：已知甲、乙、丙、丁、戊五人分 5 钱，甲、乙两人所得与丙、丁、戊三人所得相同，且甲、乙、丙、丁、戊所得依次成等差数列，问：五人各得多少钱。（"钱"是古代的一种货币单位）

解： 设甲、乙、丙、丁、戊所得钱分别为 $a-2d$，$a-d$，a，$a+d$，$a+2d$。

依题意，有

$$\begin{cases} a-2d+a-d=a+a+d+a+2d, \\ a-2d+a-d+a+a+d+a+2d=5。 \end{cases}$$

解得 $\begin{cases} a=1, \\ d=-\dfrac{1}{6}。 \end{cases}$

所以甲得 $a-2d=1-2\times\left(-\dfrac{1}{6}\right)=\dfrac{4}{3}$（钱），

乙得 $a-d=1-\left(-\dfrac{1}{6}\right)=\dfrac{7}{6}$（钱），

丙得 $a=1$（钱），

丁得 $a+d=1-\dfrac{1}{6}=\dfrac{5}{6}$（钱），

戊得 $a+2d=1-\dfrac{2}{6}=\dfrac{2}{3}$（钱）。

例 3 有这样一首歌谣："放牧人粗心大意，三畜偷偷吃苗青，苗主扣住牛马羊，要求赔偿五斗粮，三畜户主愿赔偿。牛马羊吃得异样，马吃了牛的一半，羊吃了马的一半。请问：各畜赔多少?"大意是：放牧人放牧时粗心大意，牛、马、羊偷吃青苗，青苗主人扣住牛、马、羊，并向其主人要求赔偿五斗粮食（1 斗＝10 升），三畜的主人同意赔偿，但牛、马、羊吃的青苗量各不相同，马吃的青苗是牛的一半，羊吃的青苗是马的一半，问：羊、马、牛的主人应该分别向青苗主人赔偿多少升粮食？

解：设羊的主人赔粮 a_1 升，马的主人赔粮 a_2 升，牛的主人赔粮 a_3 升，则 a_1，a_2，a_3 成等比数列，且公比 $q=2$。

依题意，有 $a_1+a_2+a_3=a_1(1+q+q^2)=50$，得 $a_1=\dfrac{50}{1+2+2^2}=\dfrac{50}{7}$（升）。

所以 $a_2=2a_1=\dfrac{100}{7}$（升），$a_3=2a_2=\dfrac{200}{7}$（升）。

因此，羊、马、牛的主人应该分别向青苗主人赔偿 $\dfrac{50}{7}$ 升、$\dfrac{100}{7}$ 升和 $\dfrac{200}{7}$ 升粮食。

同步训练 1.3.1

水平一

1. 体育课上老师指挥大家排成一排，小莫站排头，小罗站排尾，从排头到排尾依次报数。如果小莫报 17，小罗报 150，每位同学报的数都比前一位多 7，那么队伍里一共有（　　）人。

A. 18　　　　　B. 19　　　　　C. 20　　　　　D. 21

2. 有一时钟在每个整点敲打，敲打的次数等于该钟点数，每半点钟敲一次，那么该时钟一昼夜共敲打（　　）次。

A. 78　　　　　B. 90　　　　　C. 156　　　　　D. 180

3. 某山洞墙上写有从 1 开始的一些连续奇数：1，3，5，7，9，…，擦去其中一个奇数以后，剩下的所有奇数的和是 2 008，那么擦去的奇数是_____。

4. 一盏孔明灯在第一分钟上升了 25 m 的高度，这以后，它每分钟上升的高度是它前一分钟上升高度的 80%，那么这盏孔明灯最高只能上升到_____m。

5. 有若干根长度相等的火柴棒，把这些火柴棒摆成如下的图形，照这样摆下去，到第 10 行为止一共用了_____根火柴棒。

（第 5 题图）

6.《九章算术·盈不足》中载："今有良马与驽马发长安至齐，齐去长安三千里，良马初日行一百九十三里，日增一十三里；驽马初日行九十七里，日减半里，良马先至齐，复还迎驽马，问：几何日相逢？"大意是：现有良马和驽马同时从长安出发去齐，已知长安和齐的距离是 3 000 里。良马第一天行 193 里，之后每天比前一天多行 13 里；驽马第一天行 97 里，之后每天比前一天少行 0.5 里。良马到齐后，立刻返回去迎驽马，多少天后两马相遇？（结果取整，可借助计算器求解）

水平二

1. 一孩童玩投放石子游戏，从 A 处出发走 1 m 放 1 枚石子，第二次走 4 m 又放 3 枚石子，第三次走 7 m 再放 5 枚石子，再走 10 m 放 7 枚石子，照此规律最后走到 B 处放下 35 枚石子。从 A 到 B 的路程为_____m。

2. 造纸术是我国古代四大发明之一。纸张的规格是指纸张制成后，经过修整切边，裁成一定的尺寸。现在我国采用国际标准，规定以 A0，A1，…，A8；B0，B1，…，B8 等标记来表示纸张的幅面规格。复印纸幅面规格只采用 A 系列和 B 系列，其中 A 系列的幅面规格为：①A0 规格的纸张的幅宽（以 x 表示）和长度（以 y 表示）的比例关系 $x : y = 1 : \sqrt{2}$；②将 A0 纸张沿长度方向对开成两等分，便成为 A1 规格，A1 纸张沿长度方向对开成两等分，便成为 A2 规格……如此对开至 A8 规格，现有 A0，A1，A2，…，A8 纸各一张，若 A4 纸的面积为 624 cm²，求这 9 张纸的面积之和。

数学窗

趣味数学题

《莱因德纸草书》是公元前 1650 年左右的埃及数学著作，属于世界上最古老的数学著作之一，作者是书记官阿默斯。内容似乎是依据了更早年代的教科书，是为当时的包括贵族、祭司等知识阶层所编，最早发现于埃及底比斯(今卢克索附近)的废墟中。1858 年该书由英国的埃及学者莱因德购得，故得名，现收藏于伦敦大英博物馆。该纸草书全长 544 cm，宽 33 cm。在这本世界上最古老的数学书中，第 79 题非常有名，在题目中给了五个数：7，49，343，2 401，16 807，在这些数的旁边依次标写着：人，猫、老鼠、大麦、量器等字样，书中没有给出答案，让人们对这个古怪的问题的含义和解答争论不已。直到数学家康托尔给出了解释：有 7 个人，每人养 7 只猫，每只猫吃 7 只老鼠，每只老鼠吃 7 棵麦穗，每棵麦穗可以长 7 个量器的大麦，问每个事物各有多少，而题目所给的五个数，正好是它们的答案。从现在的角度来看，很明显，这是一个等比数列问题，这个问题的答案也很好推理出来。不过这个古老的问题实际上过了很久才有人给出满意的答案，这就是数列的进一步发展，是人类对数学的更深一层认识。当代的数学问题追溯到最古老的时候，其实都是一些生活中的小问题，这就是数学的本质。

1.3.2 数学猜想

知识要点

笔记

设定数学猜想的一般方法：归纳与类比。

归纳是从个别事实中概括出一般原理的科学方法，归纳法中有完全归纳法和不完全归纳法。完全归纳法在数学中更常用，数学归纳法就是一种完全归纳法。而不完全归纳法也很重要，它能从个别事实中看到真理和端倪，受到启发。同学们可以使用归纳法来培养自己的创造性思维，设定各种数学猜想，然后加以证明或反驳，以寻求数学基本规律。

类比有"个别到一般的推广"，有"某种特性的推广使用"，也有"低维到高维的类比"，还有"方法上的类比"。

提出数学猜想的方法绝不仅限于归纳和类比，数学创造主要依靠"数学直觉"，我们还可以根据自己的"数学直觉"，运用科学方法，提出好的数学问题，设定数学猜想，以便深入研究。

运用举例

例 1　费马是 17 世纪法国著名的数学家，他曾认为，当 $n \in \mathbf{N}$ 时，$2^{2^n}+1$ 一定都是质数。这是他观察 $n=0$，1，2，3，4 时的值提出的猜想。半个世纪后，18 世纪伟大的瑞士数学家欧拉发现

$$2^{2^5}+1=4\ 294\ 967\ 297=6\ 700\ 417 \times 641,$$

从而否定了费马的猜想，也就是当 $n=5$ 时，这一结论便不成立。

例 2　一个数列的通项公式是：$a_n=(n^2-5n+5)^2$，算出 $a_1=1$，$a_2=1$，$a_3=1$，$a_4=1$，猜测：$a_n=1$，该猜测是否正确？

解：由于 $a_5=25 \neq 1$，所以猜测是不正确的。

例 3　汉诺塔问题（又称河内塔问题）是根据传说形成的一个问题，该问题首先由法国数学家卢卡斯于 1883 年提出：有三根木桩，把 n 个圆盘按由小到大的尺寸穿在一根木桩上，最大的在底下，现一次搬动一个圆盘，将所有圆盘转移到另一根木桩上，且在任何时候不许将较大圆盘放在较小圆盘之上，猜想完成 n 个圆盘转移需要搬动圆盘的总次数。（如图 1.3-1）

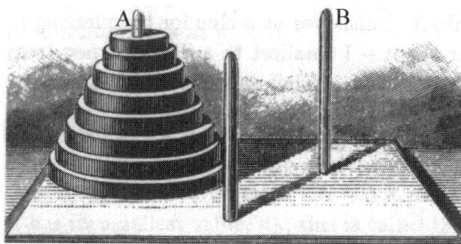

图 1.3-1

解：可将圆盘临时置于 B 杆，也可将从 A 杆移出的圆盘重新移回 A 杆，但都必须遵循上述两条规则。当 $n=1$，2，3，4 时，移动次数如图 1.3-2。

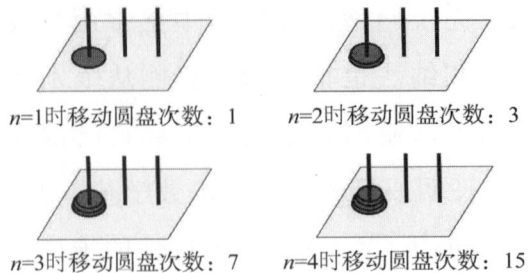

n=1时移动圆盘次数：1　　n=2时移动圆盘次数：3

n=3时移动圆盘次数：7　　n=4时移动圆盘次数：15

图 1.3-2

列表如表 1.3-1。

表 1.3-1

圆盘个数 n	移动总次数 a_n	
1	1	$1=2^1-1$
2	3	$3=2^2-1$
3	7	$7=2^3-1$
4	15	$15=2^4-1$
…	…	
n	2^n-1	猜想

根据以上规律，猜想：最少要移动的次数 $a_n=2^n-1$。

同步训练 1.3.2

水平一

1. 若 $f(n)=1+\dfrac{1}{2}+\dfrac{1}{3}+\cdots+\dfrac{1}{6n-1}(n\in\mathbf{N}_+)$，则 $f(1)=($ 　　$)$。

A. 1 　　　　　　　　　　　　B. $\dfrac{1}{5}$

C. $1+\dfrac{1}{2}+\dfrac{1}{3}+\dfrac{1}{4}+\dfrac{1}{5}$ 　　　D. $1+\dfrac{1}{2}+\dfrac{1}{3}+\dfrac{1}{4}$

2. 设 $f(n)=5^n+2\times3^{n-1}+1(n\in\mathbf{N}_+)$，若 $f(n)$ 能被 $m(m\in\mathbf{N}_+)$ 整除，则 m 的最大值为（　　）。

A. 2 　　　　　B. 4 　　　　　C. 8 　　　　　D. 16

3. 下列代数式（其中 $k \in \mathbf{N}_+$）能被 9 整除的是（   ）。

A. $6 + 6 \times 7^k$

B. $2 + 7^{k-1}$

C. $2 \times (2 + 7^{k+1})$

D. $3 \times (2 + 7^k)$

4. 已知 $1 + 2 \times 3 + 3 \times 3^2 + 4 \times 3^3 + \cdots + n \times 3^{n-1} = 3^n(na - b) + c$ 对一切 $n \in \mathbf{N}_+$ 都成立，那么 $a + b + c$ 的值为_____。

5. 设数列 $\{a_n\}$ 满足 $a_1 = 3$，$a_{n+1} = 3a_n - 4n$。

(1) 计算 a_2，a_3；

(2) 猜想 $\{a_n\}$ 的通项公式。

6. 大衍数列，来源于《乾坤谱》中对"大衍之数五十"的推论，主要用于解释中华优秀传统文化中的太极衍生原理。数列中的每一项都代表太极衍生过程中，曾经经历过的两仪数量总和，是中华优秀传统文化中隐藏着的世界数学史上的第一道数列题，其前 10 项依次是 0，2，4，8，12，18，24，32，40，50，求此数列的第 20 项。

水平二

1. 某款软件的激活码为下面数学问题的答案。已知数列 1，1，2，1，2，4，1，2，4，8，1，2，4，8，16，其中第一项是 2^0，接下来的两项是 2^0，2^1，再接下来的三项是 2^0，2^1，2^2，依此类推。求满足如下条件的最小整数 N：$N > 100$ 且该数列的前 N 项和为 2 的整数幂。该款软件的激活码是（   ）。

A. 440   B. 330   C. 220   D. 110

2. 某校学生在研究民间剪纸艺术时发现，剪纸时经常会沿纸的某条对称轴把纸对折，规格为 20 dm × 12 dm 的长方形纸，对折 1 次共可以得到 10 dm × 12 dm，20 dm × 6 dm 两种规格的长方形，它们的面积之和 $S_1 = 240$ dm^2，对折 2 次共可以得到 5 dm × 12 dm，10 dm × 6 dm，20 dm × 3 dm 三种规格的长方形，它们的面积之和 $S_2 = 180$ dm^2，以此类推，

(1)求对折 4 次共可以得到不同规格长方形的种数；

(2)求对折 n 次时不同规格长方形的面积之和。(相同的长方形不重复计)

数学窗

费马大定理

法国数学家费马在阅读丢番图《算术》拉丁文的法文译本时，曾在第 11 卷第 8 命题旁写道："将一个立方数分成两个不同的立方数之和，或一个四次方幂分成两个不同的四次方幂之和，或者一般地将一个高于二次的方幂分成两个不同的同次方幂数之和，这是不可能的。关于此，我确信已发现了一种美妙的证法，可惜这里空白的地方太小，写不下。"费马的这个猜想即费马大定理，又被称为"费马最后的定理"，它断言当整数 $n > 2$ 时，关于 $x，y，z$ 的方程 $x^n + y^n = z^n$ 没有正整数解。这个猜想被提出后，激发了许多数学家们的兴趣。经历多人猜想辩证，历经三百多年的时间，最终在 1993 年被英国数学家安德鲁·怀尔斯证明。费马的其他猜想同样对数学贡献良多，由此数学家们的有关工作丰富了数论的内容，推动了数论的发展。

1.4 数学美学

1.4.1 数学美的特征

笔记

知识要点

从数学的角度来刻画审美的共性，主要包括：简洁、对称、周期、和谐。

(1)数学可以刻画现实世界中的简洁美。

(2)数学可以刻画现实世界中的对称美。

(3)数学可以刻画现实世界中的周期美。

(4)数学可以刻画现实世界中的和谐美。

🍊 运用举例

例 1 2002 年在北京召开的国际数学家大会，会标是以我国古代数学家赵爽的弦图为基础设计的。弦图是由四个全等的直角三角形与一个小正方形拼成的一个大正方形（如图 1.4-1）。如果小正方形的面积为 1，大正方形的面积为 25，直角三角形中较小的锐角为 θ，那么 $\cos\theta$ 的值等于_____。

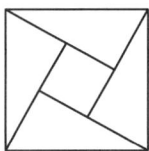

图 1.4-1   图 1.4-2

解： 如图 1.4-2，因为大正方形的面积为 25，小正方形的面积为 1，所以大正方形的边长 $AD=5$，小正方形的边长 $EF=1$。

设 $DE=AF=x$，在 $\mathrm{Rt}\triangle ADE$ 中，由勾股定理得 $AE^2+DE^2=AD^2$，所以 $(x+1)^2+x^2=5^2$，解得 $x=3$ 或 $x=-4$（舍去）。

即 $DE=3$，$AE=3+1=4$，

所以 $\cos\theta=\cos\angle DAE=\dfrac{AE}{AD}=\dfrac{4}{5}$。

例 2 如图 1.4-3，位于西安大慈恩寺的大雁塔，是唐代玄奘法师为保存经卷佛像而主持修建的，是我国现存最早的四方楼阁式砖塔，塔顶可以被看成一个正四棱锥，其侧棱与底面所成的角为 45°，求该正四棱锥的一个侧面与底面的面积之比。

图 1.4-3

解： 如图 1.4-4，点 P 为正四棱锥的顶点，点 O 是底面中心。

设 $AB=a$，则 $OA=OB=\dfrac{\sqrt{2}}{2}a$。

因为侧棱与底面所成的角为 45°，

即 $\angle PAO=\angle PBO=45°$，

所以 $PA=PB=a$，

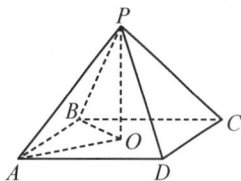

图 1.4-4

所以侧面 $\triangle PAB$ 的面积为 $\dfrac{\sqrt{3}}{4}a^2$，

底面正方形 $ABCD$ 的面积为 a^2，

因此该正四棱锥的一个侧面与底面的面积之比为 $\dfrac{\sqrt{3}}{4}$。

例3 我国古代的《洛书》中记载着世界上最古老的一个幻方：如图 1.4-5，将 1，2，…，9 填入 3×3 的方格内，使三行、三列和两条对角线上的三个数字之和都等于 15。一般地，将连续的正整数 1，2，3，…，n^2 填入 $n \times n$ 个方格中，使得每行、每列和两条对角线上的数字之和都相等，这个正方形叫作 n 阶幻方。记 n 阶幻方的对角线上的数字之和为 N_n，如图 1.4-5，三阶幻方的 $N_3 = 15$，求 N_9 的值。

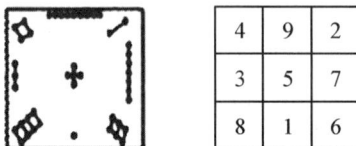

图 1.4-5

解： 根据题意可得，幻方对角线上的数成等差数列。

由等差数列的性质可知，对角的两个数相加正好等于 $1 + n^2$。

由等差数列的求和公式可得 $N_9 = \dfrac{9 \times (1 + 9^2)}{2} = 369$。

即 N_9 的值为 369。

同步训练 1.4.1

水平一

1.“牟合方盖”是我国古代数学家刘徽在研究球的体积的过程中构造的一个和谐优美的几何体。它由完全相同的四个曲面构成，相对的两个曲面在同一个圆柱的侧面上，好似两个扣合（牟合）在一起的方形伞（方盖）。其直观图如图(1)，图(2)中四边形是为体现其直观性所作的辅助线。其实际直观图中四边形不存在，当其正视图和左视图完全相同时，它的正视图和俯视图分别可能是（　　）。

（1）

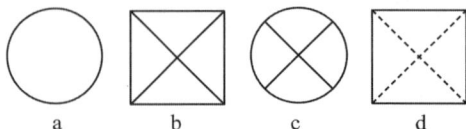

a　　　　b　　　　c　　　　d

（2）

（第 1 题图）

A. a，b　　　　B. a，c　　　　C. c，b　　　　D. b，d

2. 七巧板是我们祖先的一项创造，被誉为"东方魔板"，它是由五块等腰直角三角形（两块全等的小三角形、一块中三角形和两块全等的大三角形）、一块正方形和一块平行四边形组成的。如图，在一个用七巧板拼成的正方形中任取一点，则此点取自黑色部分的概率是（　　）。

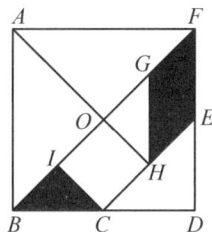

（第2题图）

A. $\dfrac{3}{16}$ B. $\dfrac{3}{8}$ C. $\dfrac{1}{4}$ D. $\dfrac{1}{8}$

3.《算数书》竹简于20世纪80年代在湖北省江陵县张家山出土，这是我国目前已知的最早的有系统的数学典籍，其中记载有求"囷盖"的术：置如其周，令相乘也。又以高乘之，三十六成一。该术相当于给出了由圆锥的底面周长 L 与高 h，计算其体积 V 的近似公式 $V \approx \dfrac{1}{36}L^2h$，它实际上是将圆锥体积公式中的圆周率 π 近似取为3。那么，近似公式 $V \approx \dfrac{2}{75}L^2h$ 相当于将圆锥体积公式中的 π 近似取为（　　）。

A. $\dfrac{22}{7}$ B. $\dfrac{25}{8}$ C. $\dfrac{157}{50}$ D. $\dfrac{355}{113}$

4. 如图，正方形 $ABCD$ 内的图形来自中国古代的太极图，正方形内切圆中的黑色部分和白色部分关于正方形的中心成中心对称。在正方形内随机取一点，则此点取自黑色部分的概率是（　　）。

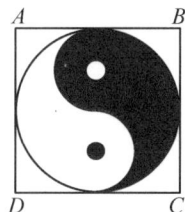

（第4题图）

A. $\dfrac{1}{4}$ B. $\dfrac{\pi}{8}$

C. $\dfrac{1}{2}$ D. $\dfrac{\pi}{4}$

5. 我国古代数学家刘徽创立的"割圆术"可以估算圆周率 π，理论上能把 π 的值计算到任意精度。祖冲之继承并发展了"割圆术"，将 π 的值精确到小数点后七位，其结果领先世界一千多年。"割圆术"的第一步是计算单位圆内接正六边形的面积 S_6，那么 $S_6 = $ _____。

6."圆材埋壁"是我国古代数学名著《九章算术·勾股》中的一个问题："今有圆材，埋在壁中，不知大小，以锯锯之，深一寸，锯道长一尺。问：径几何？"用现在的几何语言表达：如图，CD 为 $\odot O$ 的直径，弦 $AB \perp CD$，垂足为点 E，$CE = 1$ 寸，$AB = 10$ 寸，求直径 CD 的长度。

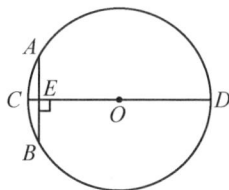

（第6题图）

水平二

1. 数学家吴文俊院士非常重视古代数学家贾宪提出的"从长方形对角线上任一点作两条分别平行于两邻边的直线，则所得两长方形面积相等"这一推论，他从这一推论出发，利用"出入相补"原理复原了《海岛算经》九题古证。

(第1题图)

请根据图形完成这个推论的证明过程。

证明：$S_{矩形NFGD} = S_{\triangle ADC} - (S_{\triangle ANF} + S_{\triangle FGC})$，

$S_{矩形EBMF} = S_{\triangle ABC} - (\underline{\hspace{2cm}} + \underline{\hspace{2cm}})$。

易知，$S_{\triangle ADC} = S_{\triangle ABC}$，$\underline{\hspace{2cm}} = \underline{\hspace{2cm}}$，$\underline{\hspace{2cm}} = \underline{\hspace{2cm}}$。

可得 $S_{矩形NFGD} = S_{矩形EBMF}$。

2. 传说古希腊毕达哥拉斯学派的数学家经常在沙滩上研究数学问题。他们在沙滩上画点或用小石子来表示数，比如，他们研究过 1，3，6，10，…，由于这些数可以用图中所示的三角形点阵表示，他们就将其称为三角形数，第 n 个三角形数可以用 $\dfrac{n(n+1)}{2}$（$n \geq 1$）表示。

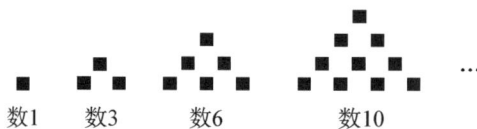

数1　数3　数6　数10

(第2题图)

请根据以上材料，证明以下结论：

(1)任意一个三角形数乘 8 再加 1 是一个完全平方数；

(2)连续两个三角形数的和是一个完全平方数。

3. 阅读理解：如图(1)①，⊙O 与直线 a，b 都相切。不论⊙O 如何转动，⊙O 始终保持与直线 a，b 相切，且直线 a，b 之间的距离始终保持不变(等于⊙O 的直径)，我们把具有这一特性的图形称为"等宽曲线"。图(1)②

是利用圆的这一特性的例子，将等直径的圆棍放在物体下面，通过圆棍滚动，用较小的力就可以推动物体前进。据说，古埃及人就是利用这样的方法将巨石推到金字塔顶的。

拓展应用：如图(2)①所示的弧三角形(也称为莱洛三角形)也是"等宽曲线"，如图(2)②，夹在平行线 c，d 间的莱洛三角形无论怎么滚动，始终保持与两平行线相切，而平行线间的距离是不变的。若直线 c，d 之间的距离等于 2 cm，求莱洛三角形的周长。

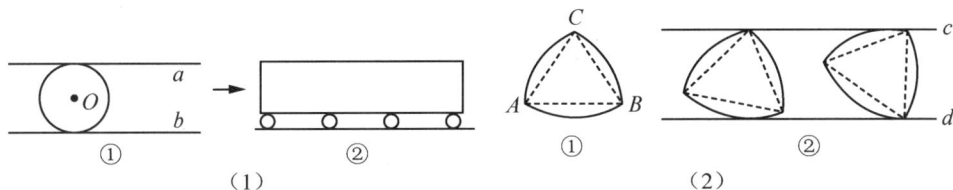

（第3题图）

数学窗

柏拉图多面体

立体几何是指"宇宙图景的融合"。古希腊人认为柏拉图立体是最完美的图形。柏拉图并不是这些立体图形的发现者，但他对此做了更深入的研究，并将这些写在一本书《蒂迈欧篇》(Timaeus)中。柏拉图多面体共有五种：正四面体，正六面体，正八面体，正十二面体，正二十面体，分别代表着火、土、风、以太、水这五种组成世界的元素。这五种多面体有着共同的特征：(1)每个面完全相等；(2)每条边完全相等；(3)所有相邻两个面之间的内角相等；(4)所有顶点处于同一个球中。

柏拉图多面体隐藏着宇宙的和谐和数学的神秘，呈现着一定的凹凸关系。柏拉图多面体每一个面都是凸的，并且在每一个顶点处交会着相同数目的、相似的、正的凸多边形。柏拉图立体的源头则是用来诠释宇宙起源的梅塔特隆立方体，这是神圣几何的基础。

正四面体
火　　正六面体
土　　正八面体
风

正十二面体
以太　　正二十面体
水

图 1.4-6

1.4.2 黄金分割

知识要点

笔记

我们知道,黄金分割是指"将一条线段分为不相等的两部分,使较长部分为原线段与较短部分的比例中项"。如果点 P 是线段 AB 的一个黄金分割点,且 $AP>PB$,那么 $AP^2=AB \cdot PB$。这时,$AP=\dfrac{\sqrt{5}-1}{2}AB$,$AP$ 与 AB 的比值 $\dfrac{\sqrt{5}-1}{2}$ 称为黄金数。

黄金数 $\dfrac{\sqrt{5}-1}{2} \approx 0.618$,黄金数的倒数 $\dfrac{\sqrt{5}+1}{2}$ 称为黄金比 φ,$\varphi=\dfrac{\sqrt{5}+1}{2} \approx 1.618$,在上面的黄金分割中,$\dfrac{AB}{AP}=\varphi$,$\dfrac{AP}{PB}=\varphi$。

运用举例

例 1 "斐波那契数列"由 13 世纪意大利数学家列昂纳多·斐波那契发现,因为斐波那契以兔子繁殖为例而引入,所以又称该数列为"兔子数列"。斐波那契数列 $\{a_n\}$ 满足:$a_1=1$,$a_2=1$,$a_n=a_{n-1}+a_{n-2}(n \geqslant 3$,$n \in \mathbf{N}_+)$,记其前 n 项和为 S_n,设 $a_{2018}=t(t$ 为常数),则 $S_{2016}+S_{2015}-S_{2014}-S_{2013}=$ _____(用 t 表示)。

解:因为 $S_{2016}+S_{2015}-S_{2014}-S_{2013}$
$=S_{2016}-S_{2014}+(S_{2015}-S_{2013})$
$=a_{2016}+a_{2015}+(a_{2015}+a_{2014})$
$=a_{2017}+a_{2016}=a_{2018}=t$,

所以 $S_{2016}+S_{2015}-S_{2014}-S_{2013}=t$。

例 2 被誉为"中国现代数学之父"的著名数学家华罗庚先生倡导的"0.618 优选法",在生产和科研实践中得到了非常广泛的应用,0.618 就是黄金分割比 $m=\dfrac{\sqrt{5}-1}{2}$ 的近似值,黄金分割比还可以表示成 $2\sin 18°$。求 $\dfrac{m\sqrt{4-m^2}}{2\cos^2 27°-1}=$ _____。

解:由题意得 $m=2\sin 18°$,所以 $4-m^2=4-4\sin^2 18°=4\cos^2 18°$。

所以 $\dfrac{m\sqrt{4-m^2}}{2\cos^2 27°-1}=\dfrac{2\sin 18°\sqrt{4\cos^2 18°}}{1+\cos 54°-1}=\dfrac{4\sin 18°\cos 18°}{\sin 36°}=2$。

例3　中国传统扇文化有着极其深厚的底蕴。一般情况下，折扇可被看作从一个圆面中剪下的扇形制作而成，设扇形的面积为 S_1，圆面中剩余部分的面积为 S_2，当 S_1 与 S_2 的比值为 $\dfrac{\sqrt{5}-1}{2}$ 时，扇面看上去形状较为美观，求此时扇形的圆心角的弧度数。

解： 设扇形所在圆的半径为 r，扇形的圆心角为 α，圆面中剩余部分的圆心角为 β，

则 $\dfrac{S_1}{S_2}=\dfrac{\dfrac{1}{2}\alpha r^2}{\dfrac{1}{2}\beta r^2}=\dfrac{\alpha}{\beta}$，所以 S_1 与 S_2 所在扇形圆心角的比即为它们的面积比，

所以 $\dfrac{\alpha}{\beta}=\dfrac{\sqrt{5}-1}{2}$，又 $\alpha+\beta=\pi$，解得 $\alpha=(3-\sqrt{5})\pi$。

故此时扇形的圆心角的弧度数为 $(3-\sqrt{5})\pi$。

📖 同步训练 1.4.2 ————————————————————●

水平一

1. 已知点 P 是线段 AB 的黄金分割点，$AP>PB$，则 $AP:PB$ 的值为（　　）。

A. $\dfrac{\sqrt{5}-1}{2}$　　　　B. $\dfrac{\sqrt{5}+1}{2}$　　　　C. 0.618　　　　D. $\sqrt{5}-1$

2. 苏堤南起南屏山麓，北到栖霞岭下，全长 2.8 km。苏堤上有名的六吊桥由南到北分别是映波桥、锁澜桥、望山桥、压堤桥、东浦桥和跨虹桥。压堤桥约居苏堤南北的黄金分割位，旧时又是湖船东来西去的水道通行。从地图上看，压堤桥位于苏堤北部，请结合上述描述，估计压堤桥到栖霞岭下的大致距离为（　　）km。

A. 0.9　　　　B. 1.1　　　　C. 1.3　　　　D. 1.4

3. 如图，在 $\triangle ABC$ 中，已知 $AB=AC=3$，$BC=4$，若点 D 是边 BC 上的一个"黄金分割点"，则 $\triangle ADC$ 的面积为（　　）。

A. $5-\sqrt{5}$　　　　　　　　B. $3\sqrt{5}-5$

C. $20-8\sqrt{5}$　　　　　　　D. $10-4\sqrt{5}$

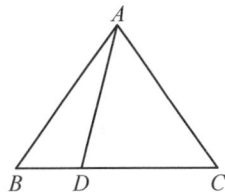

（第3题图）

4. 17 世纪德国著名的天文学家开普勒曾经这样说过："几何学里有两件宝，一个是勾股定理，另一个是黄金分割。如果把勾股定理比作黄金矿的话，那么可以把黄金分割比作钻石矿。"黄金三角形有两种，其中底与腰之比为黄金分割比的黄金三角形被认为是最美的三角形，它是一个顶角为 36° 的等腰三角形（另一种黄金三角形是顶角为 108° 的等腰三角形）。例如，五角星由五个黄金三角形与一个正五边形组成。如图，在其中一个黄金三角形 ABC 中，$\dfrac{BC}{AC}=\dfrac{\sqrt{5}-1}{2}$，根据这些信息，可得 $\sin 234°=$（   ）。

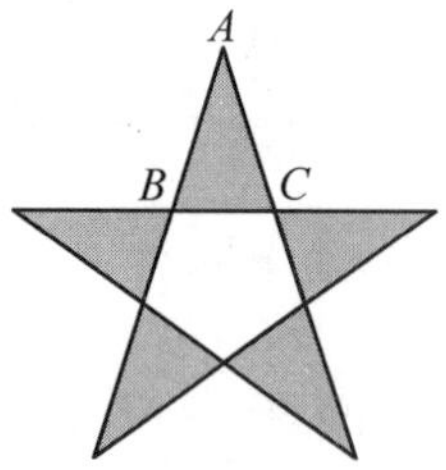

（第 4 题图）

A. $\dfrac{4+\sqrt{5}}{8}$

B. $-\dfrac{\sqrt{5}+1}{4}$

C. $-\dfrac{3+\sqrt{5}}{8}$

D. $\dfrac{1-2\sqrt{5}}{4}$

5. 如图，矩形 ABCD 中，已知点 M 是线段 AB 的黄金分割点，且 $AM>BM$，$AD=AM$，$FB=BM$，EF 和 GM 把矩形 ABCD 分成四个小矩形，其面积分别用 S_1，S_2，S_3，S_4 表示，EF 与 MG 相交于点 N，则以下结论正确的有（   ）。

① N 是 GM 的黄金分割点；② $S_1=S_4$；③ $\dfrac{S_2}{S_3}=\dfrac{\sqrt{5}-1}{2}$。

A. ①②　　　　B. ①③　　　　C. ③　　　　D. ①②③

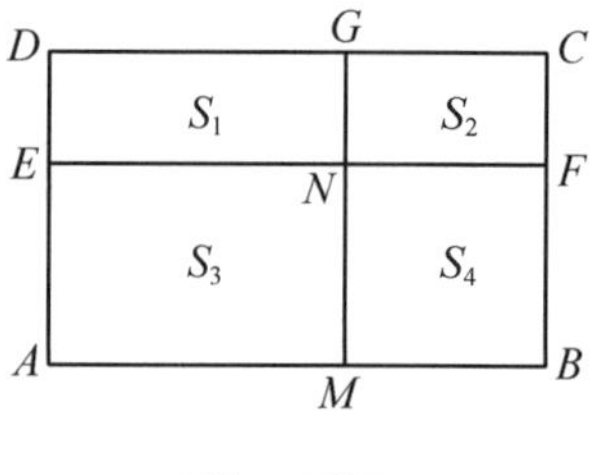

（第 5 题图）

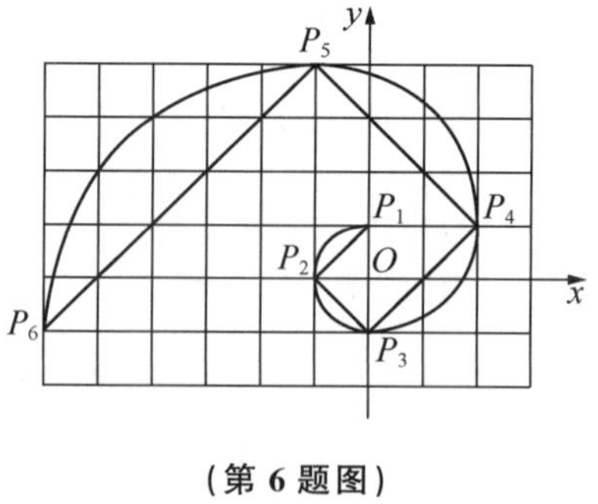

（第 6 题图）

6. 为了进一步研究斐波那契数列，依次以斐波那契数列为半径作 90° 圆弧 $\overset{\frown}{P_1P_2}$，$\overset{\frown}{P_2P_3}$，$\overset{\frown}{P_3P_4}$，…，得到斐波那契螺旋线，然后顺次连接 P_1P_2，P_2P_3，P_3P_4，…，得到螺旋折线（如图），已知点 $P_1(0,1)$，$P_2(-1,0)$，$P_3(0,-1)$，则该折线上点 P_9 的坐标为_____。

水平二

1. 设线段 $AC=1$。过点 C 作 $CD\perp AC$，并且使 $CD=\dfrac{1}{2}AC$。连接 AD，以点 D 为圆心，DC 的长为半径画弧，交 AD 于点 E；再以点 A 为圆心，AE 的长为半径画弧，交 AC 于点 B，则 AB 的长为（　　　）。

　A. $\dfrac{2\sqrt{5}-1}{5}$　　　B. $\dfrac{\sqrt{5}-1}{2}$　　　C. $\dfrac{\sqrt{5}-1}{4}$　　　D. $\dfrac{\sqrt{5}+1}{4}$

2. 意大利数学家斐波那契在研究兔子繁殖问题时，发现有这样一组数：1，1，2，3，5，8，13，…，其中从第三个数起，每一个数都等于它前面两个数的和，现以这组数中的各个数作为正方形的边长值构造正方形。

再分别依次从左到右取 2 个、3 个、4 个、5 个……正方形拼成如图所示的长方形并记为①，②，③，④，…，相应长方形的周长如下表。

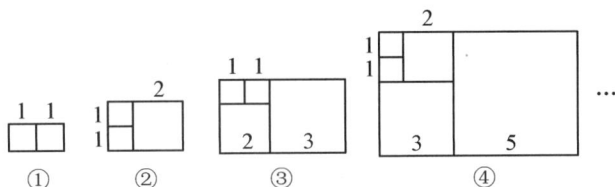

（第 2 题图）

序号	①	②	③	④	…
周长	6	10	x	y	…

(1) 仔细观察图形，则表中的 $x=$ ＿＿＿＿＿＿＿，$y=$ ＿＿＿＿＿＿＿。

(2) 若按此规律继续作长方形，则序号为⑧的长方形的周长是 ＿＿＿＿＿＿＿。

3. 如图，将平面直角坐标系的格点（横、纵坐标均为整数的点）按如下规则标上数字标签：原点处标数字 0，点 $(1,0)$ 处标数字 1，点 $(1,-1)$ 处标数字 2，点 $(0,-1)$ 处标数字 3，点 $(-1,-1)$ 处标数字 4，点 $(-1,0)$ 处标数字 5，点 $(-1,1)$ 处标数字 6，点 $(0,1)$ 处标数字 7……以此类推，记格点坐标为 (m,n)（m，n 均为正整数）的点处所标的数字为 $f(m,n)$，若 $n>m$，则 $f(m,n)=$ ＿＿＿＿＿＿＿。

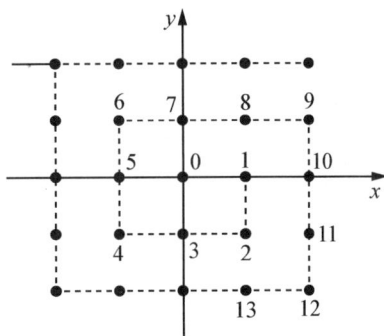

（第 3 题图）

⊙ **数学窗** ——●

莫比乌斯带

莫比乌斯带十分有趣，虽然看似简单，但却包含了很多数学方面的信息。把一根纸条扭转180°后，两头再粘接起来做成的纸带圈，称作莫比乌斯带。莫比乌斯带，又译梅比斯环、莫比乌斯环或麦比乌斯带，是一种只有一个面和一条边界的曲面，也是一种重要的拓扑学结构。它是由德国数学家、天文学家莫比乌斯和约翰·李斯丁在1858年独立发现的。这个结构可以用一个纸带旋转半圈再把两端粘上之后轻而易举地制作出来。

一般来讲，人们在观察某个图形时，往往会产生一些固定不变的"边界意识"，而且绝大多数人会下意识地顺从这些"边界"，而莫比乌斯带恰恰超出了人们的认知，莫比乌斯带没有所谓边界，没有所谓内外之分，是一个真正的无限循环的圈。莫比乌斯带还有另一个有趣的性质，当你沿着带子的中央剪开，把这个圈一分为二，照理应得到两个圈，可奇怪的是，剪开后竟然是一个大圈，如果在纸条上画两条线，把纸条三等分，再粘成"莫比乌斯带"，用剪刀沿画线剪开，剪刀绕两个圈竟然又回到原出发点，而且纸带不仅没有一分为二，反而剪出一个两倍长的纸圈，更令人惊奇的是，新得到的这个较长的纸圈，本身却是一个双侧曲面，它的两条边界自身虽不打结，但却相互套在一起。

莫比乌斯带这种奇特的形状在工业中大放异彩。例如：电阻器就被设计为莫比乌斯带的形状，以便更为充分地利用更多的表面，增强产品的耐用性；用来传送物体的动力机械的皮带也可以做成莫比乌斯带状，这样皮带有了更大的磨损面积，就不会只磨损一面了。

专题二 ·数学建模

2.1 数学模型

2.1.1 数学模型的含义

知识要点

数学模型的含义：利用数学语言、符号或式子等来描述客观事实的本质属性，通过一些必要的简化假设，得到的一种抽象、简化的数学结构。

运用举例

例1 为绿化小区，物业管理处利用围墙边空地，用竹篱笆围出一块矩形花圃，如图 2.1-1，现有材料共可围 12 m 篱笆，设花圃面积为 y m²，花圃长（水平方向）为 x m，试建立 y 和 x 的数学模型。

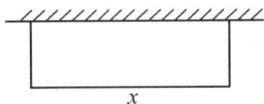

图 2.1-1

分析： 花圃长为 x m，则宽为 $\frac{12-x}{2}$ m，矩形花圃面积等于长乘宽。

解： y 与 x 的函数模型为 $y = x\frac{12-x}{2}$，且

$$\begin{cases} x > 0, \\ 12 - x > 0, \end{cases} \quad 即 \ 0 < x < 12。$$

例2 孙悟空在和妖怪斗法的时候，把自己的名字"孙行者"三个字变化多次，问一共能变化出多少个不同的名字。

分析： 第一步在孙、行、者 3 个字中选 1 个，共有 3 种选择；第二步在

剩余的 2 个字中 2 选 1，则有 2 种选择；第三步有 1 种选择。

解：$3 \times 2 \times 1 = 6$（种）。

同步训练 2.1.1

水平一

1. 物质质量 m、体积 v、密度 ρ 三者之间可以用公式 $\rho = \dfrac{m}{v}$ 表示，_____就是物质密度的数学模型。

2. 用一个平底锅煎饼，每次只能放 2 个饼，煎 1 个饼需要 4 分钟（正反面各 2 分钟），煎 3 个饼至少要_____分钟。

3. 会计班 40 人参加植树活动，男生每人种 3 棵树，女生每人种 2 棵树。已知男生比女生多种 30 棵树，则男生有_____人，女生有_____人。

4. 四月的一天，上海气温最高达到 30 ℃，而最低气温是 16 ℃，则这一天气温 x 的变化范围用绝对值不等式表示为（　　）。

    A. $-7 < |x - 23| < 7$ B. $-7 \leqslant |x - 23| \leqslant 7$

    C. $|x - 23| < 7$ D. $|x - 23| \leqslant 7$

5. 已知鞋子的码数 y（码）与鞋子的长度 x（cm）之间满足一次函数关系式：$y = 2x - 10$。若小明穿的是 25.5 cm 长的鞋子，则他鞋子的码数是（　　）。

    A. 43 码   B. 42 码   C. 41 码   D. 40 码

6. 用黑白两种颜色的正六边形地砖按如图所示的规律拼成若干图案，则第四个图案中白色地砖有（　　）块。

 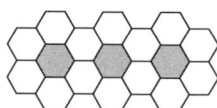

（第 6 题图）

    A. 16   B. 18   C. 20   D. 22

水平二

1. 为绿化小区，物业管理在空地上用竹篱笆围出一块矩形花圃，现有材料共可围 12 m 篱笆，设花圃面积为 y m²，花圃长（水平方向）为 x m，试建立 y 和 x 的函数模型。

2. 小刚第一次数学测试得了 77 分，第二次数学测试得了 89 分，第三次数学测试至少应得多少分才能使三次数学测试平均分在 86 分或以上？

2.1.2 常用的初等数学模型

知识要点

初等数学模型，包括初等代数模型、初等几何模型和初等组合与概率统计模型。

运用举例

例 1 某市出租车车价规定如下：起步价 12 元，可行 3 km；3 km 以后按 2.4 元/km 计价。(1)写出车费 y 元与行车里程 x km 的数学模型。(2)小亮乘出租车行驶 4 km 应付多少元？

分析：这是一个分段函数模型。当 $0 < x \leqslant 3$ 时，车费为 $y = 12$ 元；当 $x > 3$ 时，车费为 $y = 12 + 2.4(x-3)$ 元。

解：(1)车费 y 元与行车里程 x km 的数学模型为

$$y = \begin{cases} 12, & 0 < x \leqslant 3, \\ 12 + 2.4(x-3), & x > 3. \end{cases}$$

(2)小亮应付 $y = 12 + 2.4 \times (4-3) = 14.4$（元）。

例 2 某职校有 2 名女生和 5 名男生入围该校"才艺之星"决赛，这 7 名选手逐一上场比赛的次序由随机抽签决定，若每位选手抽到任意次序的可能性相等，则最后一位上场的选手是女生的概率是多少？

分析：这是一个概率统计模型。7 位选手的上场顺序共有 A_7^7 种可能，若最后一位上场的是女选手，则共有 $2A_6^6$ 种可能。

解：最后一位是女选手的概率为 $\dfrac{2A_6^6}{A_7^7} = \dfrac{2}{7}$。

📖 **同步训练 2.1.2** ————————————————————

水平一

1. 一般而言，常用初等数学模型包括 _____ 、 _____ 以及 _____ 。

2. 从五个数字 2，3，5，7，11 中任选两个数可组成 _____ 个不同的分数。

3. 中国国际进口博览会(以下简称进博会)在上海举办，进博会展馆包括科技生活、汽车、装备展区、医疗器械及医药保健、品质生活、食品及农产品等 10 个不同的展馆，其中品质生活馆共有 12 个出入口。一名参观者进出品质生活馆一次有 _____ 种不同的选择。

4. 某种火箭在发射卫星时，每经过一次加速，能量储存就剩下 84%，则经过( )次加速后，剩余能量约为原来的一半。

    A. 2   B. 3   C. 4   D. 5

5. 某商场中的商品 M 的价格比商品 N 的价格贵，现该商场促销，全场商品打八折销售。若商品 M 的价格为 a，商品 N 的价格为 b。根据以上描述，可以概括出的一个数学模型是( )。

    A. $a < b$，且 $0.8a < 0.8b$ B. $a > b$，且 $0.8a > 0.8b$

    C. $a < b$，且 $0.8a > 0.8b$ D. $a > b$，且 $0.8a < 0.8b$

6. 按商品质量规定：商店出售的标明 500 g 的袋装食盐，其实际克数与所标克数相差不能超过 5 g。设实际克数为 x(g)，则 x 应满足的不等式是( )。

    A. $|x - 500| \leqslant 5$ B. $|x - 5| \leqslant 500$

    C. $|x - 505| \leqslant 5$ D. $|x - 5| \leqslant 505$

水平二

1. 某乡镇实施产业扶贫，帮助贫困户承包了荒山种植草莓。到了收获季节，调查市场行情发现该产品的日销售量 y(kg)与销售单价 x(元)之间满足一次函数关系。关于销售单价、日销售量、日销售利润的几组对应值如下表。

销售单价 x/元	10	15	23	28
日销售量 y/kg	200	150	70	m
日销售利润 w/元	400	1 050	1 050	400

注：日销售利润＝日销售量×(销售单价－成本单价)。

(1)建立 y 和 x 的数学模型为 _____ ，$m =$ _____ ；

（2）根据以上信息，产品的成本单价是_____元；

（3）当销售单价 $x =$_____元时，日销售利润 w 最大，最大值是_____元。

2. 某餐厅提供 39 元下午茶套餐，此套餐可从 7 款茶点和 6 款饮料（含 3 款热饮）中任选一款茶点和一款饮料，则所选套餐中含热饮的概率为_____。

👁 **数学窗** ───●

人工智能 AlphaGo

围棋，作为一项延续 4 000 多年的智力游戏，被视为世界上最复杂的棋盘游戏，这种古老的中国游戏也一直被认为是对人工智能的巨大挑战。

2016 年 3 月 15 日下午，人机大战的比赛落下帷幕——人工智能 AlphaGo 以 4∶1 击败了围棋世界冠军李世石。人们不禁好奇，究竟是什么让 AlphaGo 能够战胜人类大脑呢？它的核心依托就是人工神经网络。AlphaGo 同优秀的选手进行 150 000 场比赛，通过人工神经网络找到这些比赛的模式，然后通过总结预测选手在任何位置高概率进行的一切可能。AlphaGo 的设计师通过让其反复地和早期版本的自己对战来提高神经网络，使其逐步提高获胜的机会。

从广义上讲，神经网络是一个非常复杂的数学模型。人工神经网络是一种模仿生物神经网络的结构和功能的数学模型或计算模型。现代神经网络是一种非线性统计性数据建模工具，常用来对输入和输出间复杂的关系进行建模，或用来探索数据的模式。

2.2　数学建模

2.2.1　数学建模的一般过程

🕐 **知识要点** ─────────────────────────────────────●

1. 数学建模是根据实际对象的特征和建模的目的，对问题进行必要的简化，提出一些恰当的假设，运用数学语言表达问题，抽象出相关的数学模型，求解结论，验证结果，然后根据结果去解决实际问题。

2. 数学建模的主要步骤：模型建立、模型求解、模型解释。

笔记

运用举例

例 1 统计资料显示：某外来入侵物种现有种群数量为 100 株，若有理想的外部环境条件，该物种的年平均增长率约为 50%，试建立该物种的种群数量增长模型，并预测在外部环境不变的情况下，10 年后该物种的种群数量。(结果精确到个位)

分析： 由题意可知，入侵物种每年的数量成等比数列，首项为 100，公比 $q=1.5$，

经过 1 年，入侵物种数量 100×1.5^1；

经过 2 年，入侵物种数量 100×1.5^2；

经过 3 年，入侵物种数量 100×1.5^3；

……

解：模型建立 设经过 x 年该入侵物种数量为 y，则其数量增长模型为 $y=100\times1.5^x$，$x\in\mathbf{N}_+$。

模型求解 10 年后，该物种的种群数量为 $100\times1.5^{10}\approx5\,767$(株)。

模型解释 从以上数据可知，入侵物种在缺乏天敌制约的情况下疯狂繁殖，泛滥成灾，会破坏当地生态平衡。所以，我们要警惕外来物种入侵。

例 2 财务室会计结账时，发现账面多出了 32.13 元，后来发现是把一笔钱的小数点点错了一位，原来这笔钱是_____元。

分析： 这是一个传统的倍差问题，也是方程模型。点错一位，可能扩大到原来的 10 倍或缩小到原来的 $\frac{1}{10}$，题中已明示账面多出 32.13，必为扩大到原来的 10 倍。

解：模型建立 设这笔钱为 x 元，则 $10x=x+32.13$。

模型求解 $x=3.57$(元)。

模型解释 原来这笔钱是 3.57 元。

同步训练 2.2.1

水平一

1. 数学建模的主要步骤有三步，分别是_____、_____、_____。

2. 在不超过量程的情况下，某一弹簧悬挂 2 kg 物体时长 13 cm，悬挂 5 kg 物体时长 14.5 cm，则弹簧原长是_____cm。

3. 如图，从甲地直接到丙地的交通线有 2 条，从甲地到乙地的交通线有 2 条，从乙地到丙地的交通线有 3 条，则从甲地到丙地有_____种走法。

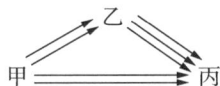

（第 3 题图）

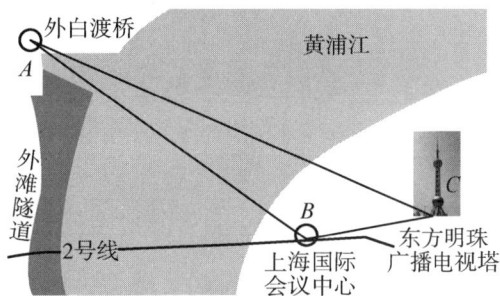

（第 4 题图）

4. 如图，A，B，C 分别是位于外白渡桥、上海国际会议中心、东方明珠广播电视塔的三个观测点。现测得 B 与 C 之间的距离为 316 m，$\angle B =133°$，$\angle C = 34°$，则 A 与 C 之间的距离为（精确到 1 m）（   ）。

A. 约 242 m

B. 约 413 m

C. 约 786 m

D. 约 1 027 m

5. 某城市现有人口 200 万，根据最近 20 年的统计资料，该城市人口的年平均增长率为 1.2％，按这个增长率预计 10 年后该城市的人口数为（   ）万人。

A. $y = 200 \times 0.012^{10}$

B. $y = 200 \times 1.12^{10}$

C. $y = 200 \times 1.012^{9}$

D. $y = 200 \times 1.012^{10}$

6. 某中等职业学校街舞社团共有 25 名学生，若这 25 名学生组成的集合记为 M，该社团内的 12 名男生组成的集合记为 N，则下列 Venn 图能正确表示集合 M 与集合 N 之间关系的是（   ）。

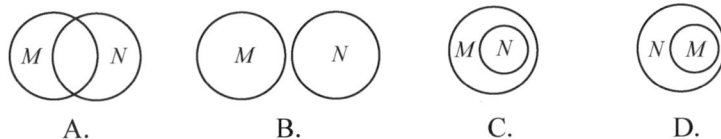

A.   B.   C.   D.

水平二

1. 已知同一温度的摄氏温标读数 y（℃）与华氏温标读数 x（℉）之间的关系是一次函数的关系，下表给出了摄氏温度与华氏温度的两组对应数据：

华氏温度 $x/℉$	32	122
摄氏温度 $y/℃$	0	50

（1）试求 y 关于 x 的函数解析式（不需要写出定义域）；

（2）小杰同学坐飞机到美国 S 市交流学习，天气预报报告抵达时 S 市的气温在 54 ℉～72 ℉之间，试用摄氏温度表示该气温范围（结果四舍五入保留整数）。

2. 一种俄罗斯套娃玩具如图，它由 9 个空心木娃娃一个套一个组成，把这 9 个空心木娃娃立成一排，从左往右看，最小的木娃娃宽度为 2.2 cm、高度为 3 cm，往后每一个木娃娃的宽度比前一个增加 1.3 cm，高度是前一个的 $\frac{4}{3}$ 倍。（结果保留一位小数）

（第 2 题图）

（1）最大的木娃娃的宽度是多少？

（2）最大的木娃娃的高度是多少？

2.2.2　常见的初等数学模型

知识要点

初等数学模型	初等代数模型	包括初等方程模型、初等函数模型、初等不等式模型、线性规划模型、数列模型等
	初等几何模型	包括测量问题、等周问题、最优柱体问题等
	初等组合与概率统计模型	包括计数模型、称重问题、数据建模等

🔍 **运用举例** ━━━

例 1　一家商店 1 月把某种商品按进货价提高 60% 出售，到 7 月再声称以七折大拍卖，那么该商品 7 月的价格比进货价（　　）。

A. 高 12%　　　　B. 低 12%　　　　C. 高 11.2%　　　　D. 低 11.2%

分析：设商品的原价为 a 元，则 1 月的价格为 $1.6a$ 元，7 月的价格为 $1.6a \times 0.7 = 1.12a$。

解：$\dfrac{1.12a - a}{a} = 12\%$，即该商品 7 月的价格比进货价高 12%。所以选 A。

例 2　光线每通过一块某种玻璃，其强度要减少 20%，那么至少需要将多少块这样的玻璃叠起来，才能使通过它们的光线强度低于原来的 $\dfrac{1}{3}$？

分析：光线每通过一块某种玻璃，其强度变为原来的 80%。设光线原来的强度为 a，通过 x 块玻璃后强度为 y。

解：**模型建立**　$y = a \cdot 0.8^x，x \in \mathbf{N}_+$。

则 $a \cdot 0.8^x < a \cdot \dfrac{1}{3}$

模型求解　$x > \log_{0.8} \dfrac{1}{3} \approx 4.92，x \in \mathbf{N}_+$。

即 $x \geqslant 5$。

模型解释　至少通过 5 块玻璃后，通过它们的光线强度低于原来的 $\dfrac{1}{3}$。

📖 **同步训练 2.2.2** ━━━━━━━━━━━━━━━━━━━━━━━━━━━━━━━━━

水平一

1. 一次国际青年足球邀请赛共有 10 个队参加，比赛采用单循环制（每两个队都要赛一场），共要举行_____场比赛。

2. 知识竞赛有 10 道判断题，评分规定：每答对一题得 2 分，答错一题要倒扣 1 分。小明同学虽然答了全部的题目，但最后只得了 11 分，则他答错了_____题。

3. 某市 2020 年的人均绿地面积为 8 m²，以后每年以 10% 的增长率增加，则到 2025 年该市人均绿地面积达到_____m²（精确到 0.01）。

4. 要从 5 名技术员中选出 3 名，分别去支援新疆、宁夏、甘肃建设，一共有(　　)种选法。

A. 10　　　　　　　B. 30　　　　　　　C. 60　　　　　　　D. 120

5. 大厅里有 10 根圆柱，圆柱底面直径 1 m，高 8 m。在这些圆柱的表面涂油漆，平均每平方米用油漆 0.8 kg，共需油漆(　　)kg。

A. 80π　　　　　　　　　　　　B. 64π

C. 85π　　　　　　　　　　　　D. 68π

6. 如图为正方形"E"字视标，第一行"E"边长为 72.72 mm，往后每一行中的"E"字视标边长是前一行的 0.794，若某行"E"字视标边长为 28.90 mm，那么这是从上往下数的第(　　)行。

A. 3　　　　　　　　　　　　B. 4

C. 5　　　　　　　　　　　　D. 6

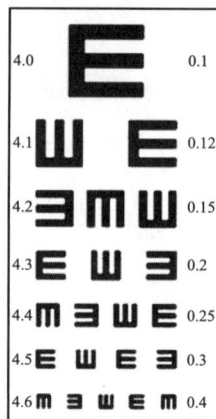

(第 6 题图)

水平二

1. 2 位老师与 5 名学生排成一排照相。(1)共有多少种排法? (2)若 2 位老师必须在左右两端，共有多少种排法? (3)若 2 位老师一定要在一起又有多少种排法?

2. 小杰的手机通过某无线路由器连接网络，现将小杰的手机与此无线路由器之间的距离记为 x(m)。当 $x \in \left[\dfrac{1}{2}, +\infty\right)$ 时，该手机接收无线路由器的信号强度 y(分贝毫瓦)与 x 之间满足函数关系式 $y = -50 - 20\lg x$。

(1)当小杰的手机与此无线路由器之间的距离为 5 m 时，该手机接收的信号强度是多少分贝毫瓦?(精确到 1 分贝毫瓦)

(2)为了保证小杰的手机接收此无线路由器的信号强度不小于 -70 分贝毫瓦，则该手机与此无线路由器的最大距离为多少米?

数学窗

数学建模起源

数学建模是在 20 世纪六七十年代进入一些西方国家大学的，经过 20 多年的发展，绝大多数本科院校和许多专科学校都开设了各种形式的数学建模课程和讲座，为培养学生利用数学方法分析、解决实际问题的能力开辟了一条有效的途径。大学生数学建模竞赛最早是 1985 年在美国出现的，1989 年，在几位从事数学建模教育的教师的组织和推动下，中国的大学生开始参加这项竞赛，而且积极性越来越高。

1992 年，由中国工业与应用数学学会组织举办了 10 个城市的大学生数学模型联赛，74 所院校的 314 队参加。教育部领导及时发现，并扶植、培育了这一新生事物，决定从 1994 年起，由教育部高教司和中国工业与应用数学学会共同主办全国大学生数学建模竞赛，每年一届。

专题三 ·数学工具

3.1 计算工具

3.1.1 古代计算工具——算筹

笔 记

知识要点

在算筹计数法中，以纵横两种排列方式来表示单位数目，其中 1～5 均分别以纵横方式排列相应数目的算筹来表示，6～9 则以上面的算筹再加下面相应的算筹来表示；表示多位数时，个位用纵式，十位用横式，百位用纵式，千位用横式，以此类推，遇零则置空。这种计数法遵循十进制。

纵式摆法： | || ||| |||| ||||| 丅 丆 冊 冊

横式摆法： — = ≡ ≣ ≣ ⊥ ⊥ ⊥ ⊥
　　　　　 1　2　3　4　5　6　7　8　9

算筹计数法则为：凡算之法，先识其位，一纵十横，百立千僵，千十相望，万百相当。

运用举例

例1 古人用横纵相间的方式表示一个数，如 3 257 可表示成：

≡ || ≡ 丌

同步训练 3.1.1

水平一

1. 请用算筹表示数：(1)28；(2)107。

2. 用 4 根算筹表示两位数(十位不能为零,且用完 4 根算筹),写出所表示的数。

3. 中国人最先使用负数,魏晋时期的数学家刘徽在"正负术"的注文中指出,可将算筹(小棍形状的计数工具)正放表示正数,斜放表示负数。在古代数学名著《九章算术》里,就记载了利用算筹实施"正负术"的方法。如图,图 1 表示 $(+1)+(-1)=0$,根据刘徽的这种表示法,可推算图 2 中所表示的数值为( )。

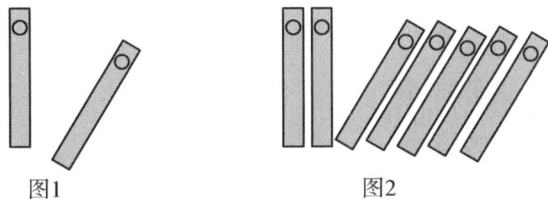

(第 3 题图)

A. -1 B. -2 C. -3 D. -4

4.《孙子算经》是我国传统数学最重要的著作之一,成书于四五世纪。现在传本的《孙子算经》共三卷。卷上叙述算筹计数的纵横相间制度和筹算乘除法则;卷中举例说明筹算分数算法和筹算开平方法;卷下记录算题,不但提供了答案,而且还给出了解法。其中记载:"今有木,不知长短。引绳度之,余绳四尺五寸,屈绳量之,不足一尺。问:木长几何?"大意是:有一根木条,不知道长度,用一根绳子去量,绳子剩余 4.5 尺;将绳子对折后再量,绳子比木条短 1 尺。问:木条长多少尺?

水平二

1.《九章算术·方程》中介绍了一种用"算筹图"解一次方程组的方法。如图 1,从左向右的符号中,前两个符号分别代表未知数 x,y 的系数。因此，根据此图可以列出方程：$x+10y=26$。请你根据图 2 列出方程组，并求出它的解。

图1　　　　　图2

（第 1 题图）

2.《九章算术·方程》中有许多关于一次方程组的内容。其中有这样一道题：

上等谷 3 束，中等谷 2 束，下等谷 1 束，共是 39 斗；

上等谷 2 束，中等谷 3 束，下等谷 1 束，共是 34 斗；

上等谷 1 束，中等谷 2 束，下等谷 3 束，共是 26 斗。

上等谷、中等谷、下等谷每束各是几斗？

3.1.2　近代计算工具——算盘与计算尺

知识要点

1. 算盘是中国的重大发明，体现了十进制计数法。算盘最大的特点是 1 颗下珠表示 1，1 颗上珠表示 5。使用算盘时要注意以下两点。

(1)先确定个位。先任意选定某个档为个位，然后依次左进为十位、百位、千位等。

(2)再用算珠表示数。个位上的几表示几个，十位上的几表示几十……某个数位上是 0，则以不拨珠表示。

2. 哥隆尺上的点数 m 称为它的阶，它上面的最长距离就是它的长度。如图 3.1-1 是一个哥隆尺的例子，这个尺子可以度量 1～6 个单位，并且每一个单位都只能用一种方法来度量，按定义，它是一个阶为 4，长度为 6 的哥隆尺。

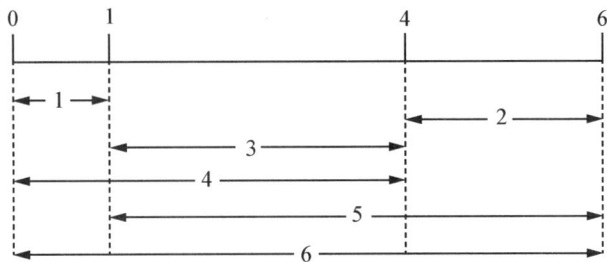

图 3.1-1　哥隆尺

这个哥隆尺用数列表示就是 0，1，4，6，这四个数字就是刻度点的位置。我们也可以换两种表示：一种是 7 位 0 和 1 的数列 1，1，0，0，1，0，1，也就是在有刻度点的地方用 1，其他地方用 0 的数列，我们在后面将用这种二进制表示来描述哥隆尺的应用，如图 3.1-2，另一种是图表示，如图 3.1-3，图的顶点是那些刻度点，任何两点之间用它们的距离表示。

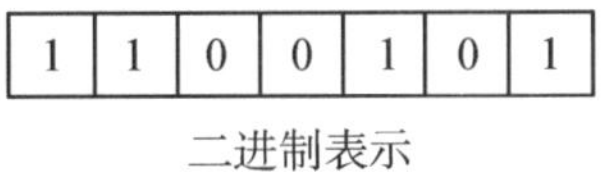

1	1	0	0	1	0	1

二进制表示

图 3.1-2

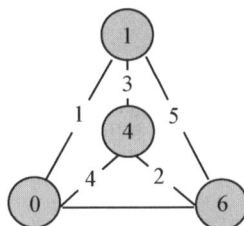

图表示

图 3.1-3

运用举例

例 1　数字 513，在算盘上表示如图 3.1-4。

图 3.1-4

例 2　哥隆尺是一种特殊的尺子，如图 3.1-5 的哥隆尺一次性可以度量的长度为 1，3，4，5，8，11，12，13，16，17。

图 3.1-5

📖 同步训练 ────────────────────────────────●

水平一

1. 在算盘上只拨 2 个算珠来表示一个三位数，最大的是_____。

2. 如图所示的算盘上，表示的数为_____。

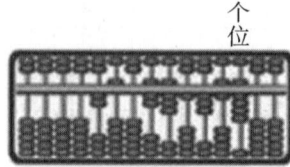

（第 2 题图）

3. 如图所示的哥隆尺中，不能一次性度量的长度为（　　）。

（第 3 题图）

A. 11　　　　　　B. 13　　　　　　C. 15　　　　　　D. 17

4. 如图所示的哥隆尺，可以用数列表示为_____。

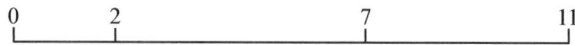

（第 4 题图）

水平二

1. 如图所示的哥隆尺中，若要在刻度 4～12 之间增加一个整数刻度 n，使其能一次性度量的长度数量最多，请问：整数刻度 n 的值为多少？

（第 1 题图）

2. 用算盘表示一个数，再添上 2 个算珠后，表示的数为 3 750，原来的数可能是多少？

3.1.3　现代计算工具——计算器

知识要点

函数型计算器(也称"科学计算器")是具有初等函数数值计算功能的一类计算器的总称,是计算器中最常用的一类。由于生产厂家、型号等的不同而具有不同的计算功能,一般级别的配备有初等函数计算功能以及统计、回归分析等功能,较高级的配备有数值微积分、数值求和或求积、进制转换与位运算、科学常数、单位换算、矩阵、向量、解方程(组)、解不等式、概率分布、关系证明等功能。

运用举例

例1　运用函数型计算器计算: $\int_0^1 2x\,\mathrm{d}x$。

解:直接输入可得 $\int_0^1 2x\,\mathrm{d}x = 1$。

例2　利用函数型计算器求解方程: $x^2 + x + 1 = 0$。

解:根据计算器可得 $x_1 = \dfrac{-1+\sqrt{3}\,\mathrm{i}}{2}$, $x_2 = \dfrac{-1-\sqrt{3}\,\mathrm{i}}{2}$。

同步训练 3.1.3

水平一

1. 利用计算器计算: $1.23^{4.5} \approx$ _____。(精确到 0.001)

2. 将 15°角转化为弧度为_____。(精确到 0.01)

3. 利用计算器求解二次函数 $f(x) = -x^2 - 3x + 1$ 的最大值为_____。

4. 方程 $x^3 - 6x^2 + 11x - 6 = 0$ 的解为_____。

5. 在△ABC中,已知 $BC = 21.3$ cm, $AC = 31$ cm, $\angle ACB = 82°$,则 $AB =$ _____(精确到 0.1 cm)。

6. 在△ABC中,已知 $\angle A$ 满足 $\tan A = 2$,则 $\angle A$ 的大小为(精确到0.001)(　　)。

　　A. 63.435　　　　B. 63.435°　　　　C. 1.107　　　　D. 1.107°

水平二

1. 举例讨论函数型计算器中出现的"数学错误"与"语法错误"。

2. 某工厂在检验生产的一款产品的长度时，从一天的所有产品中随机抽出 10 件进行检测，检测数据如下（单位：cm）：18.9，19.0，19.1，18.7，19.3，19.1，19.2，18.8，18.9，18.7，请分别求这些产品的平均长度 $\overline{x}$，以及 $\sum x$，$\sum x^2$，$x\sigma_{n-1}$，$x\sigma_n$。（精确到 0.1）

◉ **数学窗**

珠算文化——中国非物质文化遗产

珠算是以算盘为工具进行数字计算的一种方法，"珠算"一词最早见于汉代徐岳撰《数术记遗》。

珠算始于汉代，宋代走向成熟，珠算逐步取代其他各种计算技术和工具，成为我国特有的计算工具。至明代，算盘在计算领域独领风骚，使用方法更加完善，程大位编撰的《直指算法统宗》对珠算的推广和发展起了极其重要的作用。

珠算文化涵盖了与珠算相关的数学科学、数学教育、应用技术及智能开发等内容，在文学、历史、音乐、美术等相关文化领域也有一定的作用。珠算适用面广，具有很强的科学性和实用性，这一特点促进了它的推广和普及，使它在华夏大地代代相传，承袭至今。珠算文化不仅深深植根于我国，16 世纪时还传播到周边国家和地区，对其经济、文化和科学技术的发展起到了推动作用。

3.2　作图工具

3.2.1　尺规作图

知识要点

尺规作图起源于古希腊，是指用无刻度的直尺和圆规作图，并且只允许使用有限次来解决不同的平面几何作图问题。尺规作图使用的直尺和圆规带有想象性质，跟现实中的并非完全相同：

(1)直尺必须没有刻度，无限长，且只能使用直尺的固定一侧，只可以用它来将两个点连在一起，不可以在上面画刻度；

(2)圆规可以开至无限宽，但上面亦不能有刻度，它只可以拉开至之前构造过的长度。

笔　记

运用举例

例1　如图 3.2-1，已知 $\angle AOB$ 和点 C，D，求作一点 M，使点 M 到 $\angle AOB$ 两边的距离相等，且与 C，D 组成以 CD 为底边的等腰三角形。

解：因为到一个角两边距离相等的点在这个角的平分线上，而根据题意，点 M 应满足条件 $MC = MD$，所以点 M 又在连接 CD 所得线段的垂直平分线上。

(1)作 $\angle AOB$ 的平分线 OG；

(2)连接 CD，作 CD 的垂直平分线，交 OG 于点 M，如图 3.2-2，M 就是所要求作的点。

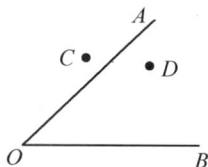

图 3.2-1

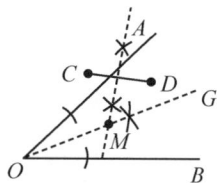

图 3.2-2

例2　如图 3.2-3，A，B，C 三个城市准备共建一个飞机场，希望机场到 B，C 两市的距离相等，在此基础上，到较大城市 A 的距离最近，试确定飞机场的位置。

解：机场到 B，C 两市的距离相等，则应在线段 BC 的垂直平分线上；

而这条垂直平分线上的点到 A 的最短距离是点 A 到这条直线的垂线段的长。

(1)连接 BC，作线段 BC 的垂直平分线 l；

(2)过点 A 作直线 l 的垂线，垂足为 P，如图 3.2-4，点 P 就是飞机场的位置。

图 3.2-3   图 3.2-4

同步训练 3.2.1

水平一

1. 如图，点 C 在 $\angle AOB$ 的边 OB 上，用尺规作出了 $CN\ /\!/\ OA$，作图痕迹中，弧 FG 是( )。

A. 以点 C 为圆心，OD 为半径的弧

B. 以点 C 为圆心，DM 为半径的弧

C. 以点 E 为圆心，OD 为半径的弧

D. 以点 E 为圆心，DM 为半径的弧

(第1题图)

2. 如图，已知 $\angle MON$ 是一个锐角，以点 O 为圆心，任意长为半径画弧，分别交 OM，ON 于点 A，B，再分别以点 A，B 为圆心，大于 $\dfrac{1}{2}AB$ 长为半径画弧，两弧交于点 C，画射线 OC。过点 A 作 $AD\ /\!/\ ON$，交射线 OC 于点 D，过点 D 作 $DE\perp OC$，交 ON 于点 E。设 $OA=10$，$DE=12$，则 $\sin\angle MON=$ _____。

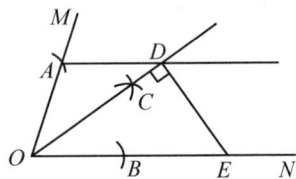

(第2题图)

3. 已知 M，N 是线段 AB 上的两点，$AM=MN=2$，$NB=1$，以 A 为圆心，AN 长为半径画弧；再以点 B 为圆心，BM 长为半径画弧，两弧交于点 C，连接 AC，BC，则△ABC 一定是( )。

A. 锐角三角形   B. 直角三角形

C. 钝角三角形   D. 等腰三角形

4. 下列作图语言描述正确的是( )。

A. 延长线段 AB 至点 C，使 $AB=AC$

B. 过 $\angle AOB$ 内部一点 P，作 $\angle AOB$ 的平分线

C. 以点 O 为圆心，AC 长为半径作弧

D. 在射线 OA 上截取 $OB=a$，$BC=b$，则有 $OC=b+a$

水平二

1. 请列举五种基础尺规作图题型。

2. 某市计划在新竣工的矩形广场的内部修建一个音乐喷泉，要求音乐喷泉 M 到广场的两个入口 A，B 的距离相等，且到广场管理处 C 的距离等于 A，B 之间距离的一半。请在原图上利用尺规作图作出音乐喷泉 M 的位置。（要求：保留作图痕迹）

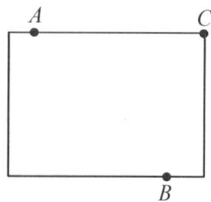

（第 2 题图）

3.2.2 图形计算器

知识要点

图形计算器具有中学数学教学中常用的数值运算、数据处理和动态图像处理的功能，可以为现行数学课程所涉及的主要领域，有力地提供所需技术方面的支持，并且可以丰富学习数学的方式。图形计算器的主要功能体现在数值运算功能、作图功能、统计功能、金融功能、程序功能、计算器应用程序 Aplets 的扩充功能等。

图形计算器具有以下几个特点：便携性、交互性、专业性、扩展性。

运用举例

例1 求方程 $x=-4\lg x$ 的近似解(精确到 0.01)。

解：如图 3.2-5，作出函数 $y=x$ 与函数 $y=-4\lg x$ 的图像，可得近似解为 $x\approx0.68$。

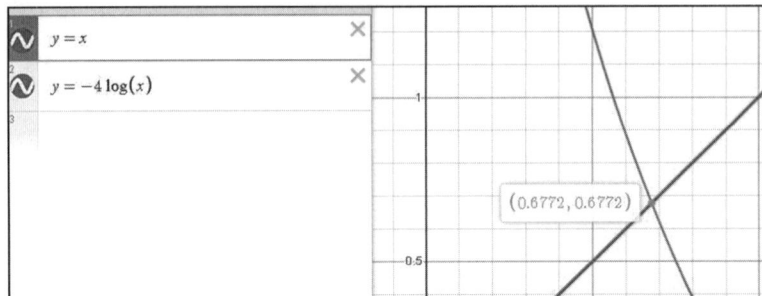

图 3.2-5

例2 方程 $\sin x=\lg x$ 的解的个数为(   )。

A. 1   B. 2   C. 3   D. 4

解：如图 3.2-6，可利用图形计算器分别作出函数 $y=\sin x$ 与函数 $y=\lg x$ 的图像，可得两函数有三个交点，故方程的解有 3 个，选 C。

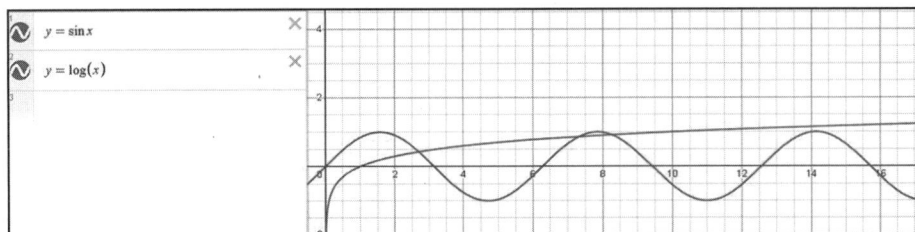

图 3.2-6

同步训练 3.2.2

水平一

1. 求方程 $2x=-\ln x$ 的近似解(精确到 0.01)。

2. 求函数 $y=3x^3-x^2+1$ 的零点(精确到 0.001)。

3. 函数 $y = 1 - \sqrt{-x^2 - 4x + 5}$ 的最小值为_____。

4. 函数 $y = \pi^{-x^2 + 2x + 1}$ 的单调递减区间为_____。

5. 方程 $2\sin 2x = \ln x$ 的解的个数为_____。

6. 设 $g(m)$ 为函数 $f(x) = mx\cos x^m - 1 (x \in [0, 5])$ 的零点个数，则 $g(1) + g(2) =$ _____。

水平二

1. 利用图形计算器研究如何由函数 $y = \sin x$ 的图像，经过变换得到函数 $y = 2\sin\left(2x + \dfrac{\pi}{3}\right) - 1$ 的图像？

2. 已知二次函数 $y = ax^2 + bx + c (a \neq 0)$，分类讨论三个系数 a，b，c 与函数图像的开口方向、对称轴及函数顶点位置的关系。

数学窗

一款寓教于乐的尺规作图游戏——Euclidea

大家都知道，数学史上有一部伟大著作叫《几何原本》，它的问世标志着欧氏几何学的建立，在数学发展史上意义极其深远，也是整个人类文明史上的里程碑。随着互联网的普及，游戏化学习受到世界各国教育者的广泛推崇，在我国学校教育中亦具有较高的普及度，成为转变学习方式、培养学生核心素养的重要探索方向。孩子天性好玩，如果我们把知识做成寓教类游戏的话，那就可以放心地让孩子边玩边学了。Euclidea 就是这样的一款学习游戏。

Euclidea 是一款关于几何方面的益智游戏，通过玩游戏学习欧氏几何的经典问题"尺规作图"。它是一款免费的游戏，App 版本同时支持苹果和安卓系统的手机和平板电脑。

Euclidea 作为一款具有代表性的学习游戏，以其独特的数学知识向玩家传递一种先进的游戏理念。大家通过 Euclidea 可以轻松方便地掌握相关数学几何知识，这也是其他普通娱乐游戏无法代替的价值所在。

3.3 数学软件

3.3.1 Microsoft Mathematics 数学软件

知识要点

Microsoft Mathematics 是微软公司发布的一款功能强大,且非常专业的数学软件,同时也是由微软官方出品的数学公式编辑软件,可以帮助我们更好地计算数学函数变量之间的关系,以及了解数学、物理和化学学科涉及的相关概念。此外,该软件还是一个全面的图形计算器。

运用举例

例 1 利用软件,因式分解 x^3-x^2+x-1。

解:如图 3.3-1,利用软件可得:原式$=(x-1)(x^2+1)$。

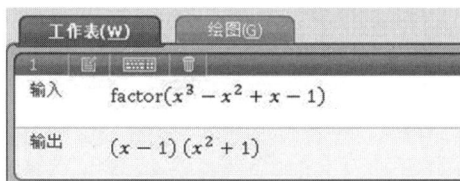

图 3.3-1

例 2 作出 $\dfrac{x^2}{a}+\dfrac{y^2}{b}=1(a\neq 0,b\neq 0)$ 的图像。

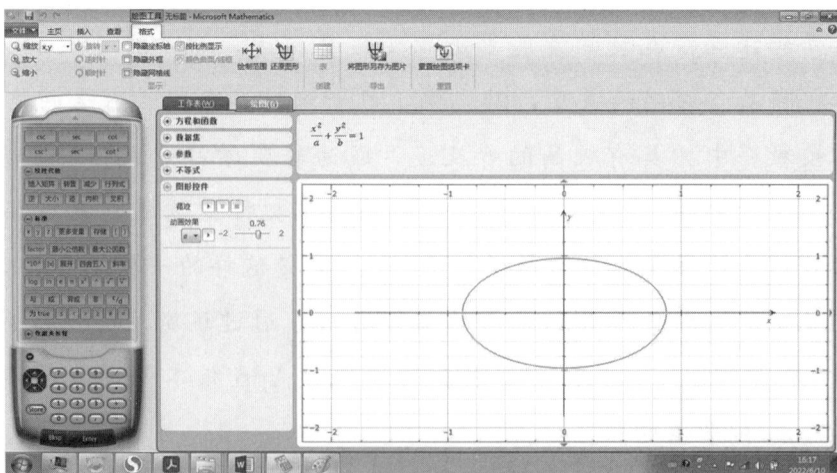

图 3.3-2

解:操作如图 3.3-2,也可改变 a,b 的不同取值,观察图像变化。

同步训练 3.3.1

水平一

1. 分解质因数：12 345 678＝_____。

2. 因式分解：$x^4-2x^3-13x^2+14x+24=$_____。

3. 计算：12，23，34 的最小公倍数为_____。

4. 计算：向量$(2，3)$与$(4，-1)$的内积为_____。

5. 方程：$x^2+\dfrac{8}{x}=1$ 的解为_____（精确到 0.01）。

6. 在$\triangle ABC$ 中，已知三边长分别为 7，8，9，则$\triangle ABC$ 的面积为_____（精确到 0.001）。

水平二

1. 在平面直角坐标系中，画出不等式组$\begin{cases}x+2y-1>0，\\y-x\geqslant 0\end{cases}$ 所表示的平面区域。

2. 研究某灌溉渠道水的流速 y（m/s）与水深 x（m）之间的关系，测得一组数据如下表。

水深 x/m	1.40	1.50	1.60	1.70	1.80	1.90	2.00	2.10
流速 y/(m/s)	1.70	1.79	1.88	1.95	2.03	2.10	2.16	2.21

(1)预测水深为 1.95 m 时水的流速是多少？（精确到 0.01）

(2)若要控制流速 $y\in[1.85，2.05]$，则求水深 x 的范围。（精确到 0.01）

3.3.2　GeoGebra 数学软件

知识要点

GeoGebra 是一款自由且跨平台的动态数学软件，集合了几何、代数、概率统计和计算等功能。

一方面，GeoGebra 是一款动态的几何软件。我们可以画点、向量、线段、直线、多边形、圆锥曲线，甚至是函数，还可以改变它们的属性。另一方面，我们也可以直接输入方程和点坐标。同时，GeoGebra 也有处理变数的能力(这些变数可以是一个数字、角度、向量或点坐标)，它也可以对函数作微分与积分，找出方程的根或计算函数的最值。

所以，GeoGebra 同时具有处理代数与几何问题的功能。

运用举例

例1 利用软件展开算式$(x+1)^5$，并计算 x^2 项与 x^4 项系数之和。

解： 如图 3.3-3 可得$(x+1)^5 = x^5 + 5x^4 + 10x^3 + 10x^2 + 5x + 1$，$x^2$ 项与 x^4 项系数和为 $5 + 10 = 15$。

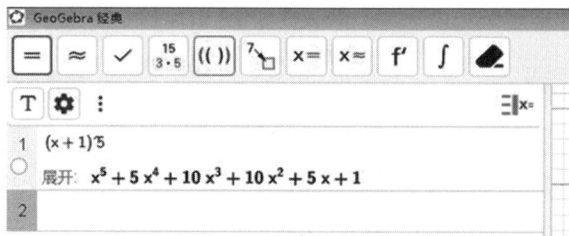

图 3.3-3

例2 求过三点 $A(1，1)$，$B(3，1)$，$C(5，3)$的圆的方程。

解： 如图 3.3-4，可得圆的标准方程为$(x-2)^2 + (y-4)^2 = 10$。

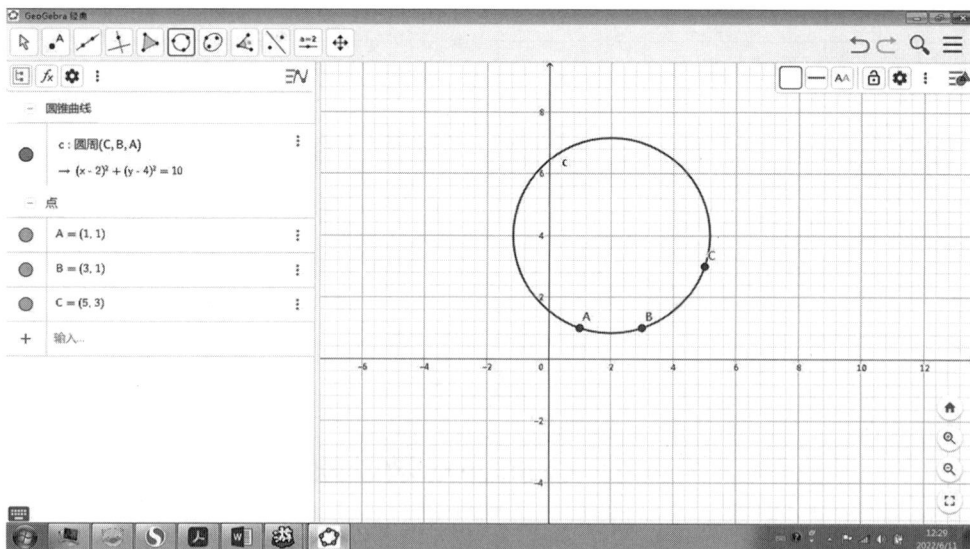

图 3.3-4

同步训练 3.3.2

水平一

1. 比较大小：e^{π} _____ π^{e}。

2. 方程组 $\begin{cases} 2x-3y=1, \\ x^2-y^2=3 \end{cases}$ 的解为 _____。

3. 已知方程 $\dfrac{x^2}{8}+\dfrac{y^2}{4}=1$ 的曲线为一椭圆，则椭圆面积为 _____。

4. 已知三棱锥 $P\text{-}ABC$ 的四个顶点分别为 $A(0,3,0)$，$B(-2,0,0)$，$C(2,0,0)$，$P(0,0,4)$，则 $V_{P-ABC}=$ _____。

5. 在数列 1，1，2，3，5，8，13，x，34，55，… 中，x 的值是（　　）。

A. 19　　　　　B. 20　　　　　C. 21　　　　　D. 22

6. 函数 $y=a^{x}-\dfrac{1}{a}(a>0,a\neq1)$ 的图像可能是（　　）。

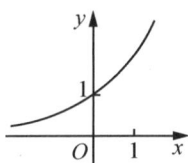
A.
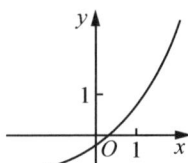
B.
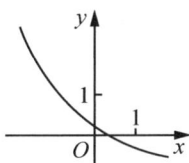
C.
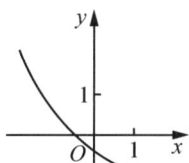
D.

水平二

1. 讨论当 b 取不同值时，二次函数 $y=x^2+bx+1$ 在区间 $[0,3]$ 内的最大值与最小值的取值情况。

2. 设函数 $f(x)=\dfrac{(2^x+1)^2}{2^x x}+1$ 在区间 $[-2\,022,0)\cup(0,2\,022]$ 上的最大值为 M，最小值为 N，试利用 GeoGebra 的绘图功能，计算 $M+N$ 的值。

⊙ 数学窗 ————————————————————————————●

数形结合

数形结合思想是一种基本的数学思想方法。中学数学中研究的对象可分为数和形两大部分，数与形是有联系的，这个联系被称为数形结合，或形数结合。

数形结合的应用大致可分为两种情形：一种是借助于数的精确性来阐明形的某些属性；另一种是借助形的几何直观性来阐明数之间的某种关系，即数形结合又包括两个方面，一方面是"以数解形"，另一方面是"以形助数"。

我国著名数学家华罗庚曾说过："数形结合百般好，隔离分家万事休。""数"与"形"反映了事物两个方面的属性。数形结合是把抽象的数学语言、数量关系与直观的几何图形、位置关系结合起来，通过"以形助数"或"以数解形"体现抽象思维与形象思维的结合，可以使复杂问题简单化、抽象问题具体化，从而实现优化解题途径的目的。

专题四 • 规划与评估

4.1 线性规划

4.1.1—4.1.2 线性规划模型及其可行域

知识要点

1. 线性规划模型的三要素：决策变量、约束条件、目标函数。

2. 建立线性规划模型可分为三个步骤：设合适的决策变量；根据题中条件(或表格中数据)写出约束条件；写出目标函数。

3. 线性规划问题：在线性约束条件下，求线性目标函数最小值或最大值的问题；

可行解：线性规划模型中满足线性约束条件的解；

可行域：所有可行解构成的区域，是由二元一次不等式组的解所组成的平面区域。

运用举例

例1 某物流公司现有装载量 10 t 的 A 型物流车 4 辆、装载量 6 t 的 B 型物流车 6 辆。公司承担了给一家超市送货的业务，经协商，每辆物流车每次运费如下：A 型车 400 元、B 型车 300 元。这家超市每次进货至少 46 t，则该物流公司将如何安排物流车辆，才能使得每次物流运费最低？请根据题意建立一个二元线性规划模型。

分析：把例 1 中相关条件列表如表 4-1 所示。

67

表 4-1

类型	装载量/t	数量/辆	每辆物流车每次运费/元
A 型物流车	10	4	400
B 型物流车	6	6	300

要建立一个二元线性规划模型，需要找出决策变量、约束条件和目标函数。注意到安排的两种型号的物流车的总装载量不少于 46 t，且安排的 A，B 型物流车数量分别为不大于 4 的自然数和不大于 6 的自然数。

解：设租用 A 型物流车 x 辆、B 型物流车 y 辆，每次所需物流总运费为 z 元，由题意得，约束条件为 $\begin{cases} 10x+6y \geqslant 46, \\ 0 \leqslant x \leqslant 4, \ x \in \mathbf{N}, \\ 0 \leqslant y \leqslant 6, \ y \in \mathbf{N}, \end{cases}$ 目标函数为 $z=400x+300y$（元）。

以上就是关于决策变量 x，y 的一个二元线性规划模型。

例 2 画出二元一次不等式组 $\begin{cases} x-2y \leqslant 0, \\ 3x+2y-12 \leqslant 0, \\ x-1 \geqslant 0 \end{cases}$ 所表示的平面区域。

分析：二元一次不等式组所表示的平面区域，就是在平面直角坐标系中，二元一次不等式组中不等式对应的方程表示的直线所围成的区域。$y \geqslant kx+b$ 表示对应直线的上方区域，$y \leqslant kx+b$ 表示对应直线的下方区域。本题中的不等式 $x-1 \geqslant 0$ 可直接解不等式。

解：二元一次不等式组可化为

$$\begin{cases} y \geqslant \dfrac{1}{2}x, \\ y \leqslant -\dfrac{3}{2}x+6, \\ x \geqslant 1。 \end{cases}$$

分别画出三个对应方程 $y=\dfrac{1}{2}x$，$y=-\dfrac{3}{2}x+6$，$x=1$ 所表示的直线 l_1，l_2，l_3，取直线 l_1 的上方、直线 l_2 的下方、直线 l_3 的右方三个区域的公共部分（阴影部分含边界），可行域即为 $\triangle ABC$ 内部阴影部分（含边界），如图 4.1-1。

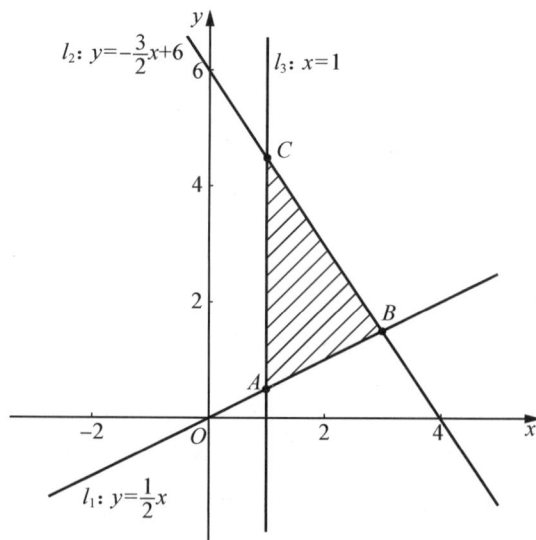

图 4.1-1

例3 画出例1中的约束条件 $\begin{cases} 10x+6y \geqslant 46, \\ 0 \leqslant x \leqslant 4, x \in \mathbf{N}, \\ 0 \leqslant y \leqslant 6, y \in \mathbf{N} \end{cases}$ 所表示的可行域。

分析： 可行域就是约束条件所表示的平面区域。

解： 约束条件可化为 $\begin{cases} y \geqslant -\dfrac{5}{3}x+\dfrac{23}{3}, \\ 0 \leqslant x \leqslant 4, x \in \mathbf{N}, \\ 0 \leqslant y \leqslant 6, y \in \mathbf{N}, \end{cases}$ 分别画出三个对应方程 $y=-\dfrac{5}{3}x+$

$\dfrac{23}{3}$，$x=4$，$y=6$ 所表示的直线 l_1，l_2，l_3，取直线 l_1 的上方、直线 l_2 的左方和直线 l_3 的下方三个区域在第一象限内的公共部分的自然数点（含边界），则所求的可行域为 $\triangle ABC$ 内部的自然数点（含边界），如图 4.1-2。

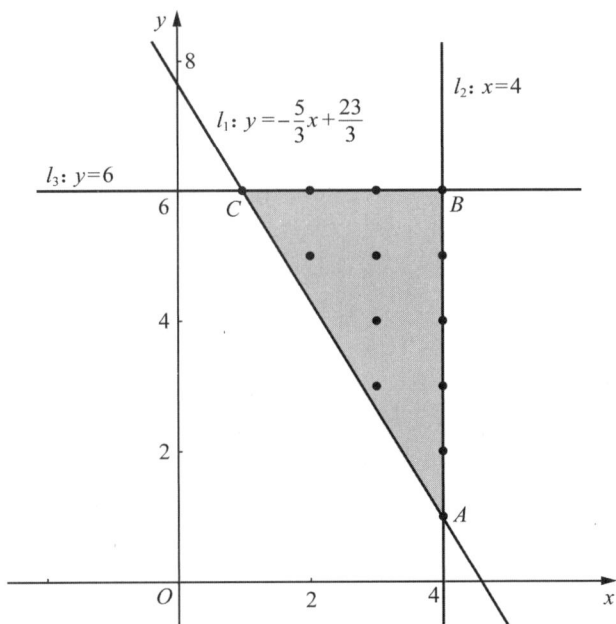

图 4.1-2

 同步训练 4.1.1—4.1.2

水平一

1. 二元线性规划模型的三要素是_____、_____、_____。

2. 在线性规划模型中，满足约束条件的解叫作_____，所有可行解所组成的集合叫作_____。

3. 线性规划问题就是使得目标函数 z 达到_____。

4. 不等式 $2x+3y<3$ 的解在直线 $2x+3y=3$ 的_____。(填"上方"或"下方")

5. 在平面直角坐标系中,点 $(1,-2)$ 在直线 $2x-y-2=0$ 的(　　)。

A. 上方 　　　　 B. 下方 　　　　 C. 线上 　　　　 D. 位置无法确定

6. 不等式组 $\begin{cases} 2x-y\leqslant 3, \\ x+y\leqslant 3, \\ x\geqslant 0,\ y\geqslant 0 \end{cases}$ 所表示的平面区域是(　　)。

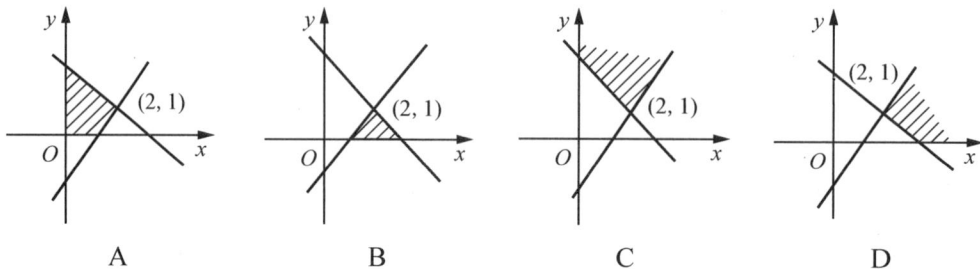

（第 6 题图）

水平二

1. 画出二元一次不等式组 $\begin{cases} x-y\geqslant 0, \\ x+y\leqslant 3, \\ x-2y\leqslant 1 \end{cases}$ 所表示的平面区域。

2. 某化工厂生产 1 t 甲产品需 A 原料 3 t 和 B 原料 1 t,获利 80 万元;生产 1 t 乙产品需 A 原料 2 t 和 B 原料 4 t,获利 60 万元。现有 A 原料 12 t,B 原料 10 t,则如何安排生产才能获利最大?请根据所给条件,完成下列任务:

(1)建立一个二元线性规划模型;

(2)画出二元线性规划模型中的可行域;

(3)求出可行域的顶点坐标。

4.1.3　线性规划问题的图解法

🕐 **知识要点** ━━━━━━━━━━━━━━━━━━━━━━━━━●

1. 二元线性规划问题：只有两个决策变量的线性规划问题。

2. 用图解法解二元线性规划应用问题的三个步骤：

(1)建立二元线性规划模型——设决策变量，写约束条件和目标函数。

(2)用图解法解二元线性规划模型——①在平面直角坐标系中画出可行域或可行域内的自然数点；②求可行域的顶点坐标；③比较目标函数在各个顶点处的函数值，求出目标函数的最值。若决策变量 x，y 要求取自然数值，则需要把平面区域内最接近顶点的自然数点坐标代入目标函数中的 x，y，再求出目标函数值的最值。

(3)用实际语言回答二元线性规划应用问题。

3. 等值线：在平面直角坐标系中，目标函数可表示为一组平行的直线，这些直线叫作等值线，$z=0$ 的等值线叫作 0 等值线。求最优解可在平面直角坐标系中画出可行域，求出边界点坐标后，再画出 0 等值线，平移 0 等值线到合适位置，使得目标函数值取得最优解。

🔍 **运用举例** ━━━━━━━━━━━━━━━━━━━━━━━━━●

例 1　设决策变量 x，y 满足不等式组
$$\begin{cases} 2x+y \leqslant 4, \\ x-1 \geqslant 0, \\ y+2 \geqslant 0, \end{cases}$$
求目标函数 $z=2x-3y$ 的最大值和最小值。

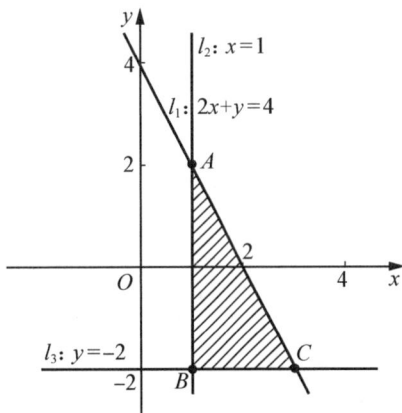

图 4.1-3

解：先画出满足约束条件的可行域，如图 4.1-3 所示。可行域为 $\triangle ABC$ 内部阴影部分(含边界)。

再求出边界顶点的坐标：$A(1, 2)$，$B(1, -2)$，$C(3, -2)$，

计算目标函数 z 在边界各顶点处的函数值：$z_A = 2 \times 1 - 3 \times 2 = -4$，$z_B = 2 \times 1 - 3 \times (-2) = 8$，$z_C = 2 \times 3 - 3 \times (-2) = 12$。

比较目标函数 z_A，z_B，z_C 的大小，可得，

当 $x=3$，$y=-2$ 时，目标函数有最大值 $z_{\max} = 12$；

当 $x=1$，$y=2$ 时，目标函数有最小值 $z_{\min}=-4$。

说明：（1）本题的最优解也可以利用画等值线的方法来求得。

第一步，画得可行域后，求出边界点 A，B，C 的坐标。

第二步，把目标函数 $z=2x-3y$ 化为斜截式 $y=\dfrac{2}{3}x-\dfrac{z}{3}$，因截距为 $-\dfrac{z}{3}$，即截距越大，目标函数值 z 越小。画出目标函数的 0 等值线 $y=\dfrac{2}{3}x$，平移 0 等值线到合适位置。

第三步，从图 4.1-4 中可看出，当等值线过点 C 时截距最小，目标函数值 z 有最大值为 12，当等值线过点 A 时截距最大，目标函数值 z 有最小值为 -4。

（2）若二元线性规划的可行域不是封闭的多边形内部（含边界），则用画等值线方法来确定线性规划的最优解和目标函数的最值更妥。

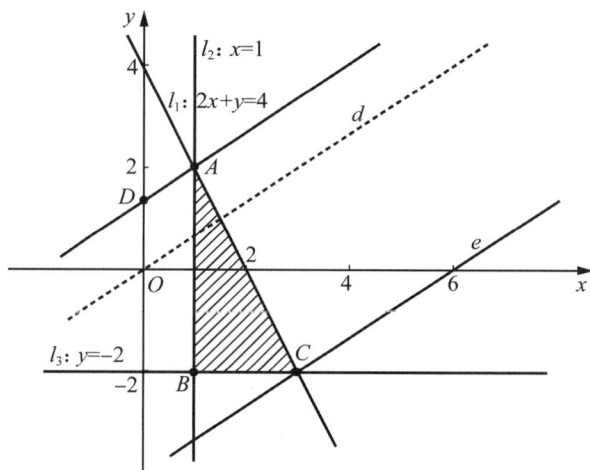

图 4.1-4

例 2 随着旅游业的蓬勃发展，酒店住宿需求量急增。某旅馆打算将 180 m² 面积的客房重新装修，分隔为两类客房在旅游旺季时使用，其中大房间面积 18 m²，每天住宿费 240 元/间；小房间面积 15 m²，每天住宿费 170 元/间。该旅馆计划用 3.5 万元装修，其中大房间每间装修费 4 000 元，小房间每间装修费 2 500 元。根据市场信息，旅游旺季能做到每天客满，则该旅馆应如何安排分隔装修，使得旅游旺季每天获得的住宿收入最高？

解：先建立二元线性规划模型。

设该旅馆安排分隔成 x 间大房间，y 间小房间，每天的住宿收入为 P（元）。

$$由题意可得约束条件\begin{cases}18x+15y\leqslant 180,\\4\ 000x+2\ 500y\leqslant 35\ 000,\\x\geqslant 0,\ x\in\mathbf{N},\\y\geqslant 0,\ y\in\mathbf{N}.\end{cases}$$

目标函数为住宿收入 $P=240x+170y$（元）。

再用图解法解这个二元线性规划模型：

在平面直角坐标系中画出约束条件所表示的可行域（如图 4.1-5），得到四边形 $OABC$ 内部自然数点（含边界 B，C，O 三个自然数点）。把目标函数化为斜截式 $y=-\dfrac{24}{17}x+\dfrac{P}{170}(x,\ y\in\mathbf{N})$，通过画等值线的方法可得，当等值线过点 $B(5，6)$ 时，截距最大，从而 P 也最大。

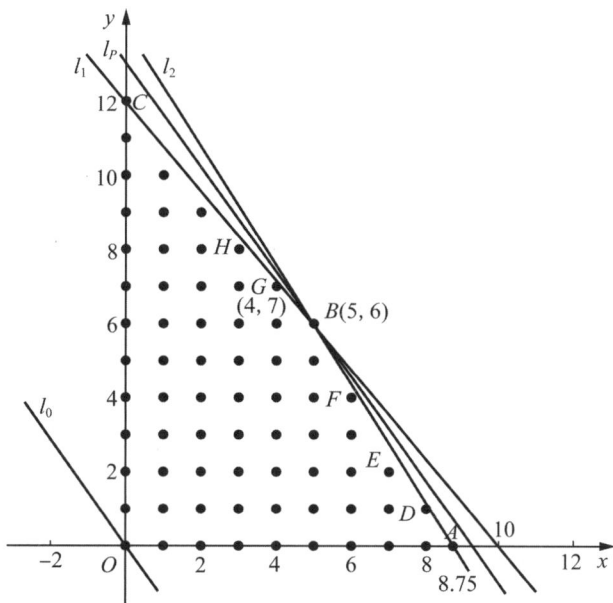

图 4.1-5

因此，当 $x=5$，$y=6$ 时，住宿收入 P 有最大值为 $240\times 5+170\times 6=2\ 220$（元）。

答：该旅馆应分隔成 5 间大房间，6 间小房间，每天获得的住宿收入最高，为 2 220 元。

同步训练 4.1.3

水平一

1. 在二元线性规划模型中，决策变量的个数为_____。

2. 当二元线性规划的可行域是封闭多边形内部（含边界）时，它的最优解一定在多边形的_____处取得。

3. 二元线性规划约束条件为 $\begin{cases} x+3y \leqslant 6, \\ x \geqslant 1, \\ y \geqslant 0, \end{cases}$ 当目标函数 $S=2x+3y$ 达到最大值时，该线性规划的最优解是_____，目标函数的最大值是_____。

4. 如图，表示图中阴影部分的不等式组可以是_____。

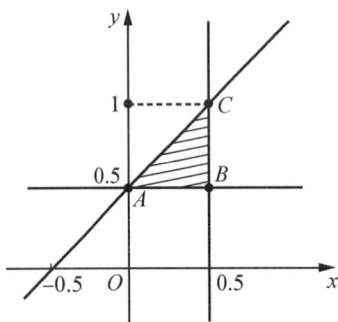

（第 4 题图）

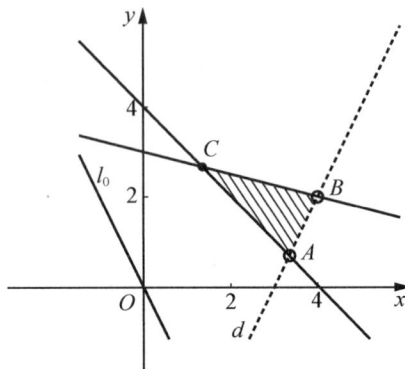

（第 5 题图）

5. 若动点 $P(x，y)$ 在如图所示的阴影区域内（包含实线边界，不含虚线边界），则目标函数 $z=2x+y$（　　）。

A. 既有最大值又有最小值　　　　B. 有最大值，无最小值

C. 有最小值，无最大值　　　　D. 既无最大值又无最小值

6. 已知决策变量 $x，y$ 满足约束条件 $\begin{cases} x-2y+2 \leqslant 0, \\ x+y \leqslant 4, \\ x \geqslant 0，y \geqslant 0, \end{cases}$ 则使目标函数 $S=2x+4y$ 达到最大值时的点坐标 $(x，y)$ 为（　　）。

A. $(0，0)$　　　B. $(2，2)$　　　C. $(4，0)$　　　D. $(0，1)$

水平二

1. 某化工厂生产甲、乙两种产品需要用到 A，B 两种原料，其中生产每吨甲产品需要 A 原料 4 吨、B 原料 3 吨；生产每吨乙产品需要 A 原料 2 吨、B 原料 4 吨。销售每吨甲产品可获利 5 万元，销售每吨乙产品可获利 6 万元。该化工厂现有 A 原料 10 吨、B 原料 13 吨。问：该化工厂如何安排甲乙两产品的生产，获利最大？求最大利润。

2. 某公司计划制造 A 种电子设备 45 个，B 种电子设备 70 个，需要薄钢板给每台设备配一个包装外壳。已知甲种薄钢板每张面积 4 m²，可做 A，B 的外壳都为 3 个；乙种薄钢板每张面积为 5 m²，可做 A，B 的外壳分别为 4 个和 6 个，求两种薄钢板各用多少张，才能使总的用料面积最小？最小用料面积为多少平方米？

◉ 数学窗 ——————————————————————————————————●

如何用 GeoGebra 软件作图寻找最优自然数解

在二元线性规划模型中，若决策变量要取自然数解，当用图解法画出的可行域的顶点都是自然数点时，最优解就是可行域的某一顶点 P 的坐标；当可行域顶点不全是自然数点时，且使得目标函数取得最值的顶点 P 的坐标不是自然数时，最优解不再是可行域顶点 P 的坐标，而是可行域内离点 P 最近的自然数点的坐标。若可行域内的最优点不易辨别时，应将可行域内离目标函数线较近的自然数点都找出来，逐一计算筛查，这种方法计算量较大。

下面介绍一下借助 GeoGebra 软件作图寻找最优自然数解的方法。

例如，二元线性规划决策变量 x，y 满足约束条件 $\begin{cases} 2x+4y \leqslant 30, \\ 4x+5y \geqslant 40, \\ x \in \mathbf{N}, y \in \mathbf{N}. \end{cases}$ 求目标函数 $S = 5x - y$ 的最小值。

要找出最优自然数解，可按以下几步完成。

(1)画出约束条件所对应的方程 $2x+4y=30$，$4x+5y=40$ 和两坐标轴共四条直线，由不等号方向确定可行域，并用鼠标找出可行域的顶点坐标 $A(10, 0)$，$B(15, 0)$，$C\left(\dfrac{5}{3}, \dfrac{20}{3}\right)$。找可行域顶点的方法：在选定描点图标后，把鼠标放在两条直线交点位置，在两条直线都选中(都变粗)时点击鼠标，可得交点位置和交点坐标。

(2)作出目标函数的 0 等值线 L_0：$5x - y = 0$，平移 L_0 到 L_3，通过观察可得，当 L_3 过顶点 C 时目标函数线的截距 $-S$ 取得最大值，此时 S 有最小值。但顶点 C 不是自然数点，这就需要在可行域内寻找出最接近点 C 的自然数点。

（3）显示直角坐标系的网络，放缩图形，使得坐标系能显示单位长度"1"，如图 4.1-6。容易找到可行域内最接近顶点 C 的自然数点 $D(3,6)$，则 $x=3$，$y=6$ 时，目标函数 S 有最小值，自然数点 $(3,6)$ 为本题的最优解。

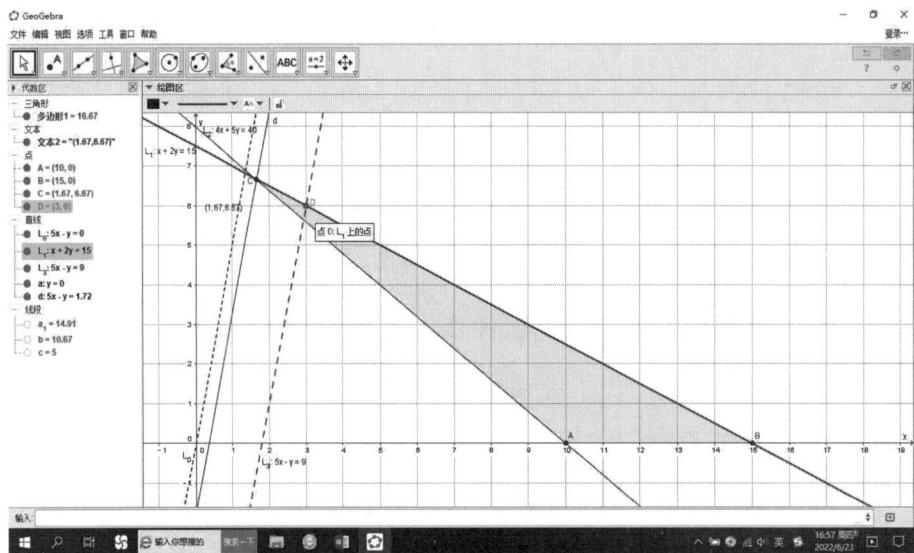

图 4.1-6

4.2 正态分布

知识要点

1. 离散型随机变量正态分布的特点

①在随机变量 ξ 的所有可能取值中，越接近均值，其概率值越大，越远离均值，其概率值越小，且概率值从均值对应位置开始，分别向左右两侧逐渐均匀下降。

②与均值等距离的随机变量 ξ 的取值，其概率值都为正值且相等。

2. 正态分布曲线的定义

正态分布曲线是服从正态分布的连续型随机变量 ξ 的概率分布图。其概率密度函数为 $p(\xi)=\dfrac{1}{\sqrt{2\pi}\sigma}e^{-\frac{(\xi-\mu)^2}{2\sigma^2}}$，连续型随机变量 ξ 在某一区间 $[a,b]$ 上的概率是正态曲线与直线 $x=a$，$x=b$ 以及 x 轴所围成的图形面积，且 $P(\xi=a)=P(\xi=b)=0$。

若随机变量 ξ 取整数值（即离散型随机变量），且 $\xi \sim N(\mu，\sigma^2)$，其中 $\mu，\sigma^2$ 分别是随机变量 ξ 的均值和方差，此时离散型随机变量 ξ 的概率分布图是正态曲线的散点图，在散点图中均值 μ 决定了其峰值位置，方差 σ^2 决定了分布的横跨度大小。当试验次数充分大时，正态分布散点图就近似为正态分布曲线图。

3. 正态分布曲线的性质

①曲线在 x 轴的上方，且以 x 轴为渐近线向左、右两边无限延伸；

②曲线关于直线 $x=\mu$ 对称，且当 $x=\mu$ 时曲线达到峰值；

③当 $x<\mu$ 时，曲线呈上升趋势，当 $x>\mu$ 时，曲线呈下降趋势；

④当 μ 一定时，曲线的形状由标准差 σ 确定。σ 越大，曲线越"矮胖"，总体分布越分散；σ 越小，曲线越"高瘦"，总体分布越集中。

正态分布曲线呈"中间高、两头低、左右对称"的钟形，因此人们经常称之为钟形曲线。

4. "3σ"原则

在实际应用中，通常认为服从正态分布的连续型随机变量 ξ 只取（$\mu-3\sigma，\mu+3\sigma$）之间的值（在此区间以外取值的概率只有 0.26%，属于小概率事件，一般不可能发生）。正态分布的连续型随机变量 ξ 取值在区间（$\mu-\sigma，\mu+\sigma$），（$\mu-2\sigma，\mu+2\sigma$），（$\mu-3\sigma，\mu+3\sigma$）内的概率分别为 68.26%，95.44%，99.74%。

5. 标准正态分布的定义

若随机变量 ξ 服从正态分布 $N(\mu，\sigma^2)$，则把 $\mu=0，\sigma=1$ 的正态分布叫作标准正态分布，记作 $\xi \sim N(0，1)$。标准正态分布的均值为 0，方差为 1，其图像关于 y 轴对称，其概率密度函数为 $p(\xi)=\dfrac{1}{\sqrt{2\pi}}\mathrm{e}^{-\frac{\xi^2}{2}}$。

6. 标准化变换

把正态变量作数据转换，可将一般正态分布转化成标准正态分布。

若随机变量 $\xi \sim N(\mu，\sigma^2)$，令随机变量 $\xi_0=\dfrac{\xi-\mu}{\sigma}$，则 $\xi_0 \sim N(0，1)$，用 $F(x_0)$ 表示 ξ 的概率分布值 $P(\xi \leqslant x_0)$，即 $F(x_0)=P(\xi \leqslant x_0)$，将 ξ 标准化变换为 ξ_0 后，$P(\xi \leqslant x_0)=P\left(\xi_0 \leqslant \dfrac{x_0-\mu}{\sigma}\right)$，此时常用 $\Phi\left(\dfrac{x_0-\mu}{\sigma}\right)$ 表示 ξ_0 的概率值 $P\left(\xi_0 \leqslant \dfrac{x_0-\mu}{\sigma}\right)$，即 $F(x_0)=\Phi\left(\dfrac{x_0-\mu}{\sigma}\right)$。这样就把正态分布的概率值转化为标准正态分布的概率值，通过查标准正态分布表就可以直接计

算出原正态分布的概率值。标准正态分布表中列出了标准正态分布曲线下从$-\infty$到X_0(当前值)范围内的面积比例。值得注意的是标准正态分布表中只列出了X_0在0～3.09的标准正态分布的概率值,其他X_0的概率值可由$\Phi(-X_0)=1-\Phi(X_0)$和$\Phi(X_0)=1(X_0\geqslant3.09)$推得。由标准正态分布曲线特征容易得到:$\Phi(0)=0.5$,$P(|\xi_0|\leqslant b)(|x|\leqslant b)=2\Phi(b)-1$。

7. 查"标准正态分布表"的方法

服从标准正态分布的随机变量ξ的概率值$P(\xi<x_0)$可通过查表中对应值$\Phi(x_0)$来得到,即$P(\xi<x_0)=\Phi(x_0)$。概率值$\Phi(x_0)$的查读方法是"先竖后横"。假设$x_0=2.14$,首先在左边一列找到2.1,然后在上面一行找到0.04,然后找到行2.1和列0.04对应的那个值0.983 8,即$P(\xi<2.14)=\Phi(2.14)=0.983\ 8$。

🔍 运用举例

例1 设$\xi\sim N(0,1)$,求:(1)$P(\xi<-2.51)$;(2)$P(|\xi|\leqslant2.43)$;(3)$P(|\xi|>1.65)$。

解:由于$\xi\sim N(0,1)$,根据标准正态分布概率公式和查标准正态分布表可得:

(1)$P(\xi<-2.51)=P(\xi>2.51)=1-P(\xi\leqslant2.51)=1-\Phi(2.51)=1-0.994\ 0=0.006$。

(2)$P(|\xi|\leqslant2.43)=P(-2.43\leqslant\xi\leqslant2.43)=P(\xi\leqslant2.43)-P(\xi<-2.43)=\Phi(2.43)-[1-\Phi(2.43)]=2\Phi(2.43)-1=2\times0.992\ 5-1=0.985$。

(3)$P(|\xi|>1.65)=P(\xi>1.65)+P(\xi<-1.65)=2[1-P(\xi\leqslant1.65)]=2[1-\Phi(1.65)]=2\times(1-0.950\ 5)=0.099$。

例2 设随机变量$\xi\sim N(2.5,1.69)$,求:(1)$P(\xi<4.15)$;(2)$P(1.37<\xi<5.34)$;(3)$P(|\xi|<2.87)$。

解:因为$\xi\sim N(2.5,1.69)$,$\mu=2.5$,$\sigma=1.3$,则$\xi_0=\dfrac{\xi-2.5}{1.3}\sim N(0,1)$。根据标准正态分布概率公式和查标准正态分布表可得:

(1)$P(\xi<4.15)=P\left(\xi_0<\dfrac{4.15-2.5}{1.3}\right)=P(\xi_0<1.27)=\Phi(1.27)=0.898$。

(2)$P(1.37<\xi<5.34)=P\left(\dfrac{1.37-2.5}{1.3}<\xi_0<\dfrac{5.34-2.5}{1.3}\right)$

$$= P(-0.87 < \xi_0 < 2.18)$$
$$= P(\xi_0 < 2.18) - P(\xi_0 \leqslant -0.87)$$
$$= \varPhi(2.18) - \varPhi(-0.87)$$
$$= \varPhi(2.18) - [1 - \varPhi(0.87)]$$
$$= 0.985\,4 - 1 + 0.807\,8 = 0.793\,2。$$

(3) $P(|\xi| < 2.87) = P\left(|\xi_0| < \dfrac{2.87 - 2.5}{1.3}\right) = P(|\xi_0| < 0.28) =$

$2\varPhi(0.28) - 1 = 2 \times 0.610\,3 - 1 = 0.220\,6。$

例 3　已知随机变量 $\xi \sim N(\mu, \sigma^2)$，试求 ξ 分别在区间 $[\mu - \sigma, \mu + \sigma]$，$[\mu - 2\sigma, \mu + 2\sigma]$，$[\mu - 3\sigma, \mu + 3\sigma]$ 的概率值。

解：因为 $\xi \sim N(\mu, \sigma^2)$，所以 $\xi_0 = \dfrac{\xi - \mu}{\sigma} \sim N(0, 1)$，根据标准正态分布概率公式和查标准正态分布表可得：

$$P(\mu - \sigma \leqslant \xi \leqslant \mu + \sigma) = P\left(\frac{\mu - \sigma - \mu}{\sigma} \leqslant \frac{\xi - \mu}{\sigma} \leqslant \frac{\mu + \sigma - \mu}{\sigma}\right) = P(-1 \leqslant \xi_0 \leqslant 1) =$$

$\varPhi(1) - \varPhi(-1) = 2\varPhi(1) - 1 = 0.682\,6。$

$$P(\mu - 2\sigma \leqslant \xi \leqslant \mu + 2\sigma) = P\left(\frac{\mu - 2\sigma - \mu}{\sigma} \leqslant \frac{\xi - \mu}{\sigma} \leqslant \frac{\mu + 2\sigma - \mu}{\sigma}\right) = P(-2 \leqslant$$

$\xi_0 \leqslant 2) = \varPhi(2) - \varPhi(-2) = 2\varPhi(2) - 1 = 0.954\,4。$

$$P(\mu - 3\sigma \leqslant \xi \leqslant \mu + 3\sigma) = P\left(\frac{\mu - 3\sigma - \mu}{\sigma} \leqslant \frac{\xi - \mu}{\sigma} \leqslant \frac{\mu + 3\sigma - \mu}{\sigma}\right) = P(-3 \leqslant$$

$\xi_0 \leqslant 3) = \varPhi(3) - \varPhi(-3) = 2\varPhi(3) - 1 = 0.997\,4。$

说明：求正态分布的某一范围内的概率值，只需把正态分布的概率值转换为标准正态分布的概率值，再根据有关公式和标准正态分布表，就可方便地得出所求结果。例 3 中结论正是正态分布的"3σ 原则"。

例 4　某工厂生产的一批 304 不锈钢六角螺母的螺距 X（单位：cm）服从正态分布 $N(1.25, 0.005^2)$，规定螺距在范围 1.25 ± 0.01 内为合格，求该批螺母中某一个螺母不合格的概率。

解：由题意得，当螺距 $X \in [1.24, 1.26]$ 时，这个螺母为合格品，

则当螺距 $X \in (-\infty, 1.24) \cup (1.26, +\infty)$ 时，这个螺母为不合格品。

因为螺距 $X \sim N(1.25, 0.005^2)$，均值 $\mu = 1.25$，标准差 $\sigma = 0.005$，则

$X_0 = \dfrac{X - 1.25}{0.005} \sim N(0, 1)$。根据标准正态分布概率公式和查标准正态分布表可得：

$$P(X < 1.24 \text{ 或 } X > 1.26) = P(X < 1.24) + [1 - P(X \leqslant 1.26)]$$

$$= P\left(X_0 < \frac{1.24-1.25}{0.005}\right) + 1 - P\left(X_0 \leqslant \frac{1.26-1.25}{0.005}\right)$$

$$= P(X_0 < -2) - P(X_0 \leqslant 2) + 1 = \Phi(-2) - \Phi(2) + 1$$

$$= [1-\Phi(2)] - \Phi(2) + 1 = 2 - 2\Phi(2) = 0.045\ 6。$$

说明： 本题也可先求出合格品的概率 $P(1.24 \leqslant X \leqslant 1.26) = P(1.25 - 2 \times 0.005 \leqslant X \leqslant 1.25 + 2 \times 0.005)$，由正态分布的 3σ 原则，可得 $P(1.24 \leqslant X \leqslant 1.26) = 0.954\ 4$，再由逆事件的概率公式可得，$P(X < 1.24$ 或 $X > 1.26) = 1 - 0.954\ 4 = 0.045\ 6$。

同步训练 4.2

水平一

1. 若随机变量 $X \sim N(2, 1.44)$，则 X 的概率分布曲线关于 _____ 对称。

2. 已知正态变量 ξ 服从 $N(0, 1)$，且 ξ 在区间 $(1.85, +\infty)$ 的概率为 m，则 ξ 在区间 $(-1.85, 1.85)$ 的概率为 _____。

3. 在一次数学考试中，全体考生成绩服从正态分布 $(75, 100)$，那么某位考生的成绩在区间 $[65, 85]$ 的概率为 _____。

4. 某次技能比武初赛成绩服从正态分布，平均分为 80，标准差为 12，根据比赛规则，初赛成绩前 33% 的将进入决赛，则进入决赛的分数线约为 _____ 分。（答案保留整数）

5. 如图是两个正态分布曲线图，其中曲线①的随机变量 $X \sim N(\mu_1, \sigma_1{}^2)$，曲线②的随机变量 $Y \sim N(\mu_2, \sigma_2^2)$，则下列结论正确的是（　　）。

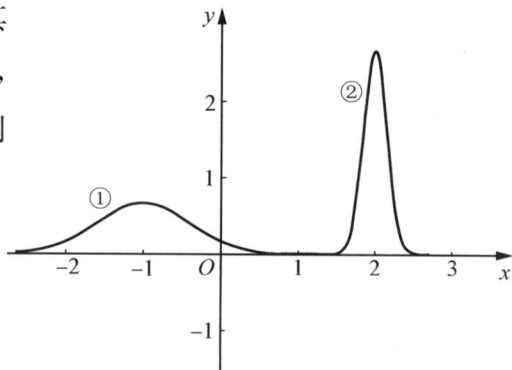

A. $\mu_1 > \mu_2$，$\sigma_1 > \sigma_2$

B. $\mu_1 > \mu_2$，$\sigma_1 < \sigma_2$

C. $\mu_1 < \mu_2$，$\sigma_1 > \sigma_2$

D. $\mu_1 < \mu_2$，$\sigma_1 < \sigma_2$

（第 5 题图）

6. 在一次语文学业水平测试中，全市 35 000 名考生的考生成绩服从正态分布 $N(76, 36)$，则全市考生的考生成绩在 80 分以上（含 80 分）的人数约为（　　）人。

A. 26 201　　　　B. 29 446　　　　C. 5 555　　　　D. 8 799

水平二

1. 设随机变量 $X \sim N(15, 3.5^2)$，(1)求常数 m，使得 $P(X \leqslant m) = P(X > m)$；(2)求 $P(8.5 \leqslant X \leqslant 18)$。

2. 检测一批袋装 20 kg 大米时产生的质量的随机误差 X（单位：g）服从正态分布 $N(20, 30^2)$，(1)求测量误差的绝对值不超过 50 g 的概率；(2)若该批大米有 3 000 袋，且每袋测量误差的绝对值大于 65 g 时为不合格，则这批大米有多少袋不合格？

⊙ **数学窗**

公交大巴士车门高度的设计

据统计，某市成年男子的身高 H 服从 $N(172, 9^2)$（单位：cm），根据设计要求，公交大巴士车门的高度以成年男子身高为依据，且要求男子与车门顶部碰头的概率不超过 3%。则应如何设计车门的高度才符合要求？（结果保留整数）

要设计出符合要求的公交大巴士车门高度 M（此处 M 是随机变量 H 的一个分位点），首先要对随机变量 H 进行标准化变换为 $H_0 = \dfrac{H - 172}{9}$，把给定的正态分布的概率值 $P(H < M)$，转化为标准正态分布的概率值 $P\left(H_0 < \dfrac{M - 172}{9}\right)$，再反查标准正态分布表，由概率值得出标准正态分布概率值对应的分位点 $\dfrac{M - 172}{9}$ 的值，最后计算得出车门高度 M。[反查标准正态

分布表得标准正态分布概率值的分位点值的方法如下：若 $\Phi(X_0)=0.992\,5$，在表中找到 $0.992\,5$，在此位置向左找到 2.4，向上找到 3，则 $X_0=2.43$。

　　具体解题过程：设符合设计要求的车门高度为 $M(\text{cm})$。因为男子的身高 $H\sim N(172,9^2)$，其中均值 $\mu=172$，$\sigma=9$，则 $H_0=\dfrac{H-172}{9}\sim N(0,1)$。由题意可得，要符合设计要求，只需 $P(H\geqslant M)=3\%$，即 $P(H<M)=1-3\%=0.97$，化为标准正态分布概率值为 $P\left(H_0<\dfrac{M-172}{9}\right)=1-3\%=0.97$，即 $\Phi\left(\dfrac{M-172}{9}\right)=0.97$，反查标准正态分布表得，分位点 $\dfrac{M-172}{9}=1.88$，解得 $M=188.92\approx189(\text{cm})$，因此，车门的高度应为 $189\ \text{cm}$ 才符合设计要求。

专题五 · 数学与信息技术

5.1 进位制

知识要点

1. 位值计数法：按照位值制来计数的方法。

2. 位值计数法的两个要素：基数和各数位的位权。

3. 常用进位制：二进制、八进制、十进制、十六进制、六十进制等。

4. 二进制数与十进制数转换。

二进制数转换为十进制数，将二进制数按权展开后求和。

十进制数转换为二进制数：

(1)整数转换规则：除 2 取余，逆序排列。把要转换的数除以 2，得到商和余数，将商继续除以 2，直到商为 0。最后，将所有的余数倒序排列，得到的数即为转换结果。

(2)小数转换规则：乘 2 取整，顺读整数。用小数部分乘 2，取其整数部分组成的序列，该序列就是转换结果。

运用举例

例 1 将二进制数 110 011 转换为十进制数，十进制数 25.25 转换为二进制数。

解： $(110\ 011)_2 = 1 \times 2^5 + 1 \times 2^4 + 1 \times 2^1 + 1 \times 2^0 = (51)_{10}$,

基商		余数				0.25		
2	25					× 2		顺读整数
2	12	……1				0.50	……整数0	
2	6	……0	倒取余数			× 2		
2	3	……0				1.00	……整数1	
2	1	……1						
	0	……1						

所以$(25.25)_{10}=(11\,001.01)_2$。

例2 某种电子设备的电路板上有一个6位的"跳板开关",此开关的每一位都只有"打开"和"闭合"两种状态,这个"跳板开关"最多能表示多少种状态?

解:"跳板开关"的每一位"打开"状态用0来表示,"闭合"状态用1来表示,这样"跳板开关"的状态就可以用二进制数来表示。

$(000\,000)_2=0$,

$(111\,111)_2=1\times2^5+1\times2^4+1\times2^3+1\times2^2+1\times2^1+1\times2^0=63$,

$63+1=64$。

所以,这个"跳板开关"最多能表示64种状态。

例3 8瓶无色无味药水,其中一瓶是毒药,现用3只小白鼠试药,你能一次找出哪一瓶是毒药吗?

分析:此题用二进制原理可以巧妙解决。8瓶药水用二进制编码刚好三位数,每位数代表1只小白鼠,小白鼠死亡用"1"表示,存活用"0"表示,根据实验结果轻松判断。

解:可将8瓶药水用二进制数进行编码,依次为$000=0$,$001=1$,$010=2$,$011=3$,$100=4$,$101=5$,$110=6$,$111=7$,三位数分别代表三只小白鼠,小白鼠死亡用"1"表示,存活用"0"表示。将二进制编码从右边数第1位是1的1、3、5、7瓶药水混合取样喂1号小白鼠;将二进制编码从右边数第2位是1的2、3、6、7瓶药水混合取样喂2号小白鼠;将二进制编码从右边数第3位是1的4、5、6、7瓶药水混合取样喂3号小白鼠。假设1号、2号小白鼠死亡,3号小白鼠存活,那么就是$011=3$,我们就能够判断3号瓶是毒药。

思考题:如果3只小老鼠都存活,请问是哪一瓶药水有毒呢?

同步训练5.1

水平一

1. 十进制数101转换为二进制数是(   )。

A. 101 011　　　　B. 110 100　　　　C. 11 001 000　　　　D. 1 100 101

2. 二进制数101转换为十进制数是(   )。

A. 2　　　　　B. 5　　　　　C. 9　　　　　D. 21

3. 位值计数法的两个要素是_____和_____。

4. 八进制数2 022按权展开为_____。

5. 十六进制数 101 按权展开为 _____。

6. 二进制数 0.101 01 转换为十进制数是 _____。

水平二

1. 要用天平称 1～15 克整数克的物品，至少需要配几只多重的砝码？（砝码只能放在天平的一端）

2. 有一种利用打孔透光原理设计的简易身份识别卡，每张卡在规定的位置上有一排预打孔位，读卡器根据透光检测判断哪些孔位已打孔，从而识别出卡的编码。如果要设计一种供 1 000 人使用的身份卡，则卡上的预打孔至少要有多少个？

数学窗

半斤八两

明·施耐庵《水浒传》第一百零七回："众将看他两个本事都是半斤八两的，打扮也差不多。"半斤八两表示彼此一样，不相上下，较多用于贬义。其实在古时度量标准是一斤等于十六两，所以半斤等于八两，八两就是半斤。在我国长达两千多年的封建社会，十六两制一直被沿用。直到新中国成立后，由于十六两制在计算的时候不是很方便，才改成现在的十两制。

5.2　逻辑代数

知识要点

笔记

1. 逻辑代数又称布尔代数。

2. 逻辑代数的三种基本运算。

（1）与运算（逻辑相乘）

定义：只有决定事物结果的全部条件同时具备时，结果才会发生。

A 与 B 都具备时，事件 F 才发生，$F=A \cdot B=AB$。

（2）或运算（逻辑相加）

定义：决定事物结果的诸条件中只要有任意一个条件满足，结果就会发生。

A 与 B 有一个具备时，事件 F 就会发生，$F=A+B$。

（3）非运算（逻辑求反）

定义：只要条件具备了，结果就不会发生；而条件不具备时，结果一定发生。

A 具备时，事件 F 不发生；A 不具备时，事件 F 发生。$F=A'$。

运用举例

例1　在某公司的面试活动入场中，管理人员对参加面试的应聘人员有着严格的身份要求。不仅需要提供身份证件，同时需要提供公司下发的面试通知书，两证缺一不可。请设计一个满足要求的面试场馆开关电路图并写出该电路图的逻辑表达式。

解：根据题意得到电路图（图 5.2-1），A 表示身份证信息开关，B 表示面试通知书开关。

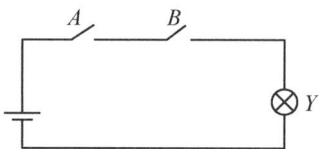

A	B	Y
0	0	0
1	0	0
0	1	0
1	1	1

图 5.2-1　　　　　　　　图 5.2-2

逻辑表达式为：$Y=AB$。（图 5.2-2）

例2　运用逻辑代数中的三种基本运算，计算下列各式。

(1)$1 \cdot 1'=$　　　　　(2)$1'+1'=$　　　　　(3)$0'+1=$

(4)$(1+0)'=$　　　　　(5)$(1' \cdot 0)'=$　　　　　(6)$(1'+0')'=$

分析：0 表示电路断开，1 表示电路闭合。（1）（2）（3）小题根据与、或、非运算的基本运算法则可计算出来；（4）（5）（6）小题则要复合两种运算，（4）（6）小题是或运算和非运算的结合，计算时应该先算括号内的或运算，再算括号外的非运算；（5）小题则是与运算和非运算的结合，计算时先算括号内的与运算，再算括号外的非运算。

解：(1)$1 \cdot 1'=0$　　　　(2)$1'+1'=0$　　　　(3)$0'+1=1$

　　　(4)$(1+0)'=0$　　　　(5)$(1' \cdot 0)'=1$　　　　(6)$(1'+0')'=0$

例3　已知 $X' \cdot Y=0$ 且 $X+Y=1$，求 $X+Y'$ 的值。

分析：因为 $X' \cdot Y=0$，所以 X' 与 Y 中必有一个值为 0，而 $X+Y=1$

时 X 与 Y 中必有一个值为 1，综合两种情况可以知道当 $X=1$ 时，$Y=0$ 或当 $X=0$ 时，$Y=1$。

解： 根据逻辑代数运算可得

因为 $X'\cdot Y=0$，

所以当 $X'=0$ 时，$Y=0$ 或 $Y=1$，即 $X=1$ 时，$Y=0$ 或 $Y=1$；

当 $X'=1$ 时，$Y=0$，即 $X=0$ 时，$Y=0$。

因为 $X+Y=1$，

所以当 $X=1$ 时，$Y=0$ 或 $Y=1$；当 $X=0$ 时，$Y=1$。

又因为 $X'\cdot Y=0$ 且 $X+Y=1$，

所以 $X=1$，$Y=0$ 或 1。

所以 $X+Y'=1$。

同步训练 5.2

水平一

1. 在逻辑代数的基本运算中，只有决定事物结果的全部条件同时具备时，结果才会发生的运算是（　　）。

　　A. 与运算　　　　B. 或运算　　　　C. 非运算　　　　D. 以上均可

2. 运用逻辑代数中的三种基本运算，计算 $0'+0'=$（　　）。

　　A. 0　　　　　　B. 1　　　　　　C. 2　　　　　　D. 以上都不正确

3. 以下表达式中符合逻辑运算法则的是（　　）。

　　A. $1+1=1$　　　B. $1>0$　　　　C. $1-1=0$　　　D. $A\cdot A=A^2$

4. 逻辑变量 1 与 0 之间的关系是（　　）。

　　A. $1>0$　　　　　　　　　　　B. $1=0$

　　C. $1<0$　　　　　　　　　　　D. 1 与 0 无大小关系

5. 当"与"运算的结果为逻辑 1 时，输入量的情况是（　　）。

　　A. 全部输入量为 1　　　　　　　B. 全部输入量为 0

　　C. 任一输入量为 1　　　　　　　D. 任一输入量为 0

6. 条件 A 与 B 有一个具备时事件 F 就会发生，则逻辑表达式为_____。

水平二

1. 运用逻辑代数的运算法则计算下列各式。

　　(1) $0'\cdot 1=$　　　　(2) $1'+0=$　　　　(3) $1'\cdot 1'=$

　　(4) $1+0'=$　　　　(5) $(0+1')'=$　　　　(6) $(1\cdot 1)'=$

2.已知逻辑函数 Y 的真值表(如下图),写出逻辑表达式和画出相应的电路图。

A	B	C	Y
0	0	0	1
0	0	1	1
0	1	0	0
1	0	0	1
1	1	0	1
1	0	1	1
0	1	1	1
1	1	1	1

(第 2 题图)

数学窗

逻辑代数常用公式

1. 变量与常量运算规则：$0 \cdot A = 0$；$0 + A = A$；$1 \cdot A = A$；$1 + A = 1$。

2. 重叠律：$A \cdot A = A$；$A + A = A$。

3. 互补率：$A \cdot A' = 0$；$A + A' = 1$。

4. 交换律、结合律、分配律：

$A \cdot B = B \cdot A$；$A + B = B + A$；

$A \cdot (B \cdot C) = (A \cdot B) \cdot C$；$A + (B + C) = (A + B) + C$；

$A \cdot (B + C) = A \cdot B + A \cdot C$；$A + B \cdot C = (A + B) \cdot (A + C)$。

5. 反演律：$(A \cdot B)' = A' + B'$；$(A + B)' = A' \cdot B'$。

6. 还原率：$(A')' = A$。

5.3　密码学

知识要点

1. 摩尔斯电码又称摩斯密码。

2. 明文是加密之前的文字(或者字符串)，密文是对明文进行加密后的报文。

运用举例

例 1　1908 年国际无线电报公约组织正式将 SOS 确定为国际通用海难求救信号。然而，SOS 却不是任何求救英文的缩写，而是因为在摩尔斯电码中 S 为"···"，O 为"———"，所以相对于老式的求救信号（CQD），SOS 对于发报方是最容易发出的信号，对于接收方是最容易识别的信号。参照摩尔斯电码表表示出 CQD 和 SOS 的摩尔斯电码。

解：CQD 的摩尔斯电码是"—·—· ——·— —··"；

SOS 的摩尔斯电码是"··· ——— ··· "。

例 2　农历七月初七又称七夕节，是中国的传统节日，相传这一天牛郎和织女要在鹊桥相会。腼腆的牛郎想在这一天告白他心爱的织女，羞于出口，于是写出一串数字"9→13→9→19→19→25→15→21"，聪明的织女很快破解了其中的密钥（A→1，B→2，C→3，…，Z→26），你知道牛郎要对织女告白什么吗？

解：由织女所提供的密钥可知：9→I，13→M，19→S，25→Y，15→O，21→U。

所以牛郎要对织女告白"I MISS YOU"。

例 3　为了确保通信安全，信息需要加密再传输。现规定加密的规则：明文 $(a，b)$ 加密变成密文后是 $(4a+3b，4b^2-2)$，如明文 $(2，4)$ 的密文是 $(20，62)$。则密文 $(17，34)$ 的明文是（　　）。

A. (3.2)　　　　B. $(1，3)$　　　　C. $(2，3)$　　　　D. $(3，1)$

解：设明文为 $(a，b)$，则根据加密规则，得

$$\begin{cases} 4a+3b=17，\\ 4b^2-2=34，\end{cases} 解得 \begin{cases} a=2，\\ b=3。\end{cases}$$

所以，选 C。

同步训练 5.3

水平一

1. 在密码学中，加密之后的文字叫作（　　）。

A. 明文　　　　B. 密码　　　　C. 密文　　　　D. 加密

2. 摩尔斯电码的发明者是（　　）。

A. 年帕克·希特　　　　　　B. 塞缪尔·摩尔斯

C. 阿瑟·谢尔比斯　　　　　D. 约翰·冯·诺伊曼

3. 一个密码系统至少由明文、密文、加密算法、解密算法和密钥五部分组成，而安全性是由（　　）决定的。

A. 加密算法　　　　　　　　B. 解密算法

C. 加解密算法　　　　　　　D. 密钥

4. 非法接收者试图从密文分析出明文的过程为（　　）。

A. 破译 　　　　　 B. 解密 　　　　　 C. 读取 　　　　　 D. 翻译

5.（　　）密码体制，不但具有保密功能，并且具有鉴别的功能。

A. 对称 　　　　　　　　　　　 B. 私钥

C. 非对称 　　　　　　　　　　 D. 混合加密体制

6. 参照摩尔斯电码表，"－－• －－－ －－－ －•• • － •• •• － － •
－ • － • －"的翻译结果是_____。

水平二

1. 参照摩尔斯电码表，将语句"BEST WISHES"用摩尔斯电码表示出来。

2. 为了确保通信安全，信息需要加密再传输。发送方由明文→密文（加密），接收方由密文→明文（解密），已知加密规则为：明文 a，b，c，d 对应密文 $a+2b$，$2b+c$，$2c+3d$，$4d$。例如，明文 1，2，3，4 对应密文 5，7，18，16。当接收方收到密文为 14，9，23，28 时，明文是多少？

👁 **数学窗** ————————————————————————●

世界十大密码

世界十大密码之首的**摩斯密码**

世界未解之谜之达•**芬奇密码**

世界最早密码之古埃及的**象形文字**

对称密码系统的代表**凯撒密码**

旧约圣经中使用过的**希伯来语换位密码**

古希腊的**斯巴达密码**

凯撒密码基础上加密的**维吉尼亚密码**

运用基本矩阵论原理的**希尔密码**

以替换表为基础的**替换密码**

运用单表加密的**仿射密码**

专题六 · 数学与财经商贸

6.1 程序框图

6.1.1 程序框图的有关概念

知识要点

1. 一般地，用一种规定的框、指向线及文字说明来准确、直观地表示算法或描述一个工作过程的具体步骤的图形叫作程序框图。

2. 常用框图符号的含义（见表 6-1）

表 6-1 常用框图符号的含义

图形符号	名称	表示的含义
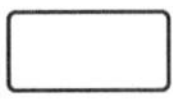 ▭	起、止框	表示流程的开始或结束
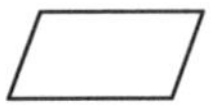 ▱	输入、输出框	表示数据和信息的输入或结果的输出
 ▭	处理框	表示数据和信息处理。包括赋值、执行计算、结果的传送等
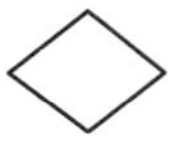 ◇	判断框	根据给定条件进行判断，并确定后续步骤。成立时在出口处标明"是"或"Y"；不成立时标明"否"或"N"
 ↓ ⌐	流程线	表示流程进行的方向

运用举例

例 1 能正确完成微信扫码支付的流程的是（　　）。

A. 打开微信→扫描付款二维码→输入支付金额→输入支付密码

B. 扫描付款二维码→打开微信→输入支付金额→输入支付密码

C. 打开微信→扫描付款二维码→输入支付密码→输入支付金额

D. 打开微信→输入支付金额→输入支付密码→扫描付款二维码

分析：完成微信扫码支付的步骤依次为：打开微信、扫描付款二维码、输入支付金额、输入支付密码。

解：选 A。

例 2 下列框图符号中，表示判断框的是(　　　)。

A. □　　　　　B. ◇　　　　　C. ▱　　　　　D. □

分析：判断框用菱形表示。

解：选 B。

同步训练 6.1.1

水平一

1. 用一种_____、_____及_____来准确、直观地表示算法或描述一个工作过程的_____的图形叫作程序框图。

2. 下列图表中，不是流程图的是(　　　)。

A. 列车运行时刻表　　　　　　B. 学校课程表

C. 产品加工工序表　　　　　　D. 零件的三视图

3. 表示数据和信息的输入或结果的输出的框图是(　　　)。

A. 起、止框　　　　　　　　　B. 输入、输出框

C. 处理框　　　　　　　　　　D. 判断框

4. 对流程框"□"表示的功能描述正确的一项是(　　　)。

A. 表示流程的开始或结束

B. 表示数据和信息的输入或结果的输出

C. 表示数据和信息处理。包括赋值、执行计算、结果的传送等

D. 根据给定条件进行判断，并确定后续步骤

5. 人们邮寄包裹的流程一般是：取包裹单、购买标准包装箱、包装密封、填写包裹单、交寄手续、收回执单，如果用程序框图符号表示上述流程，那么不需要用到的框图符号是(　　　)。

A. 起、止框　　　　　　　　　B. 流程线

C. 处理框　　　　　　　　　　D. 判断框

6. 如图所示的程序框图的作用是＿＿＿＿＿＿＿＿＿＿＿＿＿＿。

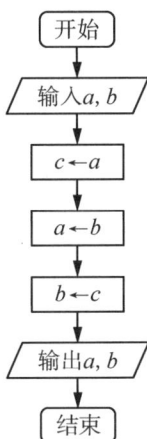

（第 6 题图）

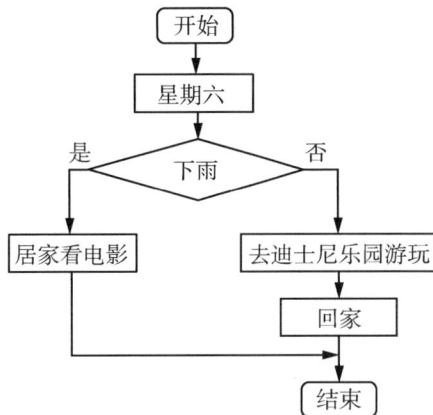

（水平二第 1 题图）

水平二

1. 小明某一日的活动安排如图所示，用语言描述小明的活动安排。

2. 写出求一元二次方程 $x^2 - 2x - 1 = 0$ 实数根的流程。

6.1.2　程序框图的基本结构

知识要点

1. 程序框图有三种基本的逻辑结构：顺序结构、条件结构和循环结构。

2. 顺序结构是由若干个依次执行的处理步骤组成的，且是任何一个算法都离不开的结构；在一个算法中，经常会遇到一些条件的判断，根据条件是否成立，会执行不同流向的操作，这样的结构叫作条件结构；往往从某处开始，按照一定的条件，重复执行某些步骤，这就是循环结构。（如图 6.1-1）

笔　记

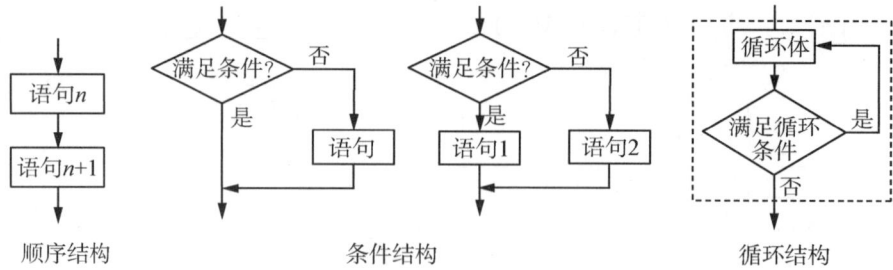

图 6.1-1

运用举例

例 1 如图 6.1-2 是求圆的面积的程序框图，当输入圆的半径为 3 时，输出圆的面积结果是_____。

分析： 根据顺序结构的流程执行步骤，当半径 $r=3$ 时，圆的面积 $S=\pi r^2=\pi \cdot 3^2=9\pi$。

解： 圆的面积是 9π。

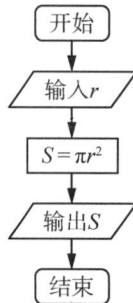

图 6.1-2

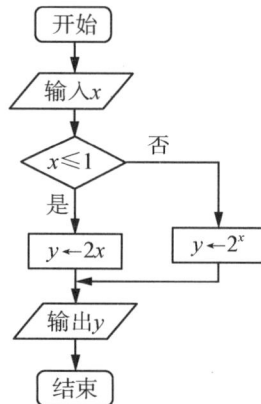

图 6.1-3

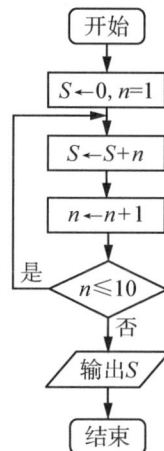

图 6.1-4

例 2 如图 6.1-3 的程序框图中，求输出量 y 与输入量 x 满足的关系式。

分析： 根据条件结构的特点，当 $x \leqslant 1$ 时，$y=2x$；当 $x>1$ 时，$y=2^x$。

解： 输出量 y 与输入量 x 满足的关系式为 $y=\begin{cases} 2x, & x \leqslant 1, \\ 2^x, & x>1. \end{cases}$

例 3 如图 6.1-4 的程序框图输出的结果是_____。

分析： 根据循环结构特点，将 $S+n$ 的值不断赋值给新的 S，n 的值从 1 开始循环依次增加 1，直到 $n=11$ 停止循环，输出 S。

解： 因为 $S=0+1+2+\cdots+10=55$，所以输出的结果是 55。

同步训练 6.1.2

水平一

1. 程序框图有三种基本的逻辑结构，分别为 _____、_____ 和 _____。

2. 任何一个算法都离不开的结构是（　　）。

A. 顺序结构　　　B. 条件结构　　　C. 循环结构　　　D. 不能确定

3. 在一个算法中，根据条件是否成立，会执行不同流向的操作，这样的结构叫作（　　）。

A. 顺序结构　　　B. 条件结构　　　C. 循环结构　　　D. 不能确定

4. 如图是求圆柱的体积的程序框图，设圆柱底面半径为 r，高为 h，体积为 V，则图中①处应填 _____。

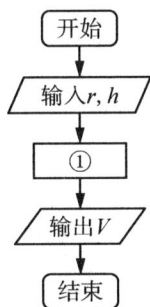

（第 4 题图）

5. 执行如图所示的程序框图，若输入 $x = 4$，则输出结果是 _____。

6. 如图所示的程序框图输出的结果是 _____。

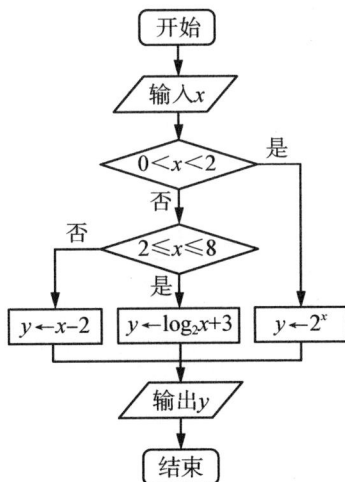
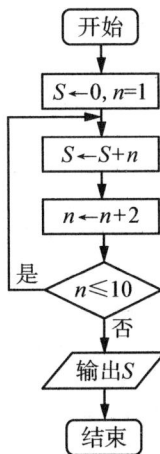

（第 5 题图）　　　（第 6 题图）

水平二

1. 已知点 $P(x_0, y_0)$，直线 l：$Ax + By + C = 0$，设计一个求点 P 到直线 l 距离的程序框图。

2. 设计一个求 10! 的程序框图。

6.1.3 程序框图的应用

🍊 运用举例 ●

例 1 如图 6.1-5 是商场购物促销付款的程序框图，如果小王和小丽两人各自的购物金额分别为 1 180 元和 980 元，那么两人实际付款金额各是多少元？

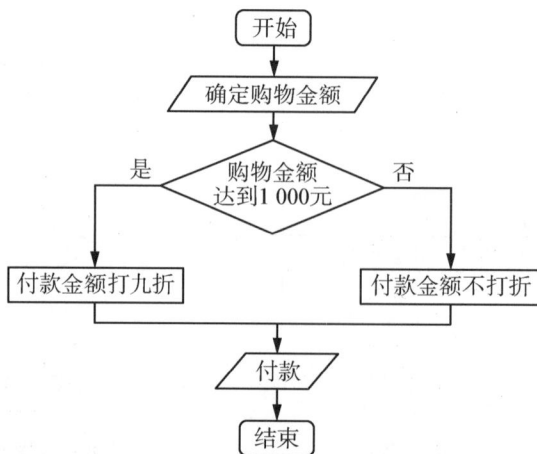

图 6.1-5

分析：根据条件结构的特点，当购物金额达到 1 000 元时，实际付款金额打 9 折；当购物金额不满 1 000 元时，实际付款金额与购物金额一样。

解：因为小王购物金额为 1 180 元，所以付款金额打九折，故实际付款金额为 1 180×90％＝1 062(元)；

因为小丽购物金额为 980 元，所以付款金额不打折，故实际付款金额为 980 元。

答：小王实际付款金额是 1 062 元，小丽实际付款金额是 980 元。

例 2　李先生向银行贷款 12 万元，以月利率 0.45％等额本金还款，复利计息，在借款日下一个月的同一天开始还款，每月一次，分 24 个月还清，请设计一个计算李先生每次还款额的程序框图。

分析：由于是等额本金还款，所以每月归还本金 120 000÷24＝5 000(元)，第 1 次还款为（5 000＋120 000×0.45％）元，第 2 次还款为［5 000＋(120 000－5 000)×0.45％］元……每次还款计息的本金减少 5 000 元，可用循环结构计算每次还款额。

解：设循环变量为 S，初始条件为 $S＝120\ 000$，

循环体为 5 000＋S×0.45％，终止条件为 $S≤0$，

所以计算李先生每次还款额的程序框图如图 6.1-6 所示。

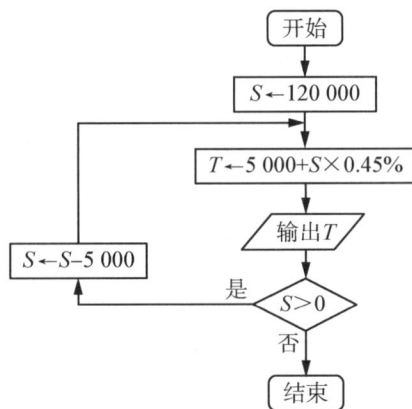

图 6.1-6

同步训练 6.1.3

水平一

1. 已知三角形三边分别为 a，b，c，面积为 S，如图为利用海伦公式计算三角形面积的程序框图，当三边长分别为 3，5，6 时，面积为_____。

2. 如图为用公式法求一元二次方程 $ax^2＋bx＋c＝0$ 的根的程序框图，图中①处应填_____。

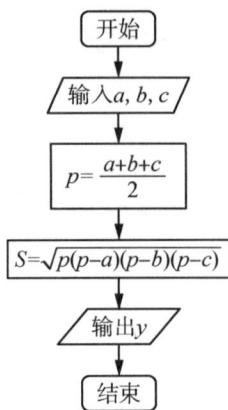

（第 1 题图）

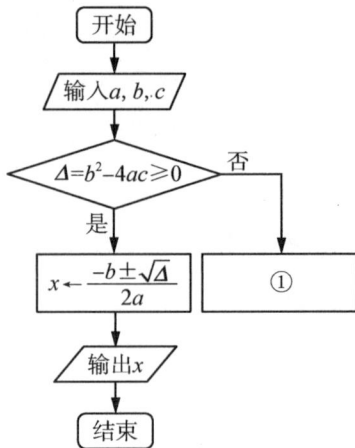

（第 2 题图）

3. 某水果超市，购买西瓜的金额 y（元）与西瓜质量 x（kg）的关系如图所示。若小明购买一个西瓜质量为 6.1 kg，则需要支付_____元。

4. 公交车上读卡器帮助收取公交费，如图所示的程序框图描述了公交车上读卡器的基本工作原理，其中 x 是卡内资金余额，y 是输入乘坐公交应付的金额，在处理框中应该填入的语句是（　　）。

A. $x \leftarrow x + y$ 　　B. $x \leftarrow x - y$ 　　C. $y \leftarrow x + y$ 　　D. $y \leftarrow x - y$

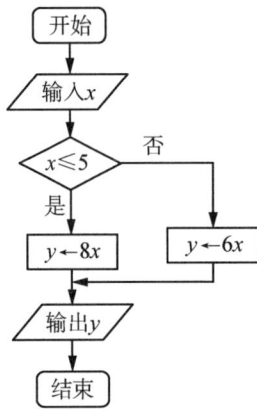

（第 3 题图）

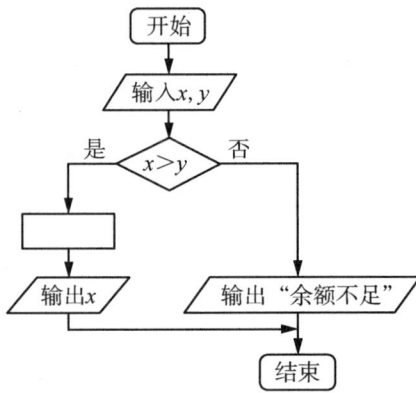

（第 4 题图）

5. 某支付平台从电子钱包提取现金收取手续费的规定如下：提取现金不超过 1 000 元免收手续费；超出 1 000 元的部分收取 0.1% 的手续费。若用如图所示的程序框图表示从平台提取现金支付的手续费 y（元）与提取现金的总金额 x（元）的关系，则图中的①处可填（　　）。

A. $0 \leqslant x \leqslant 1\ 000$ 　　B. $x = 1\ 000$ 　　C. $x > 1\ 000$ 　　D. $x \geqslant 0$

6. 某网店 2023 年商品销售额为 50 万元，加大宣传力度后，预计每年的销售额比上一年增加 6%，如图为计算销售额达到 70 万元的年份的程序框图，图中①处应填_____。

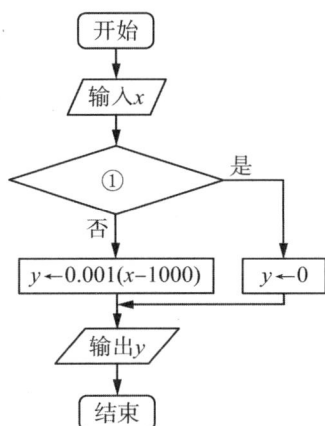

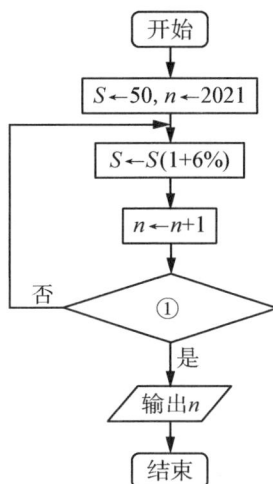

（第 5 题图）　　　　　（第 6 题图）

水平二

1. 某小区 24 h 内停车费 y 元与停车时间 x h 之间的关系如图所示，停车时间不足 1 h 的按照 1 h 计算。

（1）写出该小区 24 h 内停车费 y 元与停车时间 x h 之间的函数关系式；

（2）若停车时间为 6 h，则需要支付停车费多少元？

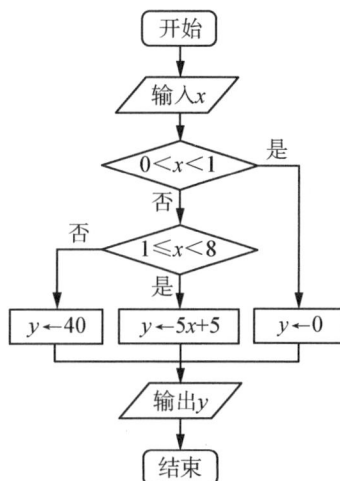

（第 1 题图）

2. 某工厂 2020 年生产电动汽车 10 000 辆，若技术革新后预计每年的产量比上一年增加 5%，则哪一年年产量达到 15 000 辆？请设计一个程序框图表示相应的算法过程。

割圆术

《九章算术·方田》中写到"半周半径相乘得积步",也就是我们现在熟悉的圆面积公式。为了证明这个公式,我国魏晋时期数学家刘徽于公元263年撰写《九章算术注》,提出:割之弥细,所失弥少,割之又割,以至于不可割,则与圆周合体而无所失矣。即用圆内接正多边形的面积去无限逼近圆面积并以此求圆周率,这种思想方法就是数学史上著名的"割圆术"。

刘徽将极限思想和无穷小分割引入了数学证明,他从圆内接正六边形开始割圆,将圆内接正多边形的边数加倍,分割成圆内接正十二边形,再继续分割成圆内接正二十四边形,如此不断地分割下去,一直到圆周无法再分割为止,也就是到了圆内接正多边形的边数无限多的时候,圆内接正多边形就与圆"合体"而完全一致了。

按照这样的思路,刘徽求得圆周率为3.141 5和3.141 6这两个近似数值,这个结果是当时世界上圆周率计算的最精确的数据。刘徽把"割圆术"思想推广到有关圆形计算的各个方面,使汉代以来的数学发展向前推进了一大步,为圆周率的计算指出了一条科学的道路。

现在有了计算机的辅助,我们只需把割圆术的思想设计成算法程序,借助计算机就能迅速得到更加精确的答案。

6.2　成本与利润

6.2.1　成本与利润的概念

笔记

知识要点

1. 一般地,在生产经营过程中支付的物质费用和人工费用叫作成本。
2. 收益去除成本所得为利润,即利润=收益-成本。

运用举例

例1 某外贸公司出口洗衣粉2 000箱,该商品内包装为塑料袋,外包装为纸箱,每箱100袋,每袋洗衣粉的生产成本约为0.4元,出口价为1.8元,每袋内包装费为0.1元,1个纸箱需10元,运输费用为4 000元,人工费用为 76 000 元，其他各种费用合计约为 33 600 元，问：该外贸公司出口这批洗衣粉的成本和利润各约为多少元？

分析：成本费用包括洗衣粉的生产成本，内外包装费用，运输费用，人工费用以及其他各种费用；利润为这批洗衣粉的出口价去除成本。

解：洗衣粉的生产成本为 $0.4 \times 100 \times 2\ 000 = 80\ 000$(元)，

内外包装费用为 $0.1 \times 100 \times 2\ 000 + 10 \times 2\ 000 = 20\ 000 + 20\ 000 = 40\ 000$(元)，

所以成本为 $80\ 000 + 40\ 000 + 4\ 000 + 76\ 000 + 33\ 600 = 233\ 600$(元)，

利润为 $1.8 \times 100 \times 2\ 000 - 233\ 600 = 360\ 000 - 233\ 600 = 126\ 400$(元)。

答：该外贸公司出口这批洗衣粉的成本约为 233 600 元，利润约为 126 400 元。

例 2 银行推出一款两年期的理财产品，年利率为复利 3.8%，小林用 50 000 元购买了该理财产品，到期后小林能获得利息多少元？

分析：小林购买理财的本金 50 000 元没有变化，利息为到期后的本利和去除本金。

解：本利和为 $50\ 000 \times (1 + 3.8\%)^2$(元)，

利息为 $50\ 000 \times (1 + 3.8\%)^2 - 50\ 000 = 3\ 872.2$(元)。

答：到期后小林能获得利息 3 872.2 元。

同步训练 6.2.1

水平一

1. 在生产经营过程中支付的物质费用和人工费用叫作_____。

2. 收益去除_____所得为利润，即利润＝_____－_____。

3. 某外贸公司进口 2 000 套锅具，每套锅具进口合同价为 280 元，这批锅具入关需支付合同价 8% 的关税，入关后的运输费用为 4 000 元，卸货费用为 1 200 元，以及其他各种费用合计约为 7 600 元，则该外贸公司进口这批锅具的成本为_____元；现该外贸公司按每套锅具 380 元出售，若不计其他费用，则该公司可获得利润_____元。

4. 小李在银行购买了一款五年期的存款产品，年利率为单利 3.8%，存款金额为 10 万元，到期后小李能获得利息_____元。

5. 某单位职工小林向银行贷款 5 万元用于购车，银行贷款的年利率为 5.4%，按复利计算，若这笔贷款两年后一次性还款给银行，则小林一共归还_____元利息。

水平二

1. 某外贸公司出口 60 000 m 全棉面料,该面料每米的进货价为 15 元,该批货物的运杂费共计 2 500 元,出口商检费 300 元,银行手续费 1 000 元,其他各项费用共计 5 000 元,如果公司希望该批面料的利润达到合同价的 10%,那么该公司需将每米面料的合同价至少定为多少元?(结果精确到 0.01 元)

2. 银行推出一款五年期的理财产品,年利率为复利 4.1%,如果小林用 20 000 元购买了该理财产品,那么到期后小林一共能拿到本利和多少元?(结果精确到 0.01 元)

6.2.2 常见的成本与利润数学模型

知识要点

1. 解决成本与利润实际问题的步骤:分析问题情境—建立数学模型—运用数学知识解数学模型—验证结论并解释实际问题。

2. 常见成本与利润数学模型:二次函数模型、数列模型、指数函数模型等。

运用举例

例1 某果园今年丰收红心柚 10 t,红心柚上市时市场批发售价约为 6 元/kg,据往年市场行情,上市后批发售价每天每千克将上涨 0.05 元,每千克红心柚的种植成本为 1.3 元,人工费用为 0.4 元,存储这批红心柚每天需支出各种费用合计 190 元,最多可存储 40 天,且平均每天有 40 kg 的红心柚损坏不能出售,若存放 x 天后,将这批红心柚一次性批发出售,获得利润为 y 元。

(1)写出利润与存放天数之间的函数关系式；

(2)若存放 15 天后一次性批发出售，则可获利多少元？

分析：利润为这批红心柚的出售总价去除成本，而成本费用包括红心柚的种植成本、人工费用、存储费用以及损耗，因此，利润是一个函数模型。

解：(1)因为平均每天有 40 kg 的红心柚损坏不能出售，

所以存放 x 天后能出售的红心柚为$(10\ 000-40x)$kg，

则利润 $y=(6+0.05x)(10\ 000-40x)-1.3\times10\ 000-0.4\times10\ 000-190x$

$$=-2x^2+70x+43\ 000。$$

又因为红心柚最多可存储 40 天，所以 $0<x\leqslant40$，$x\in\mathbf{N}_+$，

利润与存放天数之间的函数关系式为 $y=-2x^2+70x+43\ 000$，$x\in(0，40]$且 $x\in\mathbf{N}_+$。

(2)当 $x=15$ 时，$y=43\ 600$(元)。

答：存放 15 天后一次性批发出售，可获利 43 600 元。

例 2　某工厂 2023 年销售额约为 200 万元，工厂开支成本约为 150 万元，根据近几年的数据预计，2023 年以后销售额每年以 10％的增长率递增，开支成本每年增加 15 万元。

(1)预计 2027 年该工厂的销售额和开支成本各为多少万元，并求 2025 年该工厂的利润为多少万元？

(2)预计从 2023 年年初到 2027 年年底该工厂的总利润为多少万元？

分析：销售额每年以 10％增长，是一个等比数列模型。开支成本每年增加 15 万元，是一个等差数列模型。

解：(1)设该工厂每年的销售额为 a_n 万元，每年的开支成本为 b_n 万元，

由题意可知$\{a_n\}$成等比数列，且 $a_1=200$，$q=1+10\%=1.1$；

$\{b_n\}$成等差数列，且 $b_1=150$，$d=15$。

所以 $a_5=a_1q^4=200\times1.1^4=292.82$，$b_5=b_1+4d=150+4\times15=210$，

$a_5-b_5=292.82-210=82.82$。

答：2027 年该工厂的销售额为 292.82 万元，开支成本为 210 万元，该工厂的利润为 82.82 万元。

(2)$(a_1-b_1)+(a_2-b_2)+(a_3-b_3)+(a_4-b_4)+(a_5-b_5)$

$=(a_1+a_2+a_3+a_4+a_5)-(b_1+b_2+b_3+b_4+b_5)$

$$=\frac{a_1(1-q^5)}{1-q}-\frac{(b_1+b_5)\times5}{2}$$

$$=\frac{200(1-1.1^5)}{1-1.1}-\frac{(150+210)\times5}{2}$$

$$=321.02(万元)。$$

答：预计从 2023 年年初到 2027 年年底该工厂的总利润为 321.02 万元。

同步训练 6.2.2

水平一

1. 解决成本与利润实际问题的步骤：分析问题情境—＿＿＿＿＿＿＿—运用数学知识解数学模型—验证结论并＿＿＿＿＿＿＿＿。

2. 常见的成本与利润数学模型：＿＿＿＿＿＿＿＿、＿＿＿＿＿＿＿＿、指数函数模型等。

3. 保险公司推出一款 10 年期的保险产品，年利率为复利 4.2%，小丽用 10 000 元购买了该保险产品，到期后小丽能拿到本利和共＿＿＿＿＿＿元(结果精确到 0.01 元)。

4. 某外贸公司今年的利润为 280 万元，根据近几年的数据预计，公司利润的年增长率为 10%，那么公司后年的利润为＿＿＿＿＿＿万元。

5. 银行推出一款按月计息的理财产品，月利率为复利 0.4%，一个月计作一期，小林用 50 000 元购买了该款理财产品 12 期，到期后小林能获得利息约为＿＿＿＿＿＿元(结果精确到 0.01 元)。

6. 银行推出一款理财产品，年利率为复利 3.6%，一年为一期，若小李购买 8 期该理财产品，且本利和要达到 10 万元，则他至少要购买＿＿＿＿＿＿元该理财产品(结果精确到 1 元)。

水平二

1. 某中等职业学校电子商务专业的学生开展线上小商品贸易活动，现有一批中国特色刺绣礼品出售，该礼品每件进货价为 25 元，若售价定为 40 元，能售出 300 件，若售价每上涨 1 元，则销量就减少 5 件，且售出的每件礼品还需 5 元包装费，设每件礼品的售价为 x 元，利润为 y 元。

(1)写出利润 y 元与售价 x 元之间的函数关系式；

(2)当售价定为 50 元时，可获得多少利润？

2. 小李年初向银行贷款 10 万元用于创业，贷款的月利率为 0.5％，按复利计算，若这笔贷款分 12 个月等额归还，每月还一次，并从贷款后次月开始归还。

(1) 小李每月应还多少元(精确到 0.01 元)?

(2) 小李一共还了多少元利息?

6.2.3　成本与利润的最值问题

运用举例

例 1　题干同 6.2.2 节例 1，问存放多少天后出售能获得最大利润? 最大利润为多少元?

分析：根据上一节求到的利润函数关系式，求二次函数的最大值，注意实际问题自变量的取值范围。

解：利润为 $y = -2x^2 + 70x + 43\,000 = -2\left(x - \dfrac{35}{2}\right)^2 + \dfrac{87\,225}{2}$。

因为 $x \in (0, 40]$ 且 $x \in \mathbf{N}_+$，

所以当 $x = 17$ 或 $x = 18$ 时，$y_{\max} = 43\,612$。

答：存放 17 或 18 天后出售能获得最大利润，最大利润为 43 612 元。

例 2　某银行推出两种存款类理财产品，按单利计息，存期和利率如表 6.2-1 所示。

表 6.2-1　某银行两种理财产品

产品名称和存期	年利率(％)	产品说明
悦盈利 3 年定开 1 号	3.5	保本保息，购买当日起息，到期实时到账
悦盈利 1 年定开 P 款	3.4	保本保息，购买当日起息，到期实时到账

现小李有 10 万元资金，用 3 年时间投资其中一款理财产品，请帮他算一算购买哪种理财产品，3 年后获得的利息更多? 多多少元?(结果精确到 0.01 元)

分析：需要分别计算两种理财产品 3 年后的利息，选利息更多的理财产品。

解：(1)若小李用 10 万元购买"悦盈利 3 年定开 1 号"产品，

3 年后获得利息为 $100\ 000 \times 3.5\% \times 3 = 10\ 500$(元)；

(2)若小李用 10 万元购买"悦盈利 1 年定开 P 款"产品，到期后可以用本利和继续购买该产品，一共可以买 3 期，所以 3 年后本利和为 $100\ 000 \times (1 + 3.4\%)^3 \approx 110\ 550.73$(元)，3 年后获得利息为 $110\ 550.73 - 100\ 000 = 10\ 550.73$(元)。

因为 $10\ 550.73 > 10\ 500$，$10\ 550.73 - 10\ 500 = 50.73$(元)，

所以小李购买"悦盈利 1 年定开 P 款"理财产品，3 年后获得的利息更多，多 50.73 元。

同步训练 6.2.3

水平一

1. 某公司研发生产了一款废气处理设备，该设备利润 y(万元)与每件售价 x(万元)之间满足函数关系：$y = -2x^2 + 140x - 2\ 000$，按照市场规定，该设备每件售价不得高于 40 万元，则每件设备的售价定为_____万元时，利润最大，最大利润是_____万元。

2. 某经销商购进一批大黄鱼，打算先在海水养殖场里放养几天后再出售(不超过 30 天)，若销售利润 y(元)与放养天数 x(天)之间满足函数关系式：$y = -5x^2 + 190x + 5\ 415$，放养若干天后将大黄鱼一次性批发出售，则放养_____天后出售，可获得最大利润，最大利润是_____元。

3. 某中等职业学校电子商务专业的学生开展线上小商品贸易活动，现有一批中国特色刺绣礼品出售，该礼品每件进货价为 25 元，若售价定为 40 元，能售出 300 件，若售价每上涨 1 元，则销量就减少 5 件，且售出的每件礼品还需 5 元包装费，那么每件礼品的售价定为_____元时，获得利润最大，最大利润为_____元。

4. 某商场以每件 20 元的价格进购一种商品，试销中发现，这种商品每天的销售量 m(件)与每件的销售价 x(元)满足关系式：$m = 140 - 2x$，则销售利润 y 与每件的销售价 x 之间的函数关系式为(   )。

A. $y = mx$　　　　　　　　　　B. $y = -2x^2 + 180x - 2\ 800$

C. $y = -2x^2 + 140x$　　　　　　D. $y = -2m^2 + 180m - 2\ 800$

5. 某银行推出两款理财产品，按单利计息，保本保息，购买当日起息，

到期实时到账，A 款产品：年利率 4.2%，一年到期；B 款产品：年利率 4.5%，五年到期。某公司用 1 000 万元资金花五年时间投资其中一款理财产品，购买＿＿＿＿款理财产品，五年后获得的利息更多，多＿＿＿＿万元（结果精确到 0.01 万元）。

6. 某网店销售香薰产品，每个香薰的售价为 60 元，每天能卖出 300 个，根据市场调查，若每个香薰的售价每降价 1 元，每天可多卖出 10 个，每个香薰的进价为 40 元。每个香薰的售价定为＿＿＿＿元时，每天的获利最大，最大利润是＿＿＿＿元。

水平二

1. 某公司按每千克 10 元的市场价格收购了 2 000 kg 富硒香菇，将这批香菇分袋包装，每千克香菇的包装费用为 1.8 元，据预测，香菇的市场价格每天每千克将上涨 0.5 元，保存这批香菇每天需要支出各种费用合计 560 元，且香菇最多能保存 180 天，平均每天有 4 kg 的香菇损坏不能出售，存放若干天后，将这批香菇一次性批发出售。求存放多少天后出售能获得最大利润？最大利润为多少元？

2. 某厂家生产医用防护产品，需投入年固定成本为 100 万元，每生产 x 万件产品还需投入可变成本为 $c(x)=\dfrac{1}{2}x^2+360x$（万元），通过市场分析，若每件产品的售价为 400 元，则该厂年内生产的产品全部售完。求年产量为多少万件时，该厂在这一产品的生产中能获得最大利润？最大利润为多少万元？

数学窗

"饿狼扑兔"问题

在欧洲文艺复兴时期,以意大利艺术大师达·芬奇为代表的艺术家们,在绘画技巧中引进了数学原理,达·芬奇不仅对绘画艺术造诣极深,而且对数学也颇有研究,他曾经提出一个饶有趣味的"饿狼扑兔"问题。

如图 6.2-1 所示,一只兔子在它的洞穴 C 的正南面 60 m 的地方 O 觅食,一只饿狼此刻正在兔子正东 100 m 的 A 地游荡,兔子偶然回首,发现了饿狼贪婪的目光,预感大难临头,急忙向自己的洞穴逃去。说时迟,那时快,饿狼见即将到口的美食就要逃掉,随即以 2 倍于兔子的速度紧盯着兔子追去。于是,一场惊心动魄的生死追逐展开了!

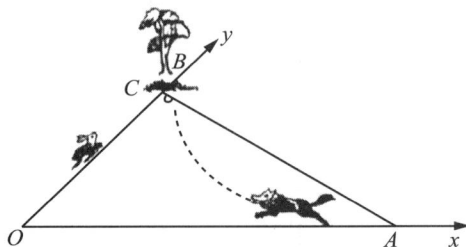

图 6.2-1

兔子沿着直线 OC 直奔洞穴,饿狼死死盯着奔跑中的兔子,沿着一条曲线 AC 追击,若以 O 为原点,OA 所在直线为 x 轴建立平面直角坐标系,饿狼奔跑的曲线满足如下函数关系:$y=\dfrac{1}{30}x^{\frac{3}{2}}-10x^{\frac{1}{2}}+\dfrac{200}{3}$,令 $x=0$,得 $y=\dfrac{200}{3}$。这就意味着如果点 C 没有洞穴,那么当兔子一直向北逃跑到离点 O $\dfrac{200}{3}$ m 的点 B 时,即被饿狼逮住,现由于兔子在离点 O 60 m 的 C 处就进洞穴了,所以饿狼只能干瞪眼。

6.3 进度计划

6.3.1 进度计划的相关概念

知识要点

笔 记

1. 一般地,完成某一项工作所需的时间叫作工期,完成所有工作所需的时间叫作总工期。

2. 画工作明细表要列出工作代码、工作名称和工期。

3. 工作箭线图中,带编号的圆圈叫作节点,两个节点间的箭线表示一项工作(有时为了说明问题,需要人为地设置一些虚设的工作,用虚箭线表示),工作代码和工期分别写在箭线的上方与下方。

🔍 **运用举例**

例1 华罗庚的统筹方法提到,想要泡壶茶喝需要完成以下工作。A:洗水壶(1 分钟)。B:烧开水(15 分钟)。C:洗茶壶(1 分钟)。D:洗茶杯(2 分钟)。E:拿茶叶(1 分钟)。分析上述各项工作之间的先后关系,画出整个活动的箭线图。

分析:根据题意可知,工作 C,D,E 与工作 B 可同时完成,其他工作存在先后关系,必须按顺序进行。

解:分析以上各项工作,工作 C,D,E 与工作 B 可同时完成,工作 A,B 存在先后关系,必须按顺序进行,整个活动的箭线图如图 6.3-1。

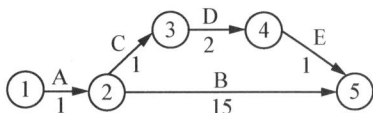

图 6.3-1

例2 甲公司准备收购出售新鲜橘橙,整个过程包括以下工作。A:调研市场,制订计划(3 天)。B:收购橘橙(3 天)。C:准备冷库(2 天)。D:橘橙全部入冷库(1 天)。E:冷库存放(60 天)。F:签订销售合同(5 天)。G:装车出库(1 天)。画出此项目的工作明细表和箭线图。

分析:工作明细表包含工作代码、工作名称和工期三项,工作 C 与工作 B,工作 E 和工作 F 可同时完成,其他工作存在先后关系,必须按顺序进行,这里需要设置虚设的工作,用虚箭线表示。

解:工作明细表如表 6.3-1 所示。

表 6.3-1

工作代码	工作名称	工期/天
A	调研市场,制订计划	3
B	收购橘橙	3
C	准备冷库	2
D	橘橙全部入冷库	1
E	冷库存放	60
F	签订销售合同	5
G	装车出库	1

分析以上各项工作,工作 C 与工作 B,工作 E 和工作 F 可同时完成,

其他工作存在先后关系，必须按顺序进行，这里需要设置虚设的工作，用虚箭线表示，整个活动的箭线图如图 6.3-2。

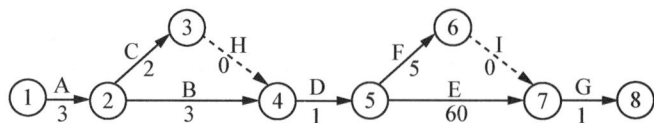

图 6.3-2

📖 **同步训练 6.3.1** ————————————————————————●

水平一

1. 完成某一项工作所需的时间叫作_____，_____叫作总工期。

2. 工作明细表中包含工作代码、_____和_____。

3. 工作箭线图中，带编号的圆圈叫作_____，两个节点间的箭线表示_____，工作代码和工期分别写在箭线的_____与_____。

4. 小明在家做番茄炒蛋，需要完成以下工作。A：敲破鸡蛋（1分钟）。B：清洗番茄并切块（2分钟）。C：搅拌鸡蛋（3分钟）。D：烧热锅（1分钟）。E：烧热油（1分钟）。F：翻炒番茄和鸡蛋、装盘（5分钟）。下表为完成番茄炒蛋的工作明细表，请填写完整。

工作代码	工作名称	工期/分
A	敲破鸡蛋	1
B		
C	搅拌鸡蛋	
D		1
E		
F	翻炒番茄和鸡蛋、装盘	5

5. 下图为第 4 题完成番茄炒蛋的工作箭线图，在图中空白方框内填上相应的工作代码或工期。

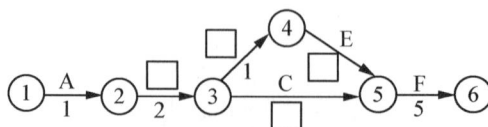

（第 5 题图）

6. 依据本节例 1 的泡茶流程，完成泡壶茶喝需要_____分钟。

水平二

1. 早晨，小丽为了节约时间，尽快去上学，她首先用5分钟完成起床穿衣，然后打开烤箱加热面包，需要5分钟完成，在这段时间里用4分钟完成洗漱，用1分钟打开微波炉加热牛奶，最后用10分钟吃早饭。补全下面的工作明细表，画出整个活动的箭线图。

工作代码	工作名称	工期/分
A	起床穿衣	5
B	打开烤箱加热面包	
C		
D	打开微波炉加热牛奶	1
E		10

2. 小李清洗房间的空调需要完成以下工作。A：拆下空调滤网（2分钟）。B：向空调内喷洒清洗剂（2分钟）。C：等待空调清洗剂清洁空调内部（20分钟）。D：清洗拆下的滤网（5分钟）。E：将滤网晾干（10分钟）。F：安装滤网，清洗完毕（2分钟）。画出此项目的工作明细表和箭线图。

6.3.2 编制进度计划的方法

知识要点

1. 从开始节点到终止节点的一条路叫作一条路径，路径上各个工作的工期之和叫作路径的长度，长度最长的那条路径是关键路径。

2. 关键路径上的每个工作叫作关键工作，表示关键工作的两个节点叫作关键节点，关键路径的长度就是项目的总工期。

3. 编制进度计划通常采用下面两种方法：关键路径法和甘特图法。

笔记

运用举例

例 1 求出 6.3.1 节例 1 中泡壶茶喝整个活动的关键路径,并计算完成泡壶茶喝最少需要几分钟。

分析:根据上节画出的箭线图列出所有路径,比较各条路径,找到长度最长的路径即为关键路径。

解:泡壶茶喝整个活动的箭线图如图 6.3-3 所示。

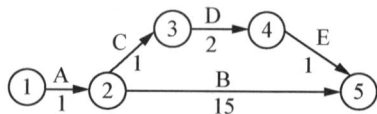

图 6.3-3

从开始节点到终止节点共有 2 条路。

第一条路:A—B,需 $1+15=16$(分钟);

第二条路:A—C—D—E,需 $1+1+2+1=5$(分钟),

所以关键路径为第一条路,完成泡壶茶喝最少需要 16 分钟。

例 2 电子商务运营实践项目要求在给定公司平台上开设店铺销售产品,完成该项目包含以下工作:A:注册店铺(3 天)。B:设计店铺网页(4 天)。C:制作链接销售(1 天)。D:网上销售产品(27 天)。E:准备产品介绍、图片(2 天)。F:活动促销(5 天)。G:结算收支(1 天)。绘制整个活动的甘特图。

分析:根据各项工作之间的顺序,首先完成工作 A,准备产品介绍、图片应该在制作链接销售之前完成,活动促销应该在网上销售产品的同时进行,先画出工作箭线图,找到关键路径,求出项目总工期。根据关键路径绘制甘特图,左边是工作明细表,右边用横道表示工作信息,每一个横道表示一项工作,横道的长度表示工作的工期。

解:整个活动的箭线图如图 6.3-4。

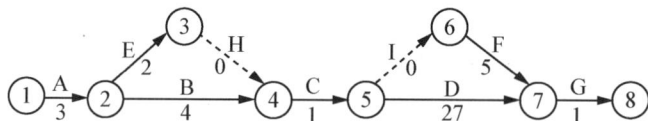

图 6.3-4

关键路径为 A—B—C—D—G,关键路径长度为 $3+4+1+27+1=36$(天),即总工期为 36 天。

根据工作明细表、箭线图画出甘特图,关键工作用黑色横道表示,非关键工作用灰色横道表示,甘特图如图 6.3-5 所示。

工作代码	工作名称	工期/天	1 2 3	4 5 6	7 8 9	10 11 12	13 14 15	16 17 18	19 20 21	22 23 24	25 26 27	28 29 30	31 32 33	34 35 36
A	注册店铺	3	■											
B	设计店铺网页	4		■										
C	制作链接销售	1			■									
D	网上销售产品	27			■	■	■	■	■	■	■	■	■	
E	准备产品介绍、图片	2		■										
F	活动促销	5				■	■							
G	结算收支	1												■

图 6.3-5

同步训练 6.3.2

水平一

1. 从开始节点到终止节点的一条路叫作一条_____，_____叫作路径的长度，长度最长的那条路径是_____。

2. 关键路径上的每个工作叫作_____，表示关键工作的两个节点叫作关键节点，_____是项目的总工期。

3. 编制进度计划通常采用两种方法：_____和_____。

4. 下图为某活动的箭线图（工期单位：分钟），完成该活动最少需要（　　）分钟。

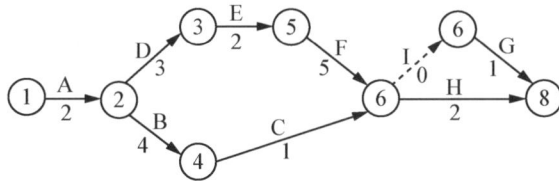

（第 4 题图）

A. 9　　　　　B. 13　　　　　C. 14　　　　　D. 15

5. 下图为某项目的箭线图（工期单位：天），则该项目的关键路径为（　　）。

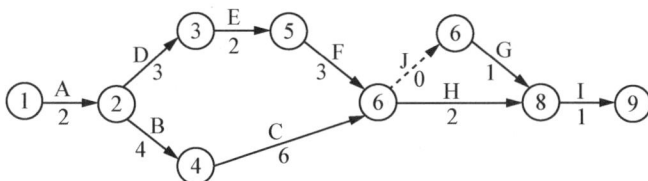

（第 5 题图）

A. A－D－E－F－J－G－I   B. A－D－E－F－H－I

C. A－B－C－J－G－I   D. A－B－C－H－I

6. 下图为利用电商平台完成红心柚销售前期工作的甘特图，根据甘特图指出下列说法不正确的是（   ）。

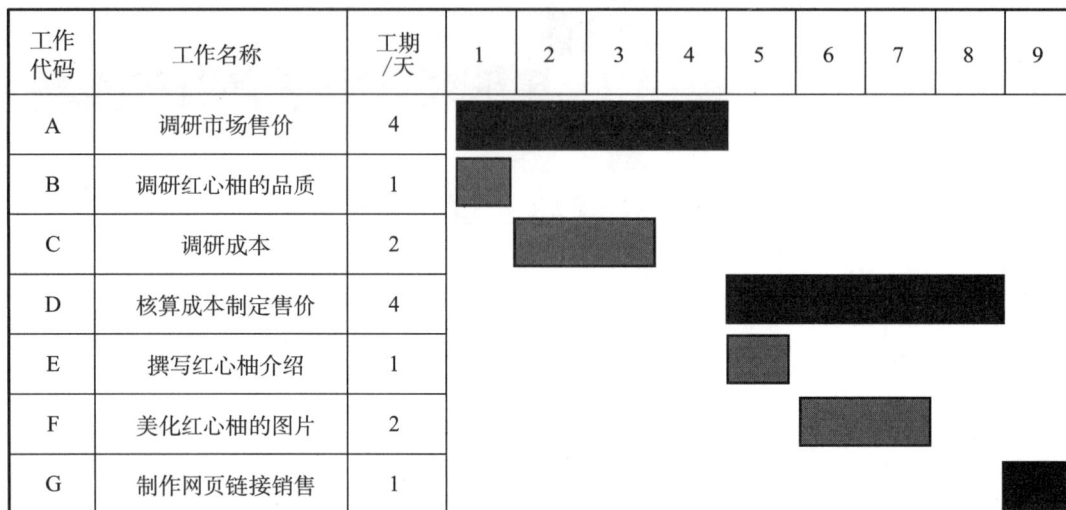

工作代码	工作名称	工期/天	1	2	3	4	5	6	7	8	9
A	调研市场售价	4									
B	调研红心柚的品质	1									
C	调研成本	2									
D	核算成本制定售价	4									
E	撰写红心柚介绍	1									
F	美化红心柚的图片	2									
G	制作网页链接销售	1									

(第 6 题图)

A. 关键路径为 A－D－G

B. 项目总工期为 9 天

C. 项目进行到第 6 天开始美化红心柚的图片

D. 调研红心柚的品质与调研成本同时进行

水平二

1. 求 6.3.1 节例 2 中收购出售新鲜橘橙项目的关键路径，并计算完成此项目最少需要几天。

2. 绘制同步训练 6.3.1 水平二第 2 题清洗空调整个活动的甘特图。

数学窗

华罗庚与他的统筹方法

华罗庚是国际上享有盛誉的数学大师，他与一些数学家一起，被列入芝加哥科学技术博物馆当今世界88位数学伟人。

华罗庚是中国解析数论、典型群、矩阵几何学、自守函数论与多复变函数论等研究的创始人和开拓者。20世纪40年代，华罗庚解决了高斯完整三角和的估计这一历史难题，得到了最佳误差阶估计，这一结果在数论中有着广泛的应用，也对哈代与李特尔伍德关于华林问题的结果，以及赖特关于塔里问题的结果做了重大的改进。国际上以华氏命名的数学科研成果有"华氏定理""怀依—华不等式""华氏不等式""布劳威尔—加当—华定理""华氏算子""华—王方法"等。华罗庚一生还为我们留下了10部专著，其中8部被国外翻译出版，有些被列入20世纪数学经典著作。此外，他还发表学术论文150余篇，出版科普作品《统筹方法平话及补充》《优选法平话及其补充》等。华罗庚在从事数学理论研究的同时，尝试把数学方法应用于实际，发现数学中的统筹法和优选法是可以在工农业生产中普遍应用的方法，可以提高工作效率，改变工作管理面貌。20世纪60年代，他在科技大学讲课的时候，常带领学生到工农业实践中去推广统筹法、优选法，在发展数学教育和科学普及方面作出了重要贡献。

华罗庚的统筹方法既是一种为生产建设服务的数学方法，也是一种安排工作进程的数学方法，多应用于国防、工业的生产管理和科研项目管理，为国家节约了大量的资源。他一生致力于数学研究和发展，以高度的历史责任感投身科普和应用数学推广，为数学科学事业的发展作出了重大贡献，为祖国现代化建设付出了毕生精力。

6.4 财务报表

6.4.1 资产负债表

知识要点

1. 资产负债表是反映企业或单位在某一特定日期的财务状况，即资产、负债及所有者权益构成情况的财务报表。

2. 资产负债表通常由表首、正表两部分组成。表首包括报表名称、编制单位的名称、日期和金额单位；正表的左方表示公司或单位某一时间持有的不同形态的资产结构额，主要包含流动资产、非流动资产等，报表的右方表示公司或单位某一时间对不同债权人所应承担的偿付责任和偿债后归属于投资人的净资产结存额，主要包含流动负债、非流动负债、所有者权益等。（图 6.4-1）

资产负债表（简表）

编制单位：××	×年×月×日	单位：××
资产	**负债和所有者权益**
一、流动资产合计 二、非流动资产合计	一、流动负债合计 二、非流动负债合计 三、负债合计 四、所有者权益合计
资产总计	负债和所有者权益总计

图 6.4-1

3. 资产负债表的结构按照资产总额与负债、所有者权益总额之间的平衡关系分成左右两方的账户式结构。资产负债表的理论依据是：资产＝负债＋所有者权益。

运用举例

例 1 图 6.4-2 为 P 公司 2023 年 12 月 31 日的资产负债表（简表），则 P 公司 2023 年的资产，流动负债、非流动负债以及负债和所有者权益分别是多少元？

资产负债表（简表）

编制单位：P公司		2023年12月31日		单位：元
资产	年初余额	期末余额	负债和所有者权益	年初余额	期末余额
---	---	---	---	---	---
流动资产：			流动负债：		
交易性金融资产	12000	15000	短期借款	160000	180000
应收账款	40000	58000	应付账款	89000	106000
预付账款	6000	16000	预收账款	67000	72000
存货	120000	156000	应交税费	13000	22000
其他流动资产	3000	4000	其他流动负债	48000	65000
流动资产合计	181000	249000	流动负债合计	377000	?
非流动资产：			非流动负债：		
固定资产	200000	250000	长期借款	50000	80000
在建工程	129000	187000	非流动负债合计	50000	80000
工程物资	46000	54000	负债合计	427000	?
非流动资产合计	375000	491000	所有者权益：		
资产总计	556000	?	实收资本	42000	89000
			未分配利润	87000	126000
			所有者权益合计	129000	215000
			负债和所有者权益总计	556000	?

图 6.4-2

分析：根据资产＝流动资产＋非流动资产，负债＝流动负债＋非流动负债，负债和所有者权益＝负债＋所有者权益计算相应的各项值。

解：因为 2023 年流动资产合计为 249 000 元，非流动资产合计为 491 000 元，

所以 2023 年的资产＝流动资产＋非流动资产＝249 000＋491 000＝740 000（元），

2023 年的流动负债＝180 000＋106 000＋72 000＋22 000＋65 000＝445 000（元），

因为 2023 年非流动负债为 80 000 元，

所以 2023 年的负债＝流动负债＋非流动负债＝445 000＋80 000＝525 000（元），

又因为 2023 年所有者权益为 215 000 元，

所以 2023 年负债和所有者权益＝负债＋所有者权益＝525 000＋215 000＝740 000（元）。

例2　图 6.4-3 为 A 公司 2021 年 12 月 31 日的资产负债表（简表），计算表中"?"处的数据，并根据计算数据比较：该公司 2021 年与 2020 年未分配的利润哪一年多？多多少万元？

资产负债表（简表）

编制单位：A公司			2021年12月31日		单位：万元
资产	**年初余额**	**期末余额**	**负债和所有者权益**	**年初余额**	**期末余额**
流动资产：			流动负债：		
货币资金	102	23	短期借款	165	268
应收账款	282	487	应付账款	21	60
其他应收款	16	36	应付职工薪酬	67	124
存货	120	175	应交税费	13	22
其他流动资产			其他流动负债	113	103
流动资产合计	520	721	流动负债合计	379	577
非流动资产：			非流动负债：		
长期股权投资	50	100	长期借款	51	121
固定资产	236	274	非流动负债合计	51	121
在建工程	11	21	负债合计	430	698
非流动资产合计	297	395	所有者权益：		
资产总计	817	?	实收资本	300	300
			未分配利润	87	?
			所有者权益合计	387	?
			负债和所有者权益总计	817	?

图 6.4-3

分析：根据资产＝流动资产＋非流动资产，资产＝负债＋所有者权益，所有者权益＝实收资本＋未分配利润计算相应的各项值。

解：因为 2021 年流动资产为 721 万元，非流动资产为 395 万元，

所以资产＝流动资产＋非流动资产＝721＋395＝1 116（万元）。

因为资产＝负债＋所有者权益，

所以 2021 年的负债和所有者权益总计为 1 116 万元。

因为 2021 年负债为 698 万元，

所以 2021 年所有者权益＝资产－负债＝1 116－698＝418(万元)。

又因为所有者权益＝实收资本＋未分配利润，且 2021 年的实收资本为 300 万元，

所以 2021 年的未分配利润＝所有者权益－实收资本＝418－300＝118(万元)。

2020 年的未分配利润为 87 万元，

则 2021 年比 2020 年多 118－87＝31(万元)。

所以该公司 2021 年的未分配利润比 2020 年的多，多 31 万元。

同步训练 6.4.1

水平一

1. 资产负债表是反映企业或单位在某一特定日期的_____，即_____、_____及_____构成情况的财务报表。

2. 资产负债表的正表左方主要包含_____、_____等，右方主要包含_____、_____、_____等。

3. 资产负债表的理论依据是：_____。

4. 如图为 P 公司 2023 年 12 月 31 日的资产负债表(简表)，根据下表数据判断下列说法错误的是(　　)。

资产负债表（简表）					
编制单位：P公司		2023年12月31日			单位：元
资产	年初余额	期末余额	负债和所有者权益	年初余额	期末余额
流动资产：			流动负债：		
交易性金融资产	12000	15000	短期借款	160000	180000
应收账款	40000	58000	应付账款	89000	106000
预付账款	6000	16000	预收账款	67000	72000
存货	120000	156000	应交税费	13000	22000
其他流动资产	3000	4000	其他流动负债	48000	65000
流动资产合计	181000	249000	流动负债合计	377000	445000
非流动资产：			非流动负债：		
固定资产	200000	250000	长期借款	50000	80000
在建工程	129000	187000	非流动负债合计	50000	80000
工程物资	46000	54000	负债合计	427000	525000
非流动资产合计	375000	491000	所有者权益：		
资产总计	556000	740000	实收资本	42000	89000
			未分配利润	87000	126000
			所有者权益合计	129000	215000
			负债和所有者权益总计	556000	740000

(第 4 题图)

A. P 公司 2023 年的资产比 2022 年的资产多 184 000 元

B. P 公司 2023 年比 2022 年多交税费 9 000 元

C. P 公司 2023 年的所有者权益即为该公司的未分配利润

D. P 公司 2022 年的负债和所有者权益总计为 556 000 元

5. 如图为 P 公司 2023 年 12 月 31 日的资产负债表(简表),该公司 2023 年的所有者权益比 2022 年的所有者权益多_____元。请将此表数据补充完整,填写在表中相应的空白处。

资产负债表(简表)

编制单位:P公司		2023年12月31日			单位:万元
资产	年初余额	期末余额	负债和所有者权益	年初余额	期末余额
流动资产:			流动负债:		
货币资金	102	23	短期借款	165	200
应收账款		487	应付账款	28	70
其他应收款	16	36	应付职工薪酬	95	
存货	120	170	应交税费	13	22
流动资产合计	238	716	流动负债合计	301	
非流动资产:			非流动负债:		
长期股权投资	50	100	长期借款	80	150
固定资产	236	274	非流动负债合计	80	150
在建工程	11	21	负债合计	381	
非流动资产合计	297	395	所有者权益:		
资产总计		1111	实收资本	350	400
			未分配利润	86	136
			所有者权益合计	436	536
			负债和所有者权益总计	817	

(第 5 题图)

水平二

1. 如图为 H 公司 2023 年 12 月 31 日的资产负债表(简表)。

(1)计算该公司 2022 年流动资产、资产分别为多少万元?

(2)计算该公司 2023 年负债、负债和所有者权益分别为多少万元?

资产负债表(简表)

编制单位:H公司		2023年12月31日			单位:万元
资产	年初余额	期末余额	负债和所有者权益	年初余额	期末余额
流动资产:			流动负债:		
货币资金	121	142	短期借款	80	120
应收账款	282	326	应付账款	52	62
其他应收款	16	36	应付职工薪酬	65	124
存货	120	164	应交税费	13	22
流动资产合计		668	流动负债合计	210	328
非流动资产:			非流动负债:		
长期股权投资	80	100	长期借款	200	260
固定资产	236	270	非流动负债合计	200	260
在建工程	36	23	负债合计	410	
非流动资产合计	352	393	所有者权益:		
资产总计		1061	实收资本	300	321
			未分配利润	181	152
			所有者权益合计	481	473
			负债和所有者权益总计	891	

(第 1 题图)

2. 如图为 B 公司 2023 年 12 月 31 日的资产负债表(简表),该公司 2022 年和 2023 年的短期借款,流动负债,负债以及负债和所有者权益分别是多少元?根据计算数据比较:2022 年和 2023 年该公司短期借款哪一年多?多多少元?

资产负债表（简表）

编制单位：B公司　　　　　　2023年12月31日　　　　　　单位：元

资产	年初余额	期末余额	负债和所有者权益	年初余额	期末余额
流动资产：			流动负债：		
交易性金融资产	20000	30000	短期借款		
应收账款	43000	50000	应付账款	76000	96000
预付账款	6000	11000	预收账款	65000	72000
存货	120000	134000	应交税费	13000	21000
其他流动资产	3000	4000	其他流动负债	41000	48000
流动资产合计	192000	229000	流动负债合计		
非流动资产：			非流动负债：		
固定资产	150000	190000	长期借款	50000	65000
在建工程	129000	158000	非流动负债合计	50000	65000
工程物资	32000	43000	负债合计		
非流动资产合计	311000	391000	所有者权益：		
资产总计	503000	620000	实收资本	42000	59000
			未分配利润	86000	103000
			所有者权益合计	128000	162000
			负债和所有者权益总计		

(第2题图)

6.4.2　利润表

知识要点

1. 利润表也称收益表、损益表，它是总括反映企业或单位在一定时期内的经营成果，即其实现的收入和发生的费用以及利润(或亏损)形成情况的财务报表。

2. 利润表的表首包括报表名称、编制单位的名称、日期和金额单位，正表包括项目、本期金额、上期金额等(年度报表为"本年累计金额""上年金额")。(图6.4-4)

利润表

编制单位：××　　　　　　×年×月　　　　　　单位：元

项目	本期金额	上期金额
一、营业收入		
减：营业成本		
营业税金及附加		
销售费用		
管理费用		
财务费用		
加：投资净收益		
二、营业利润		
加：营业外收入		
减：营业外支出		
三、利润总额		
减：所得税费用		
四、净利润		

图 6.4-4

3. 利润表的结构是按照收入、费用和利润及其所包含的项目之间的内在关系，以一定的格式排序的多步式结构。利润表的理论依据是：收入－费用＝利润。

营业利润＝营业收入－营业成本－营业税金及附加－销售费用－管理费用－财务费用＋投资净收益；

利润总额＝营业利润＋营业外收入－营业外支出；

净利润＝利润总额－所得税费用。

运用举例

例1　图6.4-5为A公司2023年12月的利润表，A公司2023年11月、12月的营业利润、利润总额、净利润分别是多少元？

利润表		
编制单位：A公司	2023年12月	单位：元
项目	本期金额	上期金额
一、营业收入	152000	134000
减：营业成本	85000	87000
营业税金及附加	16000	14000
销售费用	8600	5600
管理费用	3500	2800
财务费用	1600	1600
加：投资净收益	6900	4700
二、营业利润		
加：营业外收入	8300	7600
减：营业外支出	6400	5800
三、利润总额		
减：所得税费用	4830	3420
四、净利润		

图6.4-5

分析：营业利润＝营业收入－营业成本－营业税金及附加－销售费用－管理费用－财务费用＋投资净收益；利润总额＝营业利润＋营业外收入－营业外支出；净利润＝利润总额－所得税费用。

根据以上关系，计算相应的各项值。

解：因为营业利润＝营业收入－营业成本－营业税金及附加－销售费用－管理费用－财务费用＋投资净收益，

所以2023年11月的营业利润＝134 000－87 000－14 000－5 600－2 800－1 600＋4 700＝27 700（元），

2023年12月的营业利润＝152 000－85 000－16 000－8 600－3 500－1 600＋6 900＝44 200（元）。

因为利润总额＝营业利润＋营业外收入－营业外支出,

所以 2023 年 11 月的利润总额＝27 700＋7 600－5 800＝29 500(元)。

2023 年 12 月的利润总额＝44 200＋8 300－6 400＝46 100(元)。

又因为净利润＝利润总额－所得税费用,

所以 2023 年 11 月的净利润＝29 500－3 420＝26 080(元)。

2023 年 12 月的净利润＝46 100－4 830＝41 270(元)。

答：A 公司 2023 年 11 月营业利润为 27 700 元,利润总额为 29 500 元,净利润为 26 080 元,12 月营业利润为 44 200 元,利润总额为 46 100 元,净利润为 41 270 元。

例 2 图 6.4-6 为 X 公司 2021 年的利润表,如果 2021 年度该公司的净利润为 50 万元,根据表中数据计算 2021 年的营业收入、营业利润和利润总额分别是多少元?

利润表		
编制单位：X公司	2021年	单位：万元
项目	本年累计金额	上年金额
一、营业收入		95
减：营业成本	36.5	32
营业税金及附加	10.6	9.5
销售费用	23	18.8
管理费用	10.8	8.9
财务费用	8.6	7.6
加：投资净收益	14	12.5
二、营业利润		30.7
加：营业外收入	13.5	9.6
减：营业外支出	8.1	5.2
三、利润总额		35.1
减：所得税费用	4.9	3.8
四、净利润	50	31.3

图 6.4-6

分析： 由净利润＝利润总额－所得税费用计算得到利润总额,由利润总额＝营业利润＋营业外收入－营业外支出计算得到营业利润,最后由营业利润＝营业收入－营业成本－营业税金及附加－销售费用－管理费用－财务费用＋投资净收益,计算求出营业收入。

解： 因为净利润＝利润总额－所得税费用,

所以 2021 年利润总额＝净利润＋所得税费用＝50＋4.9＝54.9(万元)。

因为利润总额＝营业利润＋营业外收入－营业外支出,

所以 2021 年营业利润＝利润总额＋营业外支出－营业外收入＝54.9＋8.1－13.5＝49.5(万元)。

又因为营业利润＝营业收入－营业成本－营业税金及附加－销售费

用－管理费用－财务费用＋投资净收益，

所以 2021 年营业收入＝营业利润－投资净收益＋财务费用＋管理费用＋销售费用＋营业税金及附加＋营业成本＝49.5－14＋8.6＋10.8＋23＋10.6＋36.5＝125（万元）。

答：2021 年的营业收入为 125 万元，营业利润为 49.5 万元，利润总额为 54.9 万元。

📖 同步训练 6.4.2

水平一

1. 利润表也称_____、_____，它是总括反映企业或单位在一定时期内的_____，即其实现的收入和发生的费用以及_____形成情况的财务报表。

2. 利润表的正表包括_____、_____、_____等（年度报表为"本年累计金额""上年金额"）。

3. 利润表的理论依据是：_____。

4. 下列关于利润表的说法错误的是（　　）。

A. 利润表中主要项目包括营业利润、利润总额、净利润三个部分

B. 营业利润＝营业收入－营业成本－营业税金及附加－销售费用－管理费用－财务费用＋投资净收益

C. 利润总额＝营业利润＋营业外收入－营业外支出

D. 净利润＝利润总额－所得税费用

5. 某服装店 2021 年的利润总额为 52.4 万元，净利润为 41.06 万元，那么该服装店 2021 年的所得税费用为_____万元。

6. 某汽车工厂 2022 年 5 月营业利润为 1 042 万元，营业成本为 90.5 万元，营业税金及附加为 105 万元，销售、管理、财务费用合计为 146.5 万元，投资净收益为 128 万元，那么该汽车工厂 2022 年 5 月的营业收入为_____万元。

水平二

1. 如图为 D 奶茶店 2023 年 8 月的利润表，根据表中数据计算：该奶茶店 2023 年 8 月的营业利润、利润总额、净利润分别是多少元？

利润表

编制单位：D奶茶店	2023年8月	单位：元
项目	本期金额	上期金额
一、营业收入	152300	144200
减：营业成本	75700	76000
营业税金及附加	13452	12987
销售费用	13500	13500
管理费用	9500	9000
财务费用	5000	5000
加：投资净收益	7000	6700
二、营业利润		34413
加：营业外收入	8300	7600
减：营业外支出	6400	5800
三、利润总额		36213
减：所得税费用	4230	3428
四、净利润		32785

(第1题图)

2. 如图为 B 奶茶店 2021 年的利润表，根据表中数据计算并比较该奶茶店 2020 年净利润和 2021 年净利润哪一年较多？多多少万元？

利润表

编制单位：B奶茶店	2021年	单位：万元
项目	本年累计金额	上年金额
一、营业收入	175	167
减：营业成本	91	90.2
营业税金及附加	15.6	15.5
销售费用	16.2	15.8
管理费用	11.4	10.8
财务费用	8.6	8.5
加：投资净收益	8.8	8.04
二、营业利润	41	
加：营业外收入	10.5	9.12
减：营业外支出	7.1	6.96
三、利润总额	44.4	
减：所得税费用	5.04	4.12
四、净利润	39.36	

(第2题图)

6.4.3　在 Excel 中编制资产负债表、利润表

知识要点

1. 财务报表是财务会计报告最重要的组成部分，我国财务报表的种类、格式、编报要求，均要符合统一的会计制度中的规定，且企业要定期编报。编制财务报表是一项严肃的工作，编制单位必须以保证质量为前提，使提供的会计信息准确、及时、有用。

2. 编制财务报表时应确保数据真实，必须根据登记完整、核对无误、计算准确的账簿记录进行编制，如实地反映企业或单位的经济活动情况。

同时要保证内容完整，必须将表内项目列完整，否则无法在年度之间和企业之间进行纵向和横向的比较。

3. 用 Excel 编制资产负债表和利润表时，在 Excel 软件中主要用到"公式"菜单中的"SUM"函数。（图 6.4-7）

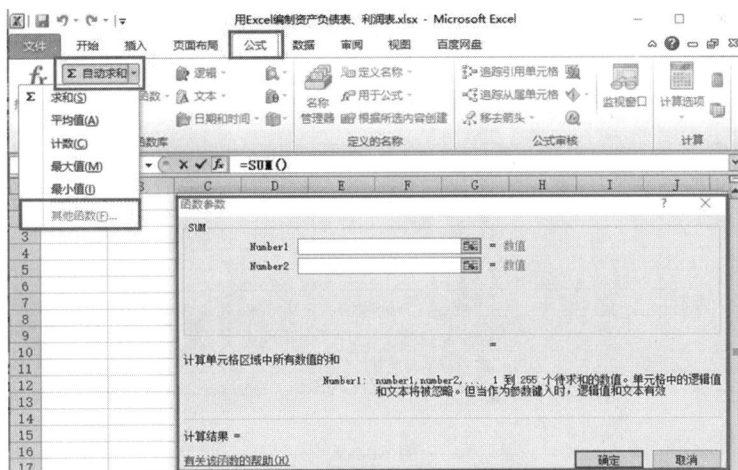

图 6.4-7

运用举例

例 1　图 6.4-8 为 P 公司 2023 年 12 月 31 日的资产负债表（简表）的项目数据，请用 Excel 编制此表，并将表格补充完整。

资产负债表（简表）

编制单位：P公司			2023年12月31日		单位：元
资产	**年初余额**	**期末余额**	**负债和所有者权益**	**年初余额**	**期末余额**
流动资产：			流动负债：		
交易性金融资产	12000	15000	短期借款	160000	180000
应收账款	40000	58000	应付账款	89000	106000
预付账款	6000	16000	预收账款	67000	72000
存货	120000	156000	应交税费	13000	22000
其他流动资产	3000	4000	其他流动负债	48000	65000
流动资产合计			流动负债合计		
非流动资产：			非流动负债：		
固定资产	200000	250000	长期借款	50000	80000
在建工程	129000	187000	非流动负债合计		
工程物资	46000	54000	负债合计		
非流动资产合计			所有者权益：		
资产总计			实收资本	42000	89000
			未分配利润	87000	126000
			所有者权益合计		
			负债和所有者权益总计		

图 6.4-8

分析：首先在 Excel 工作表中将资产负债表的表首和正表的内容、数据输入表格，其次利用"公式"菜单中的"SUM"函数求各项的合计数据。

解：第一步，打开软件"Microsoft Excel"，新建 Excel 工作表，将资产负债表的表首和正表的内容、数据输入表格中，如图 6.4-9。

图 6.4-9

第二步，单击"流动资产合计""年初余额"对应的单元格（①处），选择菜单"公式"（②处），单击"自动求和"（③处）下拉菜单中的"其他函数"（④处），选"SUM 函数"出现"函数参数"表格（⑤处），单击全部选中所有流动资产项目所在的单元格（⑥处），单击"确定"按钮（⑦处），如图 6.4-10。

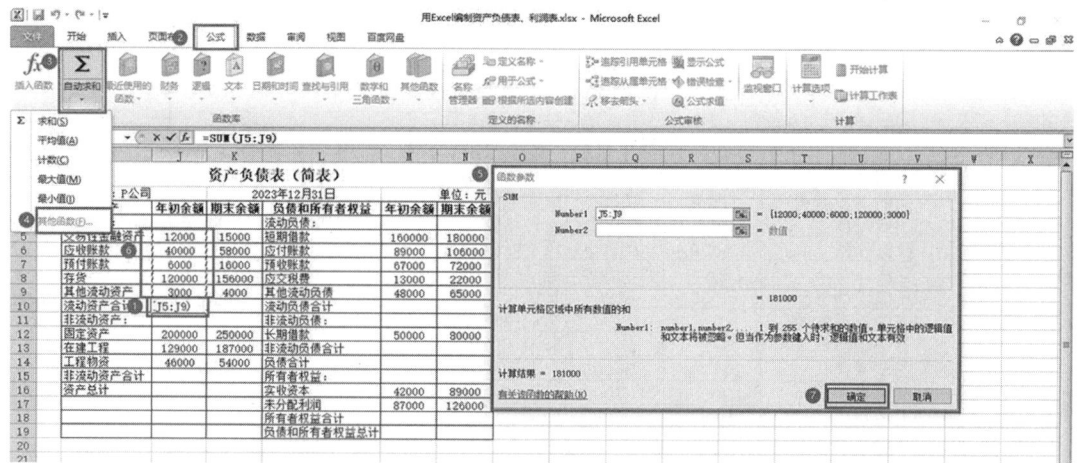

图 6.4-10

第三步，用相同方法可以得到非流动资产合计、流动负债合计、非流动负债合计、所有者权益合计等。

第四步，单击"资产总计""年初余额"对应的单元格（①处），选择菜单"公式"（②处），单击"自动求和"（③处）下拉菜单中的"其他函数"（④处），选"SUM 函数"出现"函数参数"表格（⑤处），单击选中"流动资产合计"单元格（⑥处），在"函数参数"输入"＋"（⑦处），再单击选中"非流动资产合计"单元格（⑧处），单击"确定"按钮（⑨处），如图 6.4-11。

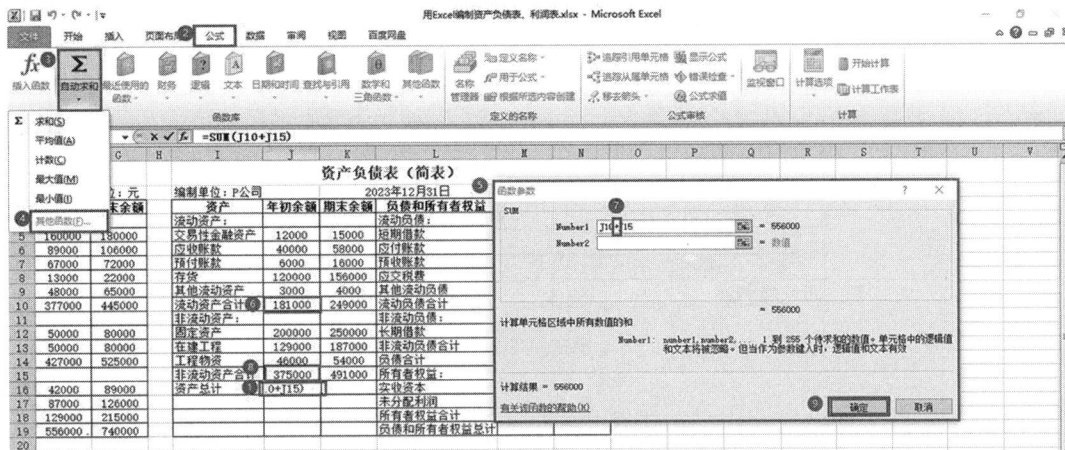

图 6.4-11

第五步，用相同方法可以得到负债合计、负债和所有者权益合计。绘制的资产负债表如图 6.4-12。

图 6.4-12

例 2　图 6.4-13 为 A 公司 2023 年 12 月的利润表的项目数据，请用 Excel编制此表，并将表格补充完整。

利润表		
编制单位：A公司	2023年12月	单位：元
项目	本期金额	上期金额
一、营业收入	152000	134000
减：营业成本	85000	87000
营业税金及附加	16000	14000
销售费用	8600	5600
管理费用	3500	2800
财务费用	1600	1600
加：投资净收益	6900	4700
二、营业利润		
加：营业外收入	8300	7600
减：营业外支出	6400	5800
三、利润总额		
减：所得税费用	4830	3420
四、净利润		

图 6.4-13

分析： 首先在 Excel 工作表中将利润表的表首和正表的内容、数据输入表格，其次利用"公式"菜单中的"SUM"函数求各项的合计数据。

解： 第一步，打开软件"Microsoft Excel"，新建 Excel 工作表，将资产负债表的表首和正表的内容、数据输入表格中，如图 6.4-14。

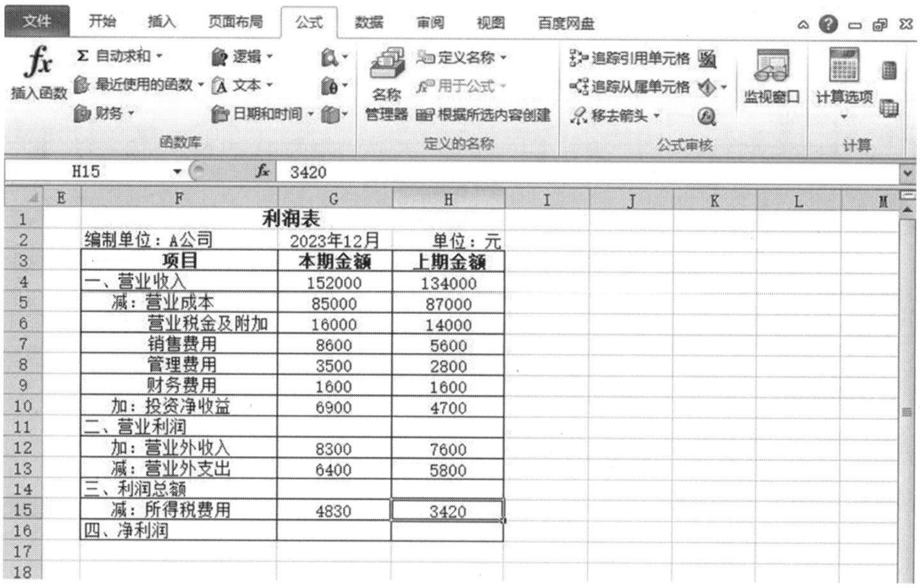

图 6.4-14

第二步，单击"营业利润""本期金额"对应的单元格(①处)，选择菜单"公式"(②处)，单击"自动求和"(③处)下拉菜单中的"其他函数"(④处)，选"SUM 函数"出现"函数参数"表格(⑤处)，单击"营业收入"单元格(⑥处)，在"函数参数"输入"－"(⑦处)，依次重复单击单元格，输入"－"操作直到"财务费用"单元格为止(⑧处)，再在"函数参数"输入"＋"(⑨处)，单击"投资净收益"单元格(⑩处)，单击"确定"按钮(⑪处)，如图 6.4-15。

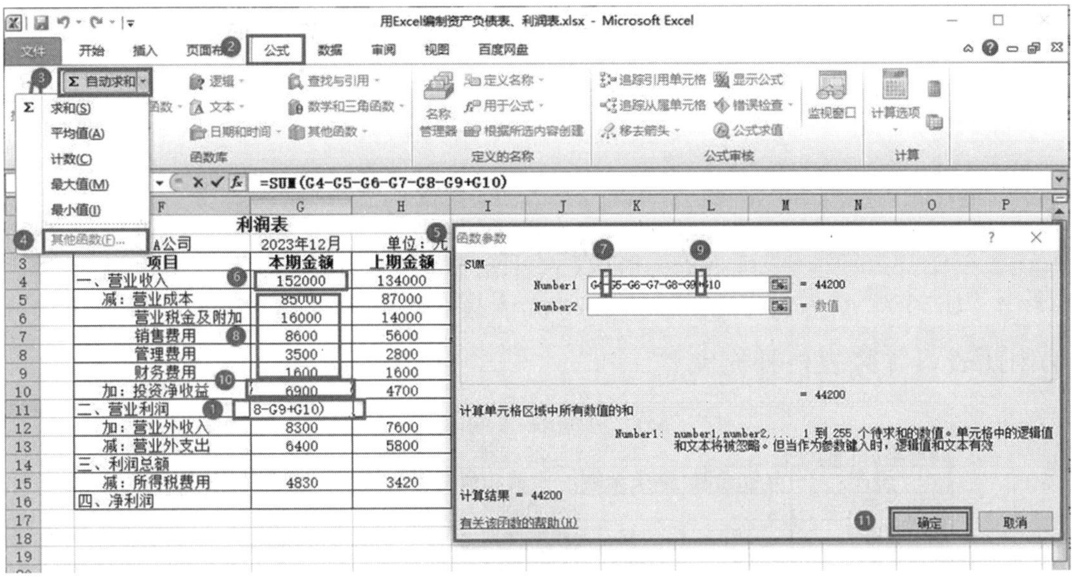

图 6.4-15

第三步，用相同方法可以得到利润总额和净利润。绘制的资产负债表如图 6.4-16 所示。

图 6.4-16

📖 **同步训练 6.4.3**

水平一

1. 财务报表是＿＿＿＿最重要的组成部分，企业要定期编报，编制单位必须以保证质量为前提，才能使提供的会计信息＿＿＿＿、＿＿＿＿、＿＿＿＿。

2. 编制财务报表时应确保＿＿＿＿，必须根据登记完整、＿＿＿＿、＿＿＿＿的账簿记录进行编制，如实地反映企业或单位的＿＿＿＿＿＿＿。

同时要保证内容完整，必须将表内项目列完整，否则无法在年度之间和企业之间进行_____和_____的比较。

3. 用 Excel 编制资产负债表和利润表时，在 Excel 软件中主要用到_____菜单中的_____函数。

水平二

1. 如图为 A 公司 2021 年的资产负债表（简表）的项目数据，请用 Excel 编制此表，并将表格补充完整。

资产负债表（简表）

编制单位：A公司			2021年		单位：万元
资产	年初余额	期末余额	负债和所有者权益	年初余额	期末余额
流动资产：			流动负债：		
货币资金	102	48	短期借款	165	260
应收账款	282	485	应付账款	21	60
其他应收款	16	35	应付职工薪酬	67	120
存货	120	164	应交税费	13	25
流动资产合计			其他流动负债	113	132
非流动资产：			流动负债合计		
长期股权投资	50	100	非流动负债：		
固定资产	235	270	长期借款	80	120
在建工程	11	23	非流动负债合计		
非流动资产合计			负债合计		
资产总计			所有者权益：		
			实收资本	270	300
			未分配利润	87	108
			所有者权益合计		
			负债和所有者权益总计		

（第 1 题图）

2. 如图为 X 公司 2021 年度利润表的项目数据，请用 Excel 编制此表，并将表格补充完整。

利润表

编制单位：X公司	2021年	单位：万元
项目	本年累计金额	上年金额
一、营业收入	130	100
减：营业成本	36.2	32
营业税金及附加	11.6	9.5
销售费用	23	18.8
管理费用	12.8	8.9
财务费用	8.6	7.6
加：投资净收益	14	12
二、营业利润		
加：营业外收入	13	9.6
减：营业外支出	8.3	5
三、利润总额		
减：所得税费用	4.9	4.3
四、净利润		

（第 2 题图）

数学窗

数学趣题

某书店销售二手图书，如果第一天售出 30 本文学类图书和 30 本科学类图书，2 本文学类图书的售价为 10 元，3 本科学类图书的售价也为 10 元，那么第一天售出的 30 本文学类图书的收入为 150 元，30 本科学类图书的收入为 100 元，售出 60 本图书的总收入为 250 元。第二天书店老板又拿出 30 本文学类图书和 30 本科学类图书进行售卖，有位营业员觉得分拣图书很麻烦，反正 2 本文学类图书的售价为 10 元，3 本科学类图书的售价也是 10 元，何不把 60 本图书放在一起，按 5 本图书 20 元来售卖，这是一样的。书店关门时，60 本图书按 20 元 5 本全卖出去了，可是书店老板发现 60 本书只卖了 240 元，不是 250 元，这使他很吃惊。你认为这 10 元到哪里去了？是不是营业员拿了？还是营业员给顾客找错了钱？

专题七 · 数学与加工制造

7.1 正弦交流电

7.1.1 正弦交流电的概念

知识要点

正弦交流电是随时间按照正弦函数规律变化的电压和电流。

如果用 u 表示电压，用 i 表示电流，那么在某一时刻 t 的电压、电流可用正弦型函数表示：$u = U_m \sin(\omega t + \varphi_{u0})$；$i = I_m \sin(\omega t + \varphi_{i0})$。其中，$U_m$，$I_m$ 分别叫作交流电压、交流电流的振幅，ω 叫作交流电的角频率，φ_{u0}，φ_{i0} 分别叫作电压、电流的初相位。

运用举例

例1 在一交流电路中，电流的波形图如图 7.1-1 所示，已知角频率为 $w = 628 \text{ rad/s}$，尝试写出电流 i 的瞬时值表达式。

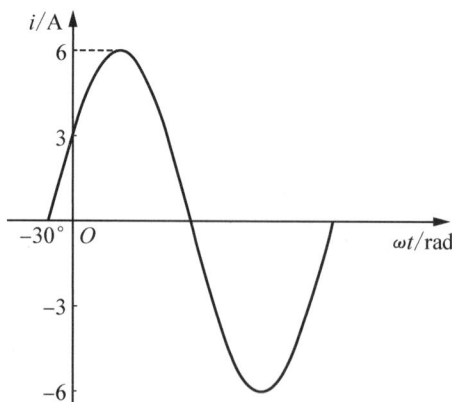

图 7.1-1

解： 由已知条件及图像可知，正弦交流电的三要素分别为 $I_m=6$ A，$w=628$ rad/s，初相位 $\varphi_{i0}=30°$，所以电流 i 的瞬时值表达式为 $i=6\sin(628t+30°)$ A。

例 2　已知某正弦交流电的电压满足 $u=20\sin(314t+30°)$ V。

(1)求 u 的振幅、角频率、初相位；

(2)作出该正弦交流电的电压波形图。

解：（1）由题意可得振幅为 $U_m=20$ V，角频率为 $\omega=314$ rad/s，初相位为 $\varphi_{u0}=30°$。

（2）借助 GeoGebra 数学软件，可作出正弦交流电的电压波形图，如图 7.1-2。

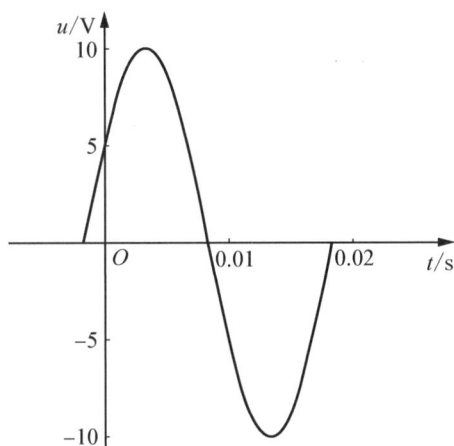

图 7.1-2

同步训练 7.1.1

水平一

1. 某正弦交流电的电流的瞬时值表达式为 $i=3\sin\left(314t+\dfrac{\pi}{3}\right)$ A，则 i 的振幅为（　　）。

A. 6　　　　　　B. 3　　　　　　C. 314　　　　　　D. $\dfrac{\pi}{3}$

2. 某正弦交流电的电压的瞬时值表达式为 $u=200\sin\left(20\pi t+\dfrac{\pi}{6}\right)$ V，则当 $t=0.1$ s 时，u 的值为（　　）。

A. 200 V　　　　B. $100\sqrt{3}$ V　　　　C. 100 V　　　　D. 50 V

3. 某正弦交流电的电流的瞬时值表达式为 $i=10\sin\left(628t+\dfrac{\pi}{4}\right)$ A，则电

流的初相位为（　　）。

A. 10 　　　　　　 B. 628 　　　　　 C. $628t + \dfrac{\pi}{4}$ 　　　 D. $\dfrac{\pi}{4}$

4. 正弦交流电的三要素主要指：_____。

5. 某正弦交流电的电流的瞬时值表达式为 $i = 24\sin\left(100\pi t + \dfrac{\pi}{4}\right)$ A，则当 $t = 0.01$ s 时，可知 i 的值为_____ A。

6. 已知某正弦交流电的电压的瞬时值表达式为 $u = 200\sin\left(20\pi t + \dfrac{\pi}{6}\right)$ V，则交流电的角频率为_____ rad/s。

水平二

1. 已知 $i = 4\sin\left(314t + \dfrac{\pi}{3}\right)$ A。

（1）求 i 的振幅、角频率、初相位；

（2）作出该正弦交流电的波形图（简图）。

2. 在一交流电路中，电压的波形图如图，已知角频率为 $\omega = 628$ rad/s，尝试写出电压 u 的瞬时值表达式。

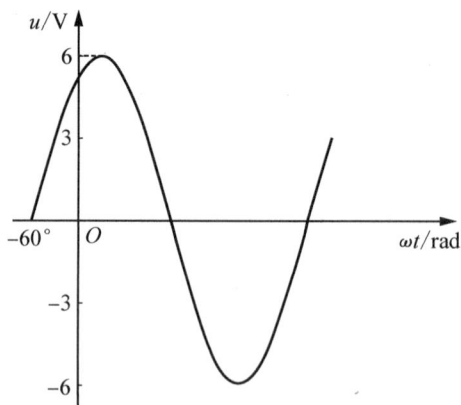

（第 2 题图）

7.1.2　正弦交流电的周期、频率和有效值

知识要点

1. 正弦交流电完成一次循环变化所用的时间叫作周期，用字母 T 表示，单位为秒（s）。由正弦型函数可知：$T=\dfrac{2\pi}{\omega}$。

2. 交流电周期的倒数叫作频率，用符号 f 表示，即 $f=\dfrac{1}{T}$，表示交流电交替变化的速率（快慢），频率的单位是赫兹（Hz）。

3. 正弦交流电压的有效值 U 等于其最大值 U_{m} 的 0.707，即 $U=\dfrac{U_{m}}{\sqrt{2}}\approx$ $0.707U_{m}$。

正弦交流电流的有效值 I 等于其最大值 I_{m} 的 0.707，即 $I=\dfrac{I_{m}}{\sqrt{2}}\approx$ $0.707I_{m}$。

运用举例

例 1　某正弦交流电的电压的瞬时表达式为 $u=200\sin\left(20\pi t+\dfrac{\pi}{6}\right)$ V，求电压的频率、初相位、最大值及有效值。

解：由表达式 $u=U_{m}\sin(\omega t+\varphi_{u0})=200\sin\left(20\pi t+\dfrac{\pi}{6}\right)$ V，可得 $\omega=20\pi$，由 $T=\dfrac{2\pi}{\omega}$ 及频率 $f=\dfrac{1}{T}$，可知 $f=10$，同时由表达式可得初相位 $\varphi_{u0}=\dfrac{\pi}{6}$，最大值 $U_{m}=200$ V，有效值 $U=\dfrac{U_{m}}{\sqrt{2}}\approx141$（V）。

例 2　某正弦交流电的电流有效值 $I=3$ A，初相位 $\varphi_{i0}=-30°$，频率为 50 Hz。

（1）试写出电流的瞬时表达式；

（2）作出该电流的波形图。

解：（1）由有效值与最大值的关系可得，电流的最大值为 $I_{m}=\sqrt{2}\,I=3\sqrt{2}$ A≈4.24 A。

由周期 $T=\dfrac{2\pi}{\omega}$，频率 $f=\dfrac{1}{T}$ 可得角频率为 $\omega=2\pi f=2\times3.14\times50\approx314$。

从而可得电流的瞬时值表达式为 $i = I_m \sin(\omega x + \varphi_{i0}) = 4.24\sin(314t - 30°)$ A。

(2) 电流波形图如图 7.1-3。

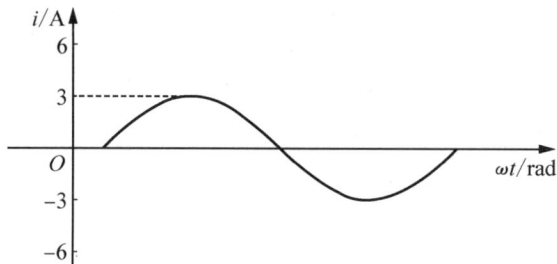

图 7.1-3

同步训练 7.1.2

水平一

1. 某正弦交流电在 0.02 s 内变化了 4 周，则它的频率为( )Hz。

A. 0.02   B. 0.005   C. 200   D. 2 000

2. 某正弦交流电的电压的瞬时值表达式为 $u = 100\sin\left(20\pi t + \dfrac{\pi}{6}\right)$ V，则 u 的有效值约为( )V。

A. 100   B. 71   C. 20π D. $\dfrac{\pi}{6}$

3. 某正弦交流电的电流的瞬时值表达式为 $i = 10\sin\left(100\pi t + \dfrac{\pi}{4}\right)$ A，则频率为( )Hz。

A. 10   B. 50   C. 50π D. 100π

4. 100 Hz 的交流电的角频率为_____。

5. 已知某正弦交流电的电压的瞬时值表达式为 $u = 200\sin\left(10\pi t + \dfrac{\pi}{6}\right)$ V，则交流电压的周期为_____。

6. 某交流电的频率为 50 Hz，电压的有效值为 10 V，初相位为 $-40°$，则电压的瞬时值表达式为_____。

水平二

1. 某正弦交流电的电压有效值 $U = 220$ V，初相位 $\varphi_{i0} = -30°$，频率为 50 Hz，试写出电压的瞬时值表达式。

2. 某正弦交流电电流的波形图如图所示，观察波形图。

(1) 求交流电电流的有效值；

(2) 写出电流的瞬时值表达式。

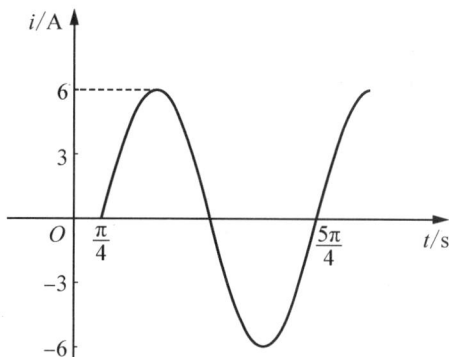

(第2题图)

数学窗

"中国天眼"：建设难度大，精度要求高

500 m 口径球面射电望远镜(FAST，以下简称"中国天眼")，位于中国贵州省黔南布依族苗族自治州境内，是中国"十一五"国家重大科技基础设施建设项目，于 2011 年 3 月 25 日动工兴建，于 2016 年 9 月 25 日落成启动，该科技基础设施进入试运行、试调试工作，于 2020 年 1 月 11 日通过国家验收，正式开放运行。

"中国天眼"建设难度大：要使巨大的反射面能根据天体的目标位置实时主动调节形状，在观测方向上需形成 300 m 直径的瞬时抛物面；要使 30 吨的馈源舱在 140 m 的高空、206 m 的范围内，利用六根钢索进行高精度控制。"中国天眼"精度要求高：要使反射面和馈源舱在千米级的尺度上实现毫米级的动态控制精度。也就是这样巨大的工程体量、超高精度的要求及特殊的工作方式，造就了"中国天眼"前所未有的技术挑战。

科学家南仁东先生带领他的团队，在国家的大力支持下，克服了种种困难，成功完成了这一建设壮举。他们创建了超大型射电望远镜的新系统，实现了 500 m 口径反射面的主动变位和馈源舱的高精度定位；研制了 500 兆帕超高应力幅及毫米级精度的结构钢索；发明了多种大跨度、高精度施工工法；突破了现场极其苛刻的复杂场地限制，实现了建设完成跨度极大、精度极高的望远镜主体结构；建设了反射面相当于30个足球场的射电望远镜，其灵敏度为世界第二大望远镜的2.5倍以上，大幅拓展了人类的视野，被用于探索宇宙起源和演化。

7.2　机械基础

7.2.1　曲柄连杆机构

知识要点

曲柄连杆机构是机械制造中的重要组成部分，是发动机借以产生动力并传递动力的机构。

曲柄连杆机构工作过程具有周期性(循环往复的运动)，其运动规律可用三角函数进行刻画，其工作原理可借助解三角形来进行分析与探究。

运用举例

例1　如图7.2-1是某曲柄连杆机械装置的示意图。其中连杆 BP 的长为 $l=6$ m，曲柄 AB 的长为 $r=4$ m，曲柄转角 $\angle BAP$ 记为 α，当转角 $\alpha=60°$ 时，求点 P 到点 A 的距离。(精确到 0.1 m)

解： 由题意知，在 $\triangle ABP$ 中，$BP=l=6$，$AB=r=4$。根据余弦定理可得，

$$\cos \alpha=\frac{AB^2+AP^2-BP^2}{2\times AB\times AP}$$，由 $BP=l=6$ m，$AB=r=4$ m，得

$\cos 60°=\dfrac{4^2+AP^2-6^2}{2\times4\times AP}$，化简得 $AP^2-4AP-20=0$，解得 $AP=2+4\sqrt{6}\approx$ 11.8(m)。

答：点 P 到点 A 的距离约为 11.8 m。

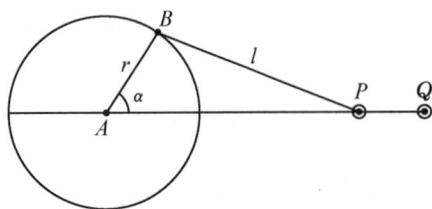

图 7.2-1

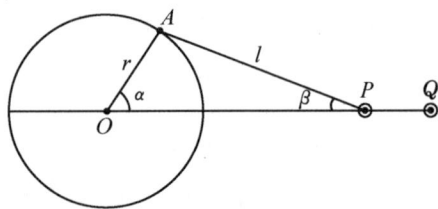

图 7.2-2

例2　如图 7.2-2 是某曲柄连杆机械装置的示意图。曲柄转角 $\angle AOP$ 记为 α，当转角 $\alpha=50°$，连杆摆角 $\beta=20°$ 时，求连杆比 $\lambda=\dfrac{r}{l}$ 的值。（精确到 0.1）

解：由题意知，在 $\triangle OAP$ 中，$\angle AOP=\alpha=50°$，$\angle APO=\beta=20°$。

由正弦定理知，$\dfrac{OA}{\sin\beta}=\dfrac{AP}{\sin\alpha}$，即 $\dfrac{OA}{AP}=\dfrac{\sin\beta}{\sin\alpha}=\dfrac{\sin 20°}{\sin 50°}$，

从而有 $\lambda=\dfrac{r}{l}=\dfrac{OA}{AP}=\dfrac{\sin 20°}{\sin 50°}\approx 0.4$。

同步训练 7.2.1

水平一

1. 如图是某曲柄连杆机械装置的示意图。曲柄转角 $\angle AOP$ 记为 α，连杆摆角 $\angle APO$ 记为 β，则当 $\alpha+\beta=120°$ 时，借助 l 和 r，可知 OP 的长为（　　）。

（第1题图）

A. $\dfrac{r+l}{2}$

B. r^2+l^2

C. r^2+l^2-rl

D. r^2+l^2+rl

2. 第1题曲柄连杆机械装置的示意图中。连杆比 $\dfrac{r}{l}$ 的值可借助角 α 和 β 表示为（　　）。

A. $\dfrac{\sin\alpha}{\sin\beta}$ 　　B. $\dfrac{\sin\beta}{\sin\alpha}$ 　　C. $\dfrac{\cos\alpha}{\cos\beta}$ 　　D. $\dfrac{\cos\beta}{\cos\alpha}$

3. 第1题曲柄连杆机械装置的示意图中，当 $OA\perp AP$ 时，借助 l 和 r，可知 $\alpha=$（　　）。

A. $\arcsin\dfrac{l}{r}$ 　　B. $\arccos\dfrac{l}{r}$ 　　C. $\arctan\dfrac{l}{r}$ 　　D. $\arctan\dfrac{r}{l}$

4. 第1题曲柄连杆机械装置的示意图中，若曲柄 OA 的长为 $r=4$ m，当 α 由 $\dfrac{\pi}{6}$ 逐渐增大到 $\dfrac{\pi}{2}$ 的过程中，曲柄 OA 所经过的区域面积为_____ m²。（结果保留 π）

5. 如图是某曲柄连杆机械装置的示意图。曲柄转角 $\angle AOP=70°$，记连杆摆角 $\angle APO=22°$，曲柄 OA 的长为 $r=2$ m，连杆 AP 的长为_____ m。（结果精确到 0.1 m）

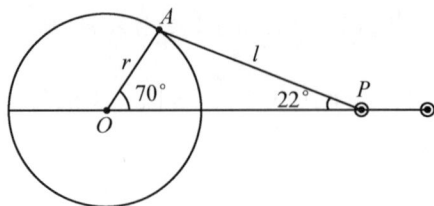

(第 5 题图)

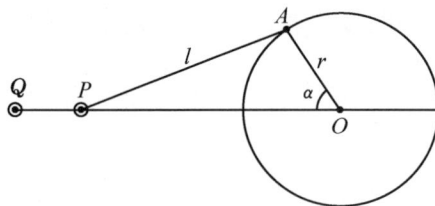

(第 6 题图)

6. 如图是某曲柄连杆机械装置的示意图。曲柄 OA 的长 $r=4$ m，连杆 AP 的长 $l=6$ m，记曲柄转角 $\angle AOP$ 为 α，当点 P 与点 O 的距离为 8 m 时，$\cos \alpha=$ _____。

水平二

1. 如图是某曲柄连杆机械装置的示意图。其中连杆 AP 的长为 $l=7$ m，曲柄 OA 的长为 $r=3$ m，曲柄转角 $\angle AOP$ 记为 α，当转角 $\alpha=30°$时，求点 P 到点 O 的距离。（精确到 0.1 m）

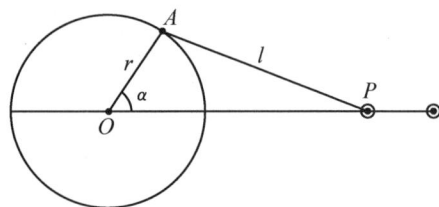

(第 1 题图)

2. 如图是某曲柄连杆机械装置的示意图。曲柄 OA 的长 $r=3$ m，连杆 AP 的长 $l=6$ m，当点 P 到点 O 的距离为 8 m 时，求 $\triangle OAP$ 的面积。

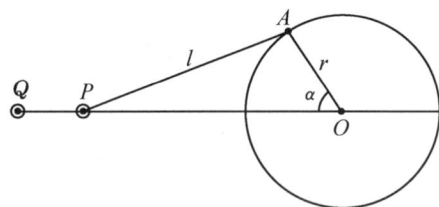

(第 2 题图)

7.2.2　机械制图

知识要点

机械制图是用图样准确表示机械零件的结构、形状、尺寸、位置、工作原理与技术要求的一门课程，与空间几何体的直观图、三视图及空间几何体中点、线、面的关系有紧密的联系。

一般地，画复杂零件的三视图要注意以下几点：(1)确定正视图；(2)选比例、定图幅；(3)布图、画基准线；(4)根据各形体的投影规律，逐个画出各形体的三视图。

运用举例

例1　如图 7.2-3 所示某几何体是在棱长为 2 的正方体中一个顶点处切掉棱长为 1 的小正方体后所形成的，尝试作出该几何体的三视图。

解： 此几何体的三视图如图 7.2-4 所示。

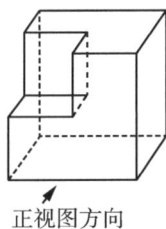

正视图方向

图 7.2-3

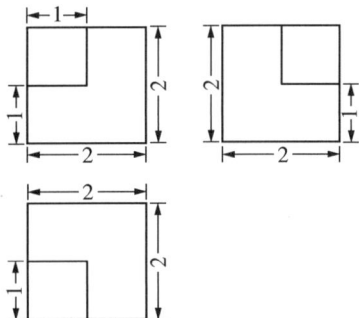

图 7.2-4

例2　陀螺作为我国民间娱乐及健身工具之一，非常受欢迎。根据历史考古发现，最早的陀螺是在山西夏县发现的新石器时代遗址中出土的石制陀螺。如图 7.2-5 所示，这是一个陀螺的立体结构图，其中圆柱体部分的高为 $BC=12$ cm，底面圆的直径为 $AB=10$ cm，圆锥体部分的高为 $CD=8$ cm。

(1)试作出该陀螺的三视图；

(2)求该陀螺的体积。（结果保留 π）

解： (1)该陀螺三视图如图 7.2-6 所示。

(3)圆锥的高 $h_1=CD=8$ cm，圆柱体部分的高 $h_2=BC=12$ cm，圆锥与圆柱的底都是以 $r=\dfrac{1}{2}AB=5$ cm 为半径的圆，由圆锥的体积公式得 $V_1=$

$\dfrac{1}{3}S_{\text{底}}h_1=\dfrac{1}{3}\times5^2\times\pi\times8=\dfrac{200\pi}{3}(\text{cm}^3)$，由圆柱的体积公式得 $V_2=S_{\text{底}}h_2=$

$5^2\times\pi\times12=300\pi(\text{cm}^3)$，所以，此陀螺的体积为 $V=V_1+V_2=\dfrac{200}{3}\pi+$

$300\pi=\dfrac{1\,100}{3}\pi(\text{cm}^3)$。

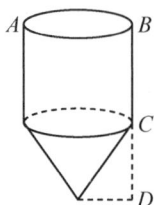

图 7.2-5

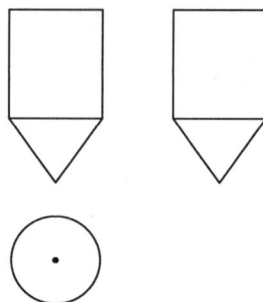

图 7.2-6

同步训练 7.2.2

水平一

1. 如图是一机器零件的三视图，则构成该零件的两个基本几何体为（　　）。

  A. 圆锥和棱柱   B. 棱锥和圆柱

  C. 圆锥和圆柱   D. 棱锥和棱柱

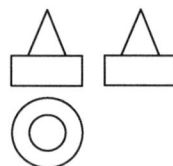

（第 1 题图）

2. 已知圆锥的侧面积为 136π cm²，母线长为 17 cm，则圆锥的体积为 _____ cm³。

3. 如图，在正方体的中间挖去一个圆柱，已知正方体的棱长为 6 cm，圆柱底面半径为 1 cm，该几何体的表面积为 _____ cm²。（精确到 0.1 cm²）

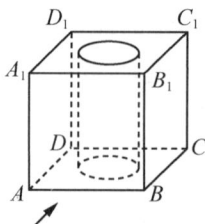

（第 3 题图）

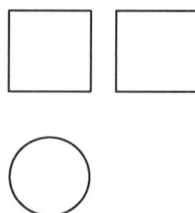

（第 4 题图）

4. 一个空间几何体的三视图如图，其中正视图和左视图都是边长为 2 的正方形，且俯视图是一个圆，那么这个几何体的侧面积为 _____。

5. 已知一个几何体三视图如图，则该几何体的表面积为 _____。

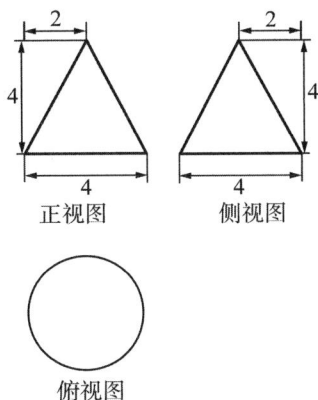

2

4

4

正视图

2

4

4

侧视图

俯视图

(第5题图)

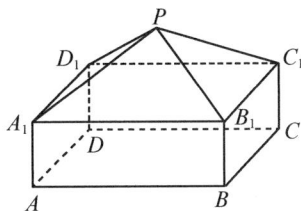

(第6题图)

6. 某几何体结构如图，下部分是长宽均为8、高为3的长方体，上部分是高为3的四正棱锥，则该几何体的表面积为_____。

水平二

1. 某零件形状为正四棱锥，其三视图如图，结合相关数据，求零件的体积和表面积。

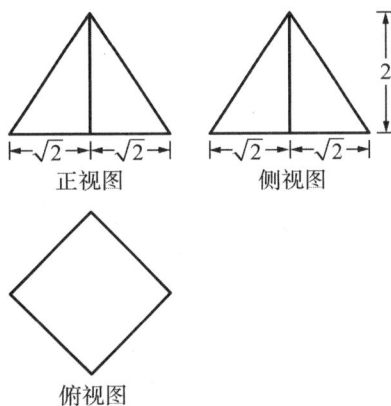

正视图

$\sqrt{2}$ $\sqrt{2}$

侧视图

2

$\sqrt{2}$ $\sqrt{2}$

俯视图

(第1题图)

2. 如图是铁制六角螺帽的直观图，该种规格的螺帽底面是正六边形，边长是12 mm，内孔直径为10 mm，高为10 mm。

(1)作出该螺帽的三视图；

(2)求该螺帽的体积。（精确到0.001 mm³）

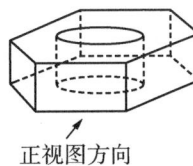

正视图方向

(第2题图)

数学窗

"匠人精神"代代传

刘徽是魏晋时期非常有名的数学家，在数学上有着极高的成就，是中国数学史上一位非常伟大的数学家，在世界数学史上，也占有杰出的地位。他的杰作《九章算术注》和《海岛算经》，是我国宝贵的数学遗产。割圆术的发明就是他的一个成就，通过不断倍增圆内接正多边形的边数求出圆周率，刘徽计算出了非常精确的π值。

祖冲之是南北朝时期杰出的数学家、天文学家。一生钻研自然科学，其主要贡献在数学、天文历法和机械制造三方面。他在刘徽开创的探索圆周率的精确值的方法基础上，首次将"圆周率"精算到小数第七位，即在3.141 592 6 和3.141 592 7 之间，他提出的"祖率"对数学的研究有重大贡献。由他撰写的《大明历》是当时最科学、最进步的历法，为后世的天文研究提供了正确的方法。

2015 年，央视新闻推出了系列节目《大国工匠》。节目讲述了不同岗位劳动者用自己的灵巧双手匠心筑梦的故事。如孟剑锋依照古錾子上得到的启示，在厚度只有0.6 mm 的银片上錾出细致的纺织纹理。胡双钱创造了打磨过的零件百分之百合格的惊人纪录，在中国新一代大飞机C919 的首架样机上，有很多胡双钱亲手打磨出来的"前无古人"的全新零部件。他们在自己的本职工作中发扬着追求卓越、精益求精的精神品质。

古人的研究过程以及大国工匠的感人故事都表明，只有那些热爱本职工作、脚踏实地，勤勤恳恳、兢兢业业，尽职尽责、精益求精的人，才能成就一番事业，才能展现人生价值，期待同学们都能学有所成，为国家创新发展做贡献！

7.3 精度计算

7.3.1 精度的概念

知识要点

笔记

精度是反映测量结果与真值接近程度的量。

一般可用误差大小来表示精度的高低，误差小则精度高，误差大则精度低。精度可分为准确度、精密度、正确度。

准确度表示测量结果与真值之间的一致程度，它反映了测量结果中系统误差与随机误差的综合。

精密度表示在一定条件下进行多次测量时，所得测量结果彼此之间接近的程度，它反映了测量结果中随机误差的影响程度。

正确度表示测量结果中系统误差大小的程度，反映了在规定条件下，测量结果中所有系统误差的综合精度，也表示观测值与真值的接近程度。

运用举例

例1　已知某台电子秤的最大误差为±0.1 g，当物品放上去后，电子秤屏幕显示物体质量为 11.3 g 时，请问物体实际的质量范围是多少？（用区间表示）

解：由题意可知，当误差为±0.1 g 时，物品的质量最大值为 11.3＋0.1＝11.4(g)，最小值为 11.3－0.1＝11.2(g)。所以物品的实际质量的取值范围为[11.2，11.4]（单位：g）。

例2　某种产品有三种类型供顾客挑选，而在设计这三款产品时，工人需要严格按照以下表格要求进行封装，具体要求如表 7-1。

表 7-1

产品类别	规格(质量)/kg	最大误差 Δ/kg
A	2	±0.1
B	6	±0.2
C	10	±0.3

借助绝对值不等式写出 A，B，C 三种产品的误差范围，同时指出相应产品合格品的质量范围。（单位：kg）

解：对于类型 A，误差范围 $|\Delta|\leqslant0.1$ kg，合格品质量范围为[1.9，2.1]；

对于类型 B，误差范围 $|\Delta|\leqslant0.2$ kg，合格品质量范围为[5.8，6.2]；

对于类型 C，误差范围 $|\Delta|\leqslant0.3$ kg，合格品质量范围为[9.7，10.3]。

同步训练 7.3.1

水平一

1. 某设备的钢铁外壳厚度在(23±0.2)mm 范围内时，被称为优质品，下列是 4 个该设备的外壳厚度，其中是优质品的设备的厚度为(　　)mm。

A. 22.6　　　　B. 22.7　　　　C. 22.9　　　　D. 23.3

2. 超市出售某种品牌的大米，袋上标有质量为(15 ± 0.2)kg的字样，从中任意拿出1袋，其质量最多是(　　)kg。

A. 14.8　　　　　B. 15.0　　　　　C. 15.2　　　　　D. 15.4

3. 电压表的级值由误差值决定，即误差值＝测量值×级数％，现有两个电压表，电压表A量程为50 V、0.5级，电压表B量程为150 V、1.0级，若要测量20 V左右的电压，应选电压表_____。

4. 精度可分为_____度、_____度、_____度。

5. _____度体现了测量结果中系统误差大小的程度，反映了在规定条件下，测量结果中所有系统误差的综合精度，也表示观测值与真值的接近程度。

6. 某食品包装袋上有(200 ± 1)g的标志，若用x表示合格产品的质量，则可用绝对值不等式表示x满足的表达式为_____。

水平二

1. 某校加工制造专业的学生进行实训，需要制作管状零件，零件的内径要求为12 mm，误差为±0.2 mm。现从学生们完成的成品中，随机抽取6个进行检测，比规定内径长的毫米数记作正数，比规定内径短的毫米数记作负数，检查记录如下表。

检测序号	1	2	3	4	5	6
检测结果/mm	−0.1	+0.3	+0.1	−0.2	−0.4	−0.3

(1)用含绝对值不等式表示合格零件的内径范围；

(2)求出这个不等式的解集；

(3)指出这六个零件中哪些零件是合格品，写出其序号。

2. 根据我国《商品房销售管理办法》规定：商品房面积误差绝对值在3％以内(含3％)的，按照合同约定的价格据实结算；面积误差绝对值超出3％，买受人请求解除合同、返还已付购房款及利息的，应予支持。其中：

$$面积误差绝对值＝\left|\frac{预测面积－实际面积}{预测面积}\right|\times100\%。$$

如果小李购买了一套商品房，合同上写的面积为 80 m²。这套商品房实际面积在哪个范围内应据实结算？

7.3.2　误差的种类

知识要点

在加工制造中，误差难以避免，只有大小之分，一般常见的误差有三种：随机误差、过失误差、系统误差。

随机误差也称为偶然误差和不定误差，是在测量过程中由于一系列有关因素产生的微小随机波动而形成的具有相互抵偿性的误差。

过失误差也称粗差，是指工作中的差错，主要是由测量者的疏忽所造成的。

系统误差是指一种非随机性误差。它使总体特征值在样本中变得过高或过低，这类误差只要事先做好充分准备，是可以避免的。

运用举例

例 1　一工厂生产某种螺丝的长度规格为 10.1 cm，请问如果出现了长度为 10.09 cm 的产品一定认为是不合格吗？

答：不一定，在加工制造中，误差难以避免，只有大小之分。长度 10.09 cm 的产品只要在误差允许范围之内，仍然会被定为合格品。

例 2　已知某类型的玻璃厚度在 (3±0.2) mm 范围内时，被称为合格品。设玻璃的厚度为 x：

(1)若玻璃为合格品，则请尝试用含绝对值的不等式来表示厚度 x 的范围；

(2)当厚度 $x=3.3$ mm 时，玻璃是否为合格品？

解：(1)若玻璃为合格品，则 x 满足 $|x-3| \leqslant 0.2$。

(2)由于 $x=3.3$ mm 时，不满足 $|x-3| \leqslant 0.2$，故厚度为 $x=3.3$ mm 时，该玻璃不是合格品。

📖 **同步训练 7.3.2** ————————————————————●

水平一

1. 商场出售的某品牌牛奶包装盒上印有"净含量为 250 mL，误差在 ±5 mL 范围内为合格品"，那么每盒牛奶的净含量 x 满足的关系式是（ ）。

A. $|x-5| \leqslant 250$ B. $|x-250| \leqslant 5$

C. $|x-5| \geqslant 250$ D. $|x-250| \geqslant 5$

2. 有一种苹果，其质量在 (200 ± 10)g 的范围内时，称为一级苹果，下列苹果质量符合一级苹果要求的是（ ）g。

A. 175   B. 185   C. 205   D. 215

3. 在零件或产品加工制造中，误差难以避免，一般常见的误差主要有三种：_____、_____、_____。

4. 小明在测量某零件长度时，将 5.6 cm 误记录为 5.8 cm，则小明造成的数据误差属于_____误差。

5. 我们借助天平称量某仪器零件的质量时，砝码上有污物粘上面，很可能会造成称出的物品质量比实际值偏_____。（填"高"或"低"）

6. 小新同学从仓库里找到了一个电流表，由于年代久远，转动轴有些生锈。小新发现这个电流表的读数总是比其他电流表的读数小。用这个老旧电流表测量电流所造成的主要是_____。（选填"随机误差"或"系统误差"）

水平二

1. 小明购买的食盐包装袋上印有"净含量为 300 g"。

(1)小明准备把食盐全部倒出来称重，他认为只要测量的实际质量不是正好 300 g(不允许有任何偏差)，就可以判断该食盐不是合格品，请问是否合理？

(2)如果净含量误差允许范围为 ±3 g，小明买的食盐净含量为 298 g，请问：这袋盐是否为合格品？

2. 请列举我们在学习过程中（物理实验或化学实验等）经常出现的过失误差有哪些。

7.3.3　精度的计算

知识要点

为了使机械产品的各种零件具有互换性，必须保证零件尺寸、几何形状等技术要求具有一致性。这种一致性并不是要求零件都准确地拥有一个指定的尺寸，而是要求其尺寸在某一个合理的范围内。

运用举例

例 1　在电力系统正常的状况下，按照我国《供电营业规则》规定，10 kV电压供电到用电器设备的实际电压 x（单位：kV）允许的偏差不超过额定电压的 7%，请计算电器设备正常运转的实际供电电压 x 的范围，并用含绝对值的不等式表示电压 x 所满足的表达式。

解：额定电压为 10 kV，由误差不超过 7%，即误差不超过 $10\times7\%=0.7$(kV)，故可得设备正常运转的最低电压为 $10-0.7=9.3$(kV)，最高电压为 $10+0.7=10.7$(kV)，正常运转的实际电压 x 的范围：$9.3\leqslant x\leqslant10.7$，并可得电压 x 满足 $|x-10|\leqslant0.7$。

例 2　随着科学技术的发展，列车运行速度不断提高，运行时速在 200 km以上的旅客列车称为新时速旅客列车，在北京市与天津市两个直辖市之间运行的、设计运行时速达 350 km 的京津城际列车呈现出超越世界的"中国速度"，使得新时速旅客列车的运行速度值 v（单位：km/h）满足：$200\leqslant v\leqslant350$，问列车的运行速度 v 的范围用含绝对值的不等式该如何表示？

解：因为 200 km/h 与 350 km/h 的中间值为 $\dfrac{200+350}{2}=275$(km/h)，由 $350-275=75$ 知，实际行驶速度 v 与 275 km/h 的差值的绝对值不能超过 75 km/h，即 $|v-275|\leqslant75$。

📖 **同步训练 7.3.3** ━━━━━━━━━━━━━━━━━━━━━━━━

水平一

1. 超市采购的一批饮用水包装上面 pH 值的标识数据为 7 ± 0.5。为确保质量,相关部门对这批饮用水的 pH 值进行检测,则合格品的 pH 值 x 满足的含绝对值的不等式是( )。

　　A. $|x-7| \geqslant 0.5$ 　　　　　　　B. $|x-7| \leqslant 0.5$

　　C. $|x-0.5| \geqslant 7$ 　　　　　　　D. $|x-0.5| \leqslant 7$

2. 已知某地 6 月 15 日的最高温度为 $32\ ℃$,最低温度为 $16\ ℃$。则这一天该地气温 x 的变化范围用含绝对值的不等式可表示为( )。

　　A. $|x-8| \leqslant 24$ 　　　　　　　B. $|x-24| \leqslant 8$

　　C. $|x-8| \geqslant 24$ 　　　　　　　D. $|x-24| \geqslant 8$

3. 2022 年 6 月 5 日 10 时 44 分,搭载神舟十四号载人飞船的长征二号 F 遥十四运载火箭成功发射,这是我国载人航天工程立项实施以来的第 23 次飞行任务,也是空间站阶段的第 3 次载人飞行任务。三名航天员入驻空间站后开启他们为期 6 个月的"太空出差生活"。在选拔航天员时,身高 x(单位:cm)一般需满足不等式 $|x-166| \leqslant 6$,则下列身高符合报名条件的是( )cm。

　　A. 155 　　　　B. 158 　　　　C. 168 　　　　D. 173

4. 在相同条件下,重复测量后,测量结果彼此之间接近的程度叫作_____度。

5. 将个别测量结果与几次测量结果的平均值进行比较所得的数值叫作_____差。

6. 人们用误差衡量测量结果的_____度,用偏差衡量测量结果的_____度。

水平二

1. 乒乓球是一项广受欢迎的体育运动,也是我们国家的体育强项。乒乓球的质量是衡量乒乓球产品质量的指标之一。目前很多比赛中规定所使用的乒乓球的标准质量是 $2.7\ g$,允许的误差为 3%。

(1)设符合标准的乒乓球的质量为 $x\ g$,请你用含绝对值的不等式表示出 x 所满足的范围。

(2)下列质量的乒乓球哪几个是合格品?

　　A. $2.60\ g$ 　　B. $2.68\ g$ 　　C. $2.75\ g$ 　　D. $2.78\ g$ 　　E. $2.81\ g$

2. 已知某种食品的销售标准规定，包装上标识的质量误差范围需控制在食品标识质量的 1‰ 范围内（误差小于 1‰），若有一袋食品的包装标识质量为 500 g，它的实际质量为 x g，请用含绝对值的不等式表示符合质量误差的 x 的范围。

👁 **数学窗** ——————————————————————————————————●

小小螺丝钉

对于古人所说的"勿以善小而不为，勿以恶小而为之"以及"千丈之堤，以蝼蚁之穴溃"，大家一定铭记于心。无论是做人的品行，还是千里之堤的工程，都不得随意。

航天器材是大型设备，却是由各种各样的零部件组装而成的，其中最不起眼的也许就是螺丝钉了。

1990 年 6 月 10 日，英国航空 5 390 号班机由伯明翰前往西班牙马拉加。当飞机爬升到 17 300 英尺高空时，驾驶舱左侧挡风玻璃突然脱落，造成机舱急剧失压。机长被吸出窗外，脚挂住了驾驶舱里的部件，不久便失去意识。机上共计 87 名乘客及机组人员，忍受着缺氧、失压、极度寒冷的极端环境。最终凭借副机长的沉着应对及机组人员和地面指挥人员的共同努力，飞机紧急迫降在南安普敦机场。机长身体多处受伤，包括冻伤、割伤，及撞击引致身体多处骨折。机上其他人员没有受伤，创造了重大航空事故的奇迹。

据事后调查，该客机曾在出事前 27 h 更换了挡风玻璃，维修人员在更换挡风玻璃的同时也换了螺丝钉，但并没有参考飞机的维修手册使用标准的螺丝钉。由于使用了更细的螺丝，其中 90 颗挡风玻璃固定螺丝钉中的 84 颗的直径比设计规格细 0.026 英寸（0.66 mm），其余 6 颗的长度则比设计规格短 0.1 英寸（2.5 mm），最终造成挡风玻璃在飞行途中脱落。这次事故源于毫不起眼的细微毫米差距，却险些酿成一次令人震惊的航空事故。由此可见螺丝钉虽小，但其在航天航空等行业中扮演的角色是不容小觑的，所以，我们在加工制造中要对"精度"与"误差"有敬畏之心！

专题八 · 数学案例

8.1 数学与艺术

8.1.1 数学与音乐

笔记

⏰ **知识要点** ●

1. 排列数的概念

一般地，从 n 个不同元素中，取出 $m(m \leqslant n)$ 个元素的所有排列的个数，叫作从 n 个不同元素中取出 m 个元素的排列数，用符号 A_n^m 表示。

2. 组合数的概念

从 n 个不同元素中取出 $m(m \leqslant n)$ 个元素的所有组合的个数，叫作从 n 个不同元素中取出 m 个元素的组合数，用符号 C_n^m 表示。

3. 黄金分割

将整体一分为二，较大部分与整体部分的比值等于较小部分与较大部分的比值，比值为 $\dfrac{\sqrt{5}-1}{2}$，这个比例被公认为是最能引起美感的比例，因此被称为黄金分割比例。

🍊 **运用举例** ●

例1 五声音阶是中国古乐基本音阶，故有成语"五音不全"。中国古乐中的五声音阶依次为：宫（1 即 do）、商（2 即 re）、角（3 即 mi）、徵（5 即 so）、羽（6 即 la），如果把这五个音阶全用上，排成一个五个音阶的音序，要求宫、羽两音阶不相邻，且在角音阶的同侧，可排成多少种不同的音序？

分析：根据"角"所在的位置进行分类，然后利用加法原理进行总数的计算。

解：（1）"角"在两端，则宫、羽两音阶一定在角音阶同侧，此时有 $2 \cdot 3 \cdot A_2^2 \cdot A_2^2 = 24$（种）；

（2）"角"在中间，则不可能出现宫、羽两音阶不相邻且在角音阶的同侧的情况；

（3）"角"在第二个或第四个位置上，有 $2A_2^2 \cdot A_2^2 = 8$（种）。

由加法原理得：共有 32 种不同的音序。

例 2　根据所要演奏的作品所指示的速度在较准确的时间范围内去表现乐音，这对于每位演唱者、演奏者、音乐指导及音乐教师来说尤为重要。如何计算音乐作品的时长？如何估计一场音乐会的演出时间？如何运用"时长"这个尺度检查学习者的演唱或演奏的时间是否符合作品的要求？

$Sh = \dfrac{mx}{s}$，m 代表每小节包含的基本单位拍数，x 代表全曲的小节数，s 代表每分钟指定的音符速度，如此可以计算出某乐曲所需的时间 Sh。

例如，一首圆舞曲为 $\dfrac{3}{4}$ 拍子，每小节包含的基本单位拍为 3，全曲的小节数为 160，每分钟指定的音符速度为 90，求全曲的演奏时间。

解：$Sh = \dfrac{mx}{s} = \dfrac{3 \times 160}{90} = \dfrac{16}{3}$（分钟），此曲的演奏时间约为 5 分 20 秒。

同步训练 8.1.1

水平一

1. 贝多芬《第六交响曲》第二乐章《在溪边》，乐曲拍子为 $\dfrac{12}{8}$，每小节所包含的基本单位拍为四个附点四分音符（1 个附点四分音符相当于 1 拍半），全曲小节数为 139，每分钟指定的音符速度为 50，则全曲的演奏时间为_____分钟。

2. 很多人小时候都玩过蟋蟀，夏日的夜晚听着它们断断续续地鸣唱，添一份清凉。是否感觉蟋蟀的声音听起来很适合当时的气氛呢？因为它们的叫声和当时的温度（温度 7 ℃～32 ℃时）满足数学关系式：$TC = 10 + \dfrac{(N-40)}{7}$（$N$ 代表蟋蟀每分钟鸣叫的次数，TC 代表摄氏温度）。蟋蟀的叫声不仅好听，还能当温度计呢！小马抓了一只蟋蟀，按秒表计数 30 秒，蟋蟀叫了 24 次，请问当时的温度约为_____。

3. "十二平均律"是通用的音律体系，明代朱载堉最早用数学方法计算出半音比例，为这个理论的发展作出了重要贡献。十二平均律将一个纯八度音程分成十二份，依次得到十三个单音，从第二个单音起，每一个单音的频率与它的前一个单音的频率的比都等于 $\sqrt[12]{2}$。若第一个单音的频率为 f，则第八个单音的频率为（   ）。

A. $\sqrt[3]{2}f$ 　　　　B. $\sqrt[3]{2^2}f$ 　　　　C. $\sqrt[12]{2^5}f$ 　　　　D. $\sqrt[12]{2^7}f$

4. 肖邦的《降 D 大调夜曲》全曲不计前奏共 76 小节，全曲力度最强的高潮在第 46 节处。许多著名的音乐作品，其高潮的出现位于结构中点偏后的位置：小型曲式中 8 小节一段式，高潮点在第 5 小节左右；16 小节二段式，高潮点在第 10 小节左右；24 小节再现三段式，高潮点在第 15 小节左右。由此规律，莫扎特的《D 大调奏鸣曲》第一乐章全长 160 小节，再现部位高潮点出现在第_____小节。

5. 假定一根空弦发出的音是 do，则 $\frac{1}{2}$ 长度的弦发出的就是高八度的 do，$\frac{8}{9}$ 长度的弦发出 re，$\frac{64}{81}$ 长度的弦发出 mi，$\frac{3}{4}$ 长度的弦发出 fa，$\frac{2}{3}$ 长度的弦发出 so，$\frac{16}{27}$ 长度的弦发出 la，$\frac{128}{243}$ 长度的弦发出 si，以此类推。若我们以音为横坐标，弦长为纵坐标，则能绘出一条近似的曲线，请问以下哪一件乐器部分外观接近这条曲线？（   ）。

A. 钢琴　　　　B. 架子鼓　　　　C. 三角铃　　　　D. 长笛

6. 贝拉·维克托·巴托克是 20 世纪最伟大的作曲家之一、匈牙利现代音乐的领袖人物，一些专家甚至坚信他的才华可以与贝多芬相提并论。他的顶峰之作《弦乐、打击乐与钢片琴的音乐》的第三乐章，总长为 89 小节，分为 A，B，A 三个部分。其中 A 部分与其后面的长度分别为 34 小节与 55 小节；A 部分的第一、二主题长度分别为 21 小节与 13 小节；B 部分的高潮两段长度为 13 小节与 21 小节；B 部分与再现部的长度分别为 34 小节与 21 小节；再现部第一、二主题的长度又分别为 13 小节与 8 小节等。这些各有机部分之间的小节数比分别为 34∶55，13∶21，21∶34，8∶13 等，均符合黄金分割的比例。上述乐曲的结构（小节数）受_____数列的制约。

水平二

1. 音乐乐器与数学紧密相连，如二胡里外弦有效弦长的正向黄金分割点 $\left(\dfrac{\sqrt{5}-1}{2}\right)$ 常位于音响最佳的传统上把之内，而反向黄金分割点 $\left(1-\dfrac{\sqrt{5}-1}{2}\text{，即以另一端为起点的}\dfrac{\sqrt{5}-1}{2}\right)$ 则常在音响亦佳的传统中、下把之内。研究表明，能与某音发生共鸣的空气柱长度为该音波波长的 $\dfrac{1}{4}$，$\dfrac{1}{2}$，1，2 等倍。低音乐器发音低，声波长，所以要求共鸣箱有较大体积；高音乐器反之，发音高，声波短，所以共鸣箱需较小体积。由于一件乐器可以发出多个乐音，所以又要求其形状复杂，以利于在各个不同方位上形成不同长度的共鸣空气柱，适合于不同高度音响的需要。已知中央 C 音频率为 261.63 Hz，波长 13 m，为保证该音共鸣，共鸣箱的内空至少有一个方位长度为多少米？

2. 如图，将钢琴上的 12 个键依次记为 a_1，a_2，…，a_{12}，设 $1\leqslant i\leqslant j\leqslant k\leqslant 12$。若 $k-j=3$ 且 $j-i=4$，则称 a_i，a_j，a_k 为原位大三和弦；若 $k-j=4$ 且 $j-i=3$，则称 a_i，a_j，a_k 为原位小三和弦。用这 12 个键可以构成的原位大三和弦与原位小三和弦的个数之和为多少？

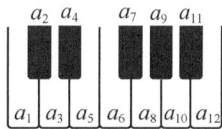

（第 2 题图）

3.《沧海一声笑》是电影《笑傲江湖》的主题曲。黄霑受命谱曲，写了六稿，导演都不满意，无奈之中，随意翻阅古书《乐志》，看到一句话：大乐必易。黄霑心想最"易"的莫过于中国五声音阶（宫、商、角、徵、羽），而现在的音乐中有七个基本音阶：do，re，mi，fa，sol，la，si。

（1）从七个基本音阶中正巧选中五声音阶（宫、商、角、徵、羽）的概率为多少？

（2）黄霑最后将五声音阶（宫、商、角、徵、羽）反用改成"羽、徵、角、商、宫"作为开头和结尾，到钢琴前一试，婉转动听，声色悠扬，颇具中国古曲风韵。其实这是众多选择中的一种，选中这一种的概率是多少？

8.1.2　数学与诗歌

笔记

知识要点

1. 列方程

利用题目给出的信息条件，用一个或多个字母、符号表达出等量关系，以期经过适当的运算，得出字母或符号所代表的值，或值的某种属性或状态。

通过方程（一元一次方程、二元一次方程、一元二次方程等）求解可以免去逆向思考的不易，直接正向列出含有欲求解的量的等式即可。

2. 等差数列前 n 项求和公式

$$S_n = \frac{n(a_1 + a_n)}{2} = na_1 + \frac{n(n-1)}{2}d。$$

3. 等比数列前 n 项求和公式

$$S_n = \frac{a_1(1 - q^n)}{1 - q} = \frac{a_1 - a_n q}{1 - q}(q \neq 1)。$$

运用举例

例1　清朝王士祯的《题秋江独钓图》：一蓑一笠一扁舟，一丈丝纶一寸钩。一曲高歌一樽酒，一人独钓一江秋。短短四句，用了九个一。郑板桥的《咏雪》：一片二片三四片，五片六片七八片；千片万片无数片，飞入梅花总不见。利用单调递增的整数数列，表现雪花的多、密以及飞舞的动态，使人宛如置身于大雪纷飞的广袤天地之中。明朝伦文叙的《百鸟归巢图》：归来一只复一只，三四五六七八只。凤凰何少鸟何多，啄尽人间千石食。四句诗中的数字加起来只有 35 只鸟，为什么称它百鸟图？

分析："一只复一只"是指两个一，"三四"是指三个四，以此类推。

解：由 $2 \times 1 + 3 \times 4 + 5 \times 6 + 7 \times 8 = 100$，故而称为百鸟图。

例2　我国古代《算法统宗》中有诗一首：远望巍巍塔七层，红光点点倍加增。共灯三百八十一，请问塔顶几盏灯？易得 $S_7 = \dfrac{a_1(1-2^7)}{1-2} = 381$，计算可知 $a_1 = 3$。现将其改编为：遥望高塔若干层，红光点点数倍增。共灯三百八十一，请问塔顶几盏灯？

解：设塔顶灯数为 a_1，高塔有 n 层，下一层灯数是上一层灯数的 q 倍，则有 $S_n = a_1(1 + q + q^2 + \cdots + q^{n-1}) = 381 = 3 \times 127$。又因为 $a_1 \in \mathbf{N}_+$，$q \in \mathbf{N}_+$，3 和 127 是素数，"若干层"表明至少有 3 层，显然，$a_1 = 3$。

例3　布赖恩·比尔斯顿是一位奇特诗人，有一天，他在社交媒体上发布了一首诗《在十字路口上》，译成中文如下。

他的：　　她的：

那天我们　我们以前

外出的目的是　是谈过这件事的，但是我们

买冰激凌，你我却话不投机　话不投机真希望

于是，忧郁的气氛弥漫在　在我面前的你，不是既土又俗的人

空中，伴随着我们走到尽头我看　我看你和我不要再有来往

我们的爱不会凋谢永远如此　永远如此因为我已经跟蒂姆结婚

是不是很有意思？"他"和"她"鸡同鸭讲，真是如此吗？

在十字路口上

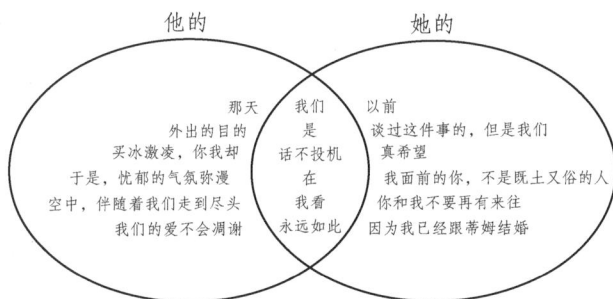

看，他们是有"共同语言"的，每一行都有交集。是不是看着眼熟？类似于韦恩图？

布赖恩·比尔斯顿还写了另一首诗：

Word Crunching

I

wrote

a poem

on a page

but then each line grew

by the word sum of the previous two

until I started to worry at all these words coming with such frequency

because, as you can see, it can be easy to run out of space when a poem gets all Fibonacci sequency.

根据作者每一行创作的字数，如果让你进行续写，那么第 12 行诗要写多少个字？

解： 根据作者创作的字数规律，发现每一行的字数为 1，1，2，3，5，… 为斐波那契数列，故而第 12 行应为 144 字。

同步训练 8.1.2

水平一

1.《中国诗词大会》的冠军雷海为、飞花令少女贺莉然等同场竞技，出题者逐一给出 π 小数点后的数字，答题者"飞"出含有此数字的诗词，五位选手你来我往，直到突破小数点后第 204 位，上演史诗级飞花令。如果是第二位选手第二轮答题，请问以下哪首符合要求？（　　）

A. 飞流直下三千尺，疑是银河落九天

B. 不知细叶谁裁出，二月春风似剪刀

C. 上有六龙回日之高标，下有冲波逆折之回川

D. 五月榴花照眼明，枝间时见子初成

2. 唐·元稹的"一字至七字诗·茶"诗如下。

茶

香叶，嫩芽。

慕诗客，爱僧家。

碾雕白玉，罗织红纱。

铫煎黄蕊色，碗转曲尘花。

夜后邀陪明月，晨前命对朝霞。

洗尽古今人不倦，将至醉后岂堪夸。

按照此诗写作规律，若是写一字至十字诗，则该诗共有_____字。

3. 希腊是世界文明古国之一，它有着灿烂的文化。《希腊文集》中有《独眼巨人》一诗：

这是一座独眼巨人的铜像。

雕塑家技艺高超，铜像中巧设机关：

巨人的手、口和独眼，

都连接着大小水管。

通过手的水管，

三天流满水池；

通过独眼的水管——需要一天；

从口中吐出的水更快，

五分之二天就足够。

三处同时放水，

水池几时流满？

则水池流满需要_____天。（答案用最简分数表示）

4. 我国打油诗《李白提壶去买酒》：

遇店加一倍，见花喝一斗。

三遇店和花，喝光壶中酒。

请计算壶中原有酒_____斗。

5. 读诗词解题：

大江东去浪淘尽，千古风流数人物；

而立之年督东吴，早逝英年两位数；

十位恰小个位三，个位平方与寿符；

哪位学子算得快，多少年华属周瑜？

周瑜活了_____岁。

6. 明代程大位《算法统宗》中有一首饮酒诗：

肆中饮客乱纷纷，薄酒名醨厚酒醇。醇酒一瓶醉三客，薄酒三瓶醉一人。共同饮了一十九，三十三客醉颜生。试问高明能算士，几多醨酒几多醇？

其中薄酒有_____瓶。

水平二

1.《希腊文集》中有"爱神的烦恼"一诗：

爱罗斯在路旁哭泣，

泪水一滴接一滴。

吉波莉达向前问道：

"是什么事情使你如此悲伤？

我可能够帮助你？"

爱罗斯回答道：

"九位文艺女神，

不知来自何方，

把我从赫尔康山采回的苹果，

几乎一扫而光。

叶芙特尔波飞快抢走十二分之一，

爱拉托抢得更多——

七个苹果中拿走一个。

八分之一被达利娅抢走，

比这多一倍的苹果，

落入特希霍拉之手。

美利波美娜最是客气，

只取走二十分之一。

可又来了克里奥，

她的收获比这多四倍。

还有三位女神，

个个都不空手：

30 个苹果归波利尼娅，

120 个苹果归乌拉尼娅，

300 个苹果归卡利奥帕。

我，可怜的爱罗斯。

爱罗斯原有多少苹果？

还剩 50 个苹果。"

爱罗斯原有多少个苹果？

2. 中国民谣：

牧童王小良，放牧一群羊。

问他羊几只，请你细细想。

头数加只数，只数减头数。

只数乘头数，只数除头数。

四数连加起，正好一百数。

请替王小良算一算有羊多少只？

3. 红桃一垛积难知，共该六百八十枚。三角垛来尖上一，每面底子几何为？

8.1.3　数学与美术

知识要点

1. 分形（几何学术语）

分形是美籍法国数学家芒德勃罗在 20 世纪 70 年代创立的一门数学新分支。一个数学意义上分形的生成是基于一个不断迭代的方程式，即一种基于递归的反馈系统。虽然分形是一个数学构造，但在自然界中可以被找到。作为一种数学工具，分形现已应用于各个领域。

2. 排列组合问题

分清完成事件是"分步"进行还是"分类"进行，是选用乘法原理还是加法原理。有附加条件的问题时，能找出某些特殊元素，然后根据特殊元素来进行分类讨论。

运用举例

例 1　对于还没有熟悉数学这门语言的人来说，数学的优雅似乎难以捉摸，数学本身也难以接近——但是艺术家们可以很好地弥合差距。他们用雕刻、绘画、纺织和编织等方式，把抽象的概念用几何、代数和集合论等数学的语言化为实体。

图 8.1-1

《三叉树》是法索尔的分形作品之一（图 8.1-1），它有一个圆形的基本，分为三个分叉，目光从底部向上移动时，这三个分叉又各自分成三个支叉……可以一直分下去，请问八代分型树的顶端有几个口？

分析：第一次分叉后有 3 个，第二次分叉后有 3^2 个，是一个首项为 3，公比为 3 的等比数列。

解：八代分型树的顶端有 $3^8 = 6\ 561$（个）口。

例 2　黄金分割比例被公认为是最能引起美感的比例，如著名的"断臂维纳斯"（图 8.1-2）。此外，最美人体的头顶至咽喉的长度与咽喉至肚脐的长度之比也是 $\dfrac{\sqrt{5}-1}{2}$。若某男模特满足该黄金分割比例，已知他肚脐以下长为 113 cm，头顶至脖子下端的长度为 28.5 cm，则其身高可能是多少？

图 8.1-2

解：设模特咽喉至肚脐的长度为 x cm，则 $\dfrac{28.5}{x} = \dfrac{\sqrt{5}-1}{2}$，解得 $x \approx 46.1$（cm）

此人身高为 $28.5 + x + 113 \approx 187.6$（cm）。

同步训练 8.1.3 ————————————————————————

水平一

1. 人都愿意欣赏美，生活中一些优美的图案都出自于分形几何。其中"谢尔宾斯基"图形的作法是：先作一个正三角形，挖去一个"中心三角形"(以原三角形各边的中点为顶点的三角形)，然后在剩下的每个小正三角形中又挖去一个"中心三角形"，按上述方法无限连续操作下去直到无穷，最终所得的极限图形称为"谢尔宾斯基"图形(如图)。按上述操作 8 次后，"谢尔宾斯基"图形中的小正三角形的个数为(　　)。

(第 1 题图)

A. 3^6　　　　　　B. 3^7　　　　　　C. 3^8　　　　　　D. 3^9

2. 莫比乌斯带是由德国数学家莫比乌斯和约翰·李斯丁于 1858 年发现的：把一根纸条扭转 $180°$ 后，两头再粘接起来做成的纸带圈，具有魔术般的性质。普通纸带有两个面，一个正面，一个反面，两个面可以涂成不同的

(第 2 题图)

颜色；而这样的纸带只有一个面，一只小虫可以爬遍整个曲面而不必跨过它的边缘。国际通用的循环再造标志就是摆放成三角形的莫比乌斯带，国内可回收物标志也为莫比乌斯带，也有的国家建造了莫比乌斯圈过山车。(如图)

美国著名轮胎公司百路驰 1979 年创造性地把传送带制成莫比乌斯圈形状，这样整条传送带环面各处均匀地承受磨损，避免了普通传送带单面受损的情况，因此理论上来说，和普通传送带相比，该传送带的寿命(　　)。

A. 大致相同　　　　　　　　　　B. 延长 1 倍

C. 延长 2 倍　　　　　　　　　　D. 无法比较

3. 螺旋线属于空间曲线，它有圆柱螺旋线、圆锥螺旋线等多种形式，常被用于美术创作等，大自然中也常能看见(如左图)，极具美感。现有 1，2，3 三条色带(如右图)，宽度相等，且相近的两条黑线成 $60°$ 角，则面积最大的是(　　)。

A. 1 色带　　　　B. 2 色带　　　　C. 3 色带　　　　D. 一样大

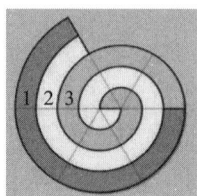

左图　　　　　　　　　　　　　　　　右图

(第 3 题图)

4. 染色问题与费马问题和哥德巴赫猜想并称为世界三大猜想。染色问题简述如下：给每个平面地图（如图）染色，若没有两个邻接的区域颜色相同，则至少需要（ ）种颜色。

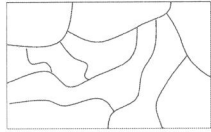

（第4题图）

A. 4   B. 5   C. 6   D. 7

5. 我们经常看见一种很有规律性的画作，一般由一种基本图案（有的是两种），通过平移、旋转或镜像，把整个平面铺满，没有缝隙和重叠。这种铺放方法，在数学上叫作密铺或平面镶嵌，极具美感（如下左图）。事实上，正三角形、正方形、正六边形都能实现密铺（如下中图）。如下右图是一个完美矩形，它是由九个不同的正方形"密铺"而成，其中最小的正方形的边长是1，则整个矩形的面积是_____。

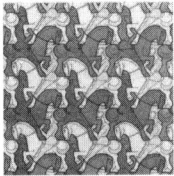
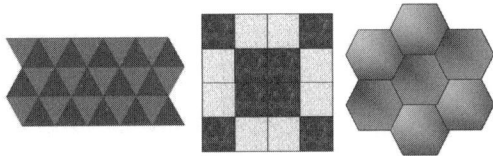
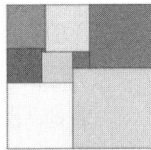

左图   中图   右图

（第5题图）

6. 2008年北京奥运会的成功召开举世瞩目，它的会徽设计也充满了中国元素，极具美感。其中的"中国印"主体由四个互不连通的红色块构成（如图），可以用线段在不穿越其他色块的条件下将其中任意两个色块连接起来，如果用三条线段将这四个色块连接起来，不同的连接方法共有_____种。

（第6题图）

水平二

1. 数与形是数学中的两个最古老，也是最基本的研究对象，它们在一定条件下可以相互转化，繁杂问题有时候化作图形往往变得简单易解，如我们熟知的"勾股定理"的证明。毕达哥拉斯的生长程序（如图）：正方形上连接着等腰直角三角形，等腰直角三角形边上再连接正方形，如此继续。若共得到4 095个正方形，初始正方形的边长为1，则最小正方形的边长为多少？

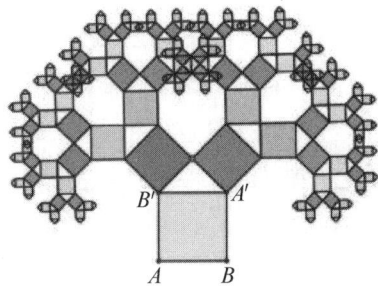

（第1题图）

2.《秘密花园》是一本曾经风靡全球的涂色书，越来越多人开始爱上涂色这种简单的解压方式，不同的颜色可以涂出一个精彩世界。现用9个小等边三角形拼成1个大等边三角形(如图)，用3种不同的颜色将图中的每个小三角形染色，且相邻部分不能用同一种颜色，有的颜色也可不用，不相邻的部分可用同一种颜色，一共有多少种不同的涂色方法？(两种涂法若能经翻转、旋转后重合，则视为同一种)

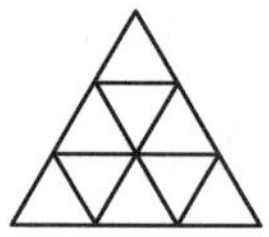

(第2题图)

3. 某画廊将在下月进行独立画家的作品展，共有三位画家参展，每位画家展出10幅不同的画。其中一位画家提供了1幅国画，5幅油画，4幅水彩画，考虑到画廊的建筑结构以及作品展出时的美观度，现将这10幅画排成一行展出。

(1)将同品种的画连在一起，则不同的展出方式有多少种？

(2)将同品种的画连在一起，且国画不放在两端的概率是多少？

◉ **数学窗**

趣味数学：神奇的"21"

21天养成一个好习惯、快乐健身21天、21天阅读计划，曾风靡全球的"不抱怨活动"：抱怨时把手环从一只手换到另一只手，直到能坚持21天不动手环才算成功。可为什么是21天呢？

在行为心理学中，一个人的新习惯或理念形成并得以巩固需要21天。据科学家研究，大脑构筑出一条新的神经通道需要的时间正好是21天。截肢病人出现的"幻肢"体验消退，或搬家后产生"家"的感觉，都需要 21 天。

母鸡花 21 天左右才能孵出小鸡；"21 点"扑克牌游戏；健康、幸福、和睦笔画数均为 21；俗语"不管三七二十一"。

数学上，有一种正方形叫完美正方形，由 21 个边长各不相等的小正方形构成(如图)，又被叫作 21 阶完美正方形，已证明，完美正方形的最小阶数为 21。

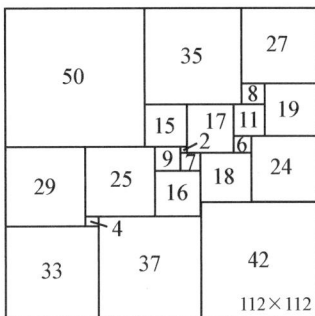

图 8.1-3

啤酒瓶盖(图 8.1-4)上的锯齿个数为 21。这可不是随意设计，是实验得出的结论：当锯齿数为 21 时，瓶盖最牢固，用起子打开瓶盖最容易、最安全。不信？找个瓶盖数一下吧。

图 8.1-4

8.2　数学与体育

8.2.1　体育中的排列与组合

知识要点

在排列、组合题中，具有特殊元素和特殊位置及简单的、有附加条件的情况，要通过分析条件，按元素的性质分类，做到不重复、不遗漏。

运用举例

例 1　扑克是全世界范围内非常流行的一款纸牌游戏，玩法多样。一副扑克牌共有黑桃、红心、方块、梅花四种花色，每种花色有 A，2，…，J，Q，K 各 13 张牌。通常情况下将 J，Q，K 计作 11，12，13，A 计作 1，也可计作 14. 若在一副扑克牌(去除大小王)中任取 5 张牌，抽取的 5 张牌正好为同花顺(即花色相同且点数顺次相连)，则不同的抽法共有多少种？

解：先选花色，再选连号。花色的选择有 C_4^1 种；随后在同一花色 A，2，…，J，Q，K，A 这 14 个位置中，把选出的 5 个连号看成一个位置(捆绑法)，余下 9 个位置，连同这个连号位置共 10 个，10 个位置中选 1 个，则选法有 C_{10}^1 种，故而共有 $C_4^1 \cdot C_{10}^1 = 40$(种)抽法。

例 2 为了丰富居民的文化生活，某街镇开展围棋比赛，采取单循环赛制。其中有两名选手各比赛了 6 场就因客观原因退赛，且这两名选手间未进行比赛。赛后经统计所有选手共进行了 142 场比赛。问一共有多少人参加了此次赛事？

解： 设一共有 x 人参加比赛，则 $C_{x-2}^2 + 6 = 142$，解得 $x = 17$。

例 3 混合泳是竞技游泳比赛项目之一，包括混合泳接力和个人混合泳。4×100 m 混合泳接力由 4 人按照仰泳、蛙泳、蝶泳、自由泳的顺序，每人用一种泳式游 100 m 完成接力全程。

现要从 7 名男生中选出 4 名参加区 4×100 m 混合泳接力比赛，由于每人擅长的项目不同，7 名男生中小马和小海不游中间两项，请问：共有多少种方案可以选？

分析： 解决这个问题可以对于小马和小海是否参赛进行分类，然后利用加法原理进行方案总数的计算。

解： 根据小马和小海是否参赛进行分类：第一类 2 人都未参赛，则有 A_5^4 种方案；第二类 2 人中有且仅有 1 人参赛，则有 $C_2^1 \cdot A_5^3 \cdot C_2^1$ 种方案；第三类 2 人都参赛，则有 $A_5^2 \cdot C_2^1$ 种方案。

由加法原理得，方案总数为：$A_5^4 + C_2^1 \cdot A_5^3 \cdot C_2^1 + A_5^2 \cdot C_2^1 = 400$（种）。

同步训练 8.2.1

水平一

1. 某高校开展体育节活动，为了鼓励有更多的学生参与，避免综合性选手包揽奖项，故规定田赛项目中跳高、铅球、跳远这三项比赛每人限报一项。现有 15 名学生报名这三项项目，则共有（　　）种不同的报名方法。

　A. A_{15}^3 　　　　B. C_{15}^3 　　　　C. 15^3 　　　　D. 3^{15}

2. 中国体育彩票中有一种叫作"22 选 5"单式票，由购买者从 01～22 共 22 个号码中选取 5 个号码为一注进行投注，则共有_____种选择方案。

3. 某区举行足球友谊赛，共有 10 支足球队报名参赛，根据以往战绩，选出 3 支为种子队。十支球队分为三组，一组 4 支，其他两组各 3 支，且 3 支种子队不能分在同一组，一共有_____种分配方式。

4. 为了适应不同对手的风格、球路，混合双打乒乓球选手有时会交换搭档进行训练。现将男女各 4 名乒乓球选手平均分成两组进行混合双打对抗赛，不同的比赛分配方案有（　　）种。（注：混合双打是 1 男 1 女对抗 1 男 1 女）

　A. 36 　　　　B. 72 　　　　C. 96 　　　　D. 108

5. 体操赛事中的男子个人全能有六个项目：跳马、鞍马、单杠、双杠、吊环、自由体操。某运动员结束各个单项训练后，准备进行合练，按项目先后顺序不同，其中单杠和双杠需连着，则共有（　　　）种合练方式。

A. 120　　　　　　B. 240　　　　　　C. 360　　　　　　D. 720

6. 欧洲足球锦标赛，也称"欧洲杯"，是一项由欧洲足球协会联盟举办，欧洲足协成员国间进行的国家级足球赛事。2018 年 12 月，该届欧锦赛预选赛抽签仪式在都柏林举行，共有 55 支球队参与（如下图），其中五组每组 5 支球队，另五组每组 6 支球队。以小组单循环得分制比赛，每小组前两名和欧洲国家联赛诞生的 4 支球队一共 24 队参加决赛阶段的争夺。问：此次欧锦赛共要进行_____场预选赛。

2018年欧洲足球锦标赛预选赛详细分组

组别	第一档	第二档	第三档	第四档	第五档	第六档
A组	英格兰	捷克	保加利亚	黑山	科索沃	-
B组	葡萄牙	乌克兰	塞尔维亚	立陶宛	卢森堡	-
C组	荷兰	德国	北爱尔兰	爱沙尼亚	白俄罗斯	-
D组	瑞士	丹麦	爱尔兰	格鲁吉亚	直布罗陀	-
E组	克罗地亚	威尔士	斯洛伐克	匈牙利	阿塞拜疆	-
F组	西班牙	瑞典	挪威	罗马尼亚	法罗群岛	马耳他
G组	波兰	奥地利	以色列	斯洛文尼亚	北马其顿	拉脱维亚
H组	法国	冰岛	土耳其	阿尔巴尼亚	摩尔多瓦	安道尔
I组	比利时	俄罗斯	苏格兰	塞浦路斯	哈萨克斯坦	圣马力诺
J组	意大利	波黑	芬兰	希腊	亚美尼亚	列支敦士登

（第 6 题图）

水平二

1. 某游泳队要从 6 名男运动员中选 4 人参加 4×100 m 混合泳接力赛，其中小王的冲刺技术好，安排游最后一棒自由泳，小马、小海的仰泳技术欠佳，不安排在第一棒，请问：共有多少种方案可以选？

2. 某网球赛事规则以五局三胜来决定胜负。根据以往战绩分析，场上选手甲每场获胜的概率为 $\frac{2}{3}$，选手乙每场获胜的概率为 $\frac{1}{3}$。试问：

(1)比赛以甲方 3 胜 1 负获胜的概率是多少?

(2)比赛以乙方 3 胜 2 负获胜的概率是多少?

3. 橄榄球运动起源于英国,是球类运动项目之一,它是在长方形场地上,通过集体配合,射门得分或持球触得分区地面得分的对抗性运动。2009 年七人制橄榄球获批成为奥运会项目。

2021 年东京奥运会上,斐济继 2016 年里约奥运会夺金后,再次夺得该项目冠军。

(1)兼顾不同位置和球员性格,团队要从甲、乙、丙、丁等 7 名球员中选 4 名代表参加赛后新闻发布会。甲、乙两人中至少有一人参加,且若两人同时参加,则不能相邻发言,共有多少种不同的发言顺序?

(2)新闻发布会后安排这 7 名球员合照留影,列两排,前排 3 人,后排 4 人,则有多少种合影方式?

(3)合影时甲站在前排的三人中,乙站在后排的四人中,这样的合影方式又有多少种?

8.2.2 多项全能比赛中的计分方法

知识要点

1. 平均数

一般地,一组数据中有 n 个数 x_1,x_2,$\cdots$,x_n,那么 $\overline{x}=\dfrac{1}{n}(x_1+x_2+\cdots+x_n)$ 叫作这 n 个数的平均数。

笔记

2. 求解一元二次不等式步骤

(1)化为标准形式($a>0$):$ax^2+bx+c>0(\geqslant 0)$ 或 $ax^2+bx+c<0(\leqslant 0)$;

(2)根据判别式 $\Delta=b^2-4ac$ 或二次函数图像与 x 的相关位置确定不等式的解集。

🍊 **运用举例**

例1 跳水项目起源于游泳运动，1951年起跳水成为奥运会正式比赛项目。不论是跳板还是跳台跳水，完成动作的过程都包括助跑、起跳、空中技巧和入水四个阶段。主要规则为：

男子个人项目进行6个动作的比赛；6个动作中不允许有重复的动作；代码相同的动作视为同一个动作；男子跳台比赛含选自6个不同组别的无难度系数限制的动作。

得分的计算方法为：5人裁判去掉一个最高分一个最低分（满分10分），以中间3个有效分的总和乘以该动作难度系数为该动作实得分。在奥运会、世界锦标赛和世界杯赛中指定7人裁判，以中间5个有效分的总和乘以难度后再除以5乘3，总分最高的选手为冠军。

图8.2-1为2021年东京奥运会男子10 m跳台可达到最大难度系数。

组别	动作	难度系数
1	109B	4.1
2	207B	3.6
3	307B	3.7
4	409C	4.1
5	5156B	3.8
6	6245D	3.6
总计		22.9

图 8.2-1

(1)选手甲在10 m跳台的比赛中，第1轮跳307C，难度系数3.1，实得分90.10，另一选手乙跳307B，7位裁判打出的分数为：

$$8.9 \quad 8.7 \quad 9.3 \quad 9.3 \quad 9.1 \quad 9.0 \quad 8.8$$

则乙选手的实得分能超过运动员甲吗？

(2)选手甲第2轮跳了407B，难度系数3.5，另一选手乙跳409C，去掉最高分和最低分后两人得分合均为45，则两人的实得分差了多少？

解：(1)去掉最高分9.3和最低分8.8，选手乙得分合为45.1，实得分为$\dfrac{45.1 \times 3.7}{5} \times 3 = 100.12$，超过选手甲。

(2)$\dfrac{45 \times 4.1}{5} \times 3 - \dfrac{45 \times 3.5}{5} \times 3 = 16.2$，甲乙两人?实得分差了16.2分。

例2 花样游泳是一项融入舞蹈和音乐的水上竞技项目，由游泳、技巧、舞蹈和音乐编排而成，有"水中芭蕾"之称。

其成绩构成如下：比赛由技术自选和自由自选两部分组成，总成绩两者各占 50％；比赛由规定动作和自由自选两部分组成，总成绩两者各占 50％；比赛由规定动作、技术自选和自由自选三部分组成，总成绩规定动作占 25％、技术自选占 25％、自由自选占 50％。得分最高的队伍获胜。

具体分值计算方法如下。

（1）规定动作得分：去掉一个最高分、一个最低分后，将其余的 5 个或 3 个得分相加，除以 5 或 3 再乘难度系数得到每个规定动作的得分。

（2）自选动作得分：在自由自选和自由组合比赛中，要有两组裁判员，一组负责评判技术价值分，另一组负责艺术印象分；在技术自选比赛中，也要有两组裁判员，一组负责评判完成情况分，另一组负责整体印象分。每组去掉一个最高分和一个最低分后，将其余的评分相加，除以裁判员人数乘 5，然后将技术价值（完成情况）得分与艺术印象（整体印象）得分相加为自选部分的总分。

2008 年奥运会双人花样游泳决赛中（比赛由技术自选和自由自选两部分组成），蒋文文和蒋婷婷在技术自选比赛中技术价值得分情况如下：

$$9.7 \quad 9.6 \quad 9.6 \quad 9.6 \quad 9.6$$

（1）该组技术价值总得分多少？

（2）该组的艺术印象得分情况如下，该组技术自选总得分为多少？

$$9.7 \quad 9.7 \quad 9.7 \quad 9.7 \quad 9.7$$

（3）该组在自由自选部分总得分为 96.168，请计算该组合此次奥运双人花样游泳决赛总得分。

解：（1）根据评分标准，得 $\dfrac{9.6+9.6+9.6}{3} \times 5 = 48$（分）。

（2）根据评分标准，得 $48 + \dfrac{9.7+9.7+9.7}{3} \times 5 = 96.5$（分）。

（3）$\dfrac{96.168}{2} + \dfrac{96.5}{2} = 96.334$（分）。

同步训练 8.2.2 ———————————

水平一

1. 奥运会跳水项目男子 10 m 跳台中，5 轮过后，某运动员总得分为 467.65，他最后一跳为 109B（难度系数为 4.1），理论上，这一跳最高能得 _____ 分。

2. 2022 年北京冬奥会谷爱凌夺金的一刻让人为之振奋。自由式滑雪 U 形场地技巧赛由 6 名裁判员根据运动员完成动作的高度、回转、技巧、难度等整体效果评分，满分为 100 分，去掉最高分与最低分，剩下的四个得分的平均分为该选手本轮比赛得分。奥运会预选赛每位选手可以表演两次，两次成绩相加为最后成绩。

奥运会预选赛中，谷爱凌的两轮得分情况如下。

| 第一轮/分 | 93 | 94 | 94 | 94 | 94 | 93 |
| 第二轮/分 | 94 | 96 | 96 | 97 | 96 | 95 |

请问在预选赛中，谷爱凌最后的得分是（　　）分。

A. 93.75　　　　B. 95.50　　　　C. 94.625　　　　D. 189.25

3. 跳台滑雪是以滑雪板为工具，凭借自身体重，从专设的跳台高速飞出的一项雪上运动，是冬奥会的项目之一。跳台滑雪有 5 名裁判员，裁判员根据比赛选手两次飞行姿态判分，姿态得分与距离得分相加，距离分以飞行的距离来计算。飞跃姿势裁判共 5 名，每人打分占 20 分，去掉一个最高分和一个最低分，满分为 60 分。距离计算采取"2 舍 3 入法"，如 60.20 m 计作 60 m；60.30 m 则计作 60.50 m；60.70 m 计作 60.50 m，60.80 m 则计作 61 m。姿势的最高分为 20 分，在评姿势分时，跳跃得分占重要比例，成功的可得 6～20 分，失败则得 0～12 分。其中距离分中飞行的距离计算如下：

飞行距离＝起跳高度（m）×滑行时间（s）×sin（起跳角度）。

此次冬奥会上，某运动员起跳高度为 30 m，滑行时间为 5 s，起跳角度为 38°，则裁判最后计算他的距离为（　　）m。

A. 92.3　　　　B. 92.35　　　　C. 92.5　　　　D. 93

4. 某比赛跳水项目男子 10 m 跳台预选赛第三轮中，第六位出场的选手跳了 207B（难度系数为 3.6），裁判打出的分数为

8.9　8.7　9.3　9.1　9.0

第七位出场的选手跳了307B(难度系数为3.7),裁判打出的分数为

8.8　8.9　9.1　9.2　9.1

请问在这一轮中两人能拉开_____分的分差。

5. 某次花样游泳世界锦标赛团体决赛(比赛由规定动作、技术自选和自由自选三部分组成)中,西班牙选手规定动作得分为90.872分,技术自选中技术价值得分96.5分,艺术印象得分96分,自由自选得分为95.2分,该团队此次决赛中总得分为_____分。

6. 8人参加象棋比赛,每2人赛一场,胜得2分,负得0分,平得1分。已知得分是后四名得分之和,且没有并列第二名,则第二名得分为_____分。

水平二

1. 某社区举办的"健康足球我参与"活动采取单循环赛制,即每支球队必须与其他球队比赛一场。计分规则为:每场获胜方得3分,失利方得0分(若90 min内平局则点球决胜负)。经粗略统计,所有比赛的总得分在600~750分范围内,则有多少支球队参赛?

2. 2008年奥运会双人花样游泳决赛中一组选手自由自选比赛中技术价值得分情况如下:

9.7　　9.8　　9.6　　9.6　　9.8

其艺术印象得分情况和技术价值得分一致。

(1)请计算该组选手自由自选比赛总得分;

(2)如果该组选手要想在此次奥运双人花样游泳最后总得分上超过蒋文文和蒋婷婷组合(总分为96.334分),那么在技术自选比赛中总得分不得低于多少分?

9. 足球被誉为"世界第一运动",与直接进球相比,点球给人带来更大的兴奋感。如果防守队员在禁区内犯规,进攻方就能获得点球机会;一些

淘汰赛中常规比赛时间和加时赛都没有决出胜负的话，就要进行点球大战决出胜负。职业球员的点球平均速度为 31 m/s，世界顶级门将的反应时间在 0.25～0.3 s 范围内，作出扑救动作则在 0.2 s 左右，在标准球场中（如图），如果等对方球员出脚后再判断是否来得及？试说明理由。

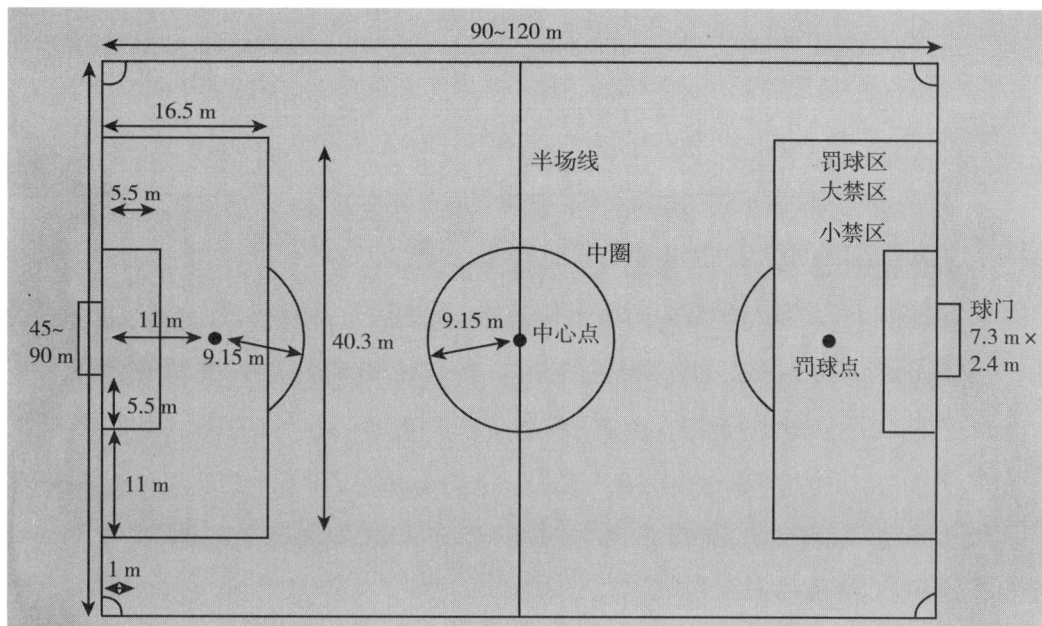

（第 3 题图）

数学窗

趣味数学：从"码"说起

随着科技的发展，我们的生活似乎已被各种"码"包围，当然这些都是二维码，代码编制上用构成计算机内部逻辑基础的"0""1"比特流的概念，使用若干个与之相对应的几何形体来表示文字数值信息。

日常生活中，人们使用最多的是阿拉伯数字（1，2，3，…），罗马数字（Ⅰ，Ⅱ，Ⅲ，…），在我国历史上存在好多有趣的计数法，表 8.2-1 为其中一种。

表 8.2-1

由	中	人	工	大	天	夫	井	羊	非非
1	2	3	4	5	6	7	8	9	10

这是什么道理？看每个字"出头"的笔画数，"由"字一竖上端"出头"，"中"字一竖上下出头……太厉害了！再看以下另外一种计数法（表8.2-2）。

表 8.2-2

旦底	断工	眠川	横目	缺丑	断大	皂底	分头	丸空	田心
1	2	3	4	5	6	7	8	9	10

"旦"底，不就是"一"？"工"断开，自然是"二"；"川"眠，就是躺倒睡下，就成"三"；"目"横过来，就是"四"；"丑"右上角缺一段，就成"五"……你能想到吗？

图8.2-1中，"乂"表示4，取其四面分叉之意；古代人们在绳上打结记数，"ㄨ"形状酷似结绳，满5打一个结；"丄"上面的一点，就像算盘上档的一个珠子，这一点就表示5，故"丄"是5＋1表示6；"亠"是5＋2表示7；"亖"是5＋3表示8；那9为何是"攵"？原先表示9(即5＋4，上面一点是5，下面大叉是4)，因古人常用毛笔写字，习惯从右上角起笔，顺时针方向旋转书写，所以后来就写成"攵"。

$$0\ 1\ 2\ 3\ 4\ 5\ 6\ 7\ 8\ 9$$

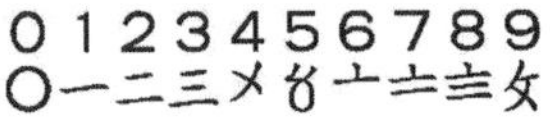

图 8.2-1

祖先的智慧是不是超级高，值得点赞？

8.3 数学与军事

8.3.1 阿基米德的战争武器

知识要点

笔 记

1. 中国剩余定理

《孙子算经》中有：今有物，不知其数，三三数之剩二，五五数之剩三，七七数之剩二，问物几何？即解整数 k 满足的同余式 $\begin{cases} k \equiv 2 \pmod 3, \\ k \equiv 3 \pmod 5, \\ k \equiv 2 \pmod 7. \end{cases}$

明朝数学家程大位将解法编成《孙子歌诀》：三人同行七十稀，五树梅花廿一支(二十一)，七子团圆正半月，除百零五便得知。即将除以 3 得到的余数乘以 70，将除以 5 得到的余数乘以 21，将除以 7 得到的余数乘以 15，全部加起来后除以 105 得到的余数就是答案。根据上述算法得和为 233，除以 105 后得余数 23，解为 $k=23+105n(n\in\mathbf{N})$。

2. 线段公理

两点之间线段最短。

注："三角形两边之和大于第三边"，由此可证两点之间的线段中，直线线段最短。

运用举例

例 1　秦末时期，楚汉相争，汉初三杰之一的韩信有一次带 1 500 名士兵打仗，战死四五百人。为了统计剩余士兵的人数，韩信令士兵 3 人一排，多出 2 人；5 人一排，多出 4 人；7 人一排，多出 6 人。韩信据此很快说出人数：1 049 人。汉军本就十分信服韩信大将军，经此之后更加相信韩信是"天神下凡，神机妙算"，于是士气大振，在接下来的战役中汉军步步紧逼，楚军大败而逃。韩信由此名扬天下，被后世誉为"兵仙""神帅"。韩信是怎么算出剩余 1 049 人的？

分析：韩信点兵问题是：若士兵人数 k 除以 3 余 2，除以 5 余 4，除以 7 余 6，求 k。

解：用同余式表示这个问题，即 $\begin{cases}k\equiv2(\bmod 3),\\k\equiv4(\bmod 5),\\k\equiv6(\bmod 7).\end{cases}$

若将 k 加上 1，则可以同时被 3，5，7 整除，即 $\begin{cases}k+1\equiv0(\bmod 3),\\k+1\equiv0(\bmod 5),\\k+1\equiv0(\bmod 7).\end{cases}$

故 $k+1$ 一定是 3，5，7 的最小公倍数的整数倍，而 3，5，7 两两互质，则 $k+1=(3\times5\times7)n=105n$，$k=105n-1(n\in\mathbf{N}_+)$。根据战死四五百人，韩信就算出剩余士兵 1 049 人。

例 2　中国诗人李颀《古从军行》开头两句："白日登山望烽火，黄昏饮马傍交河。"这里隐含着一个数学问题，据说古希腊一位聪明过人的学者海伦被一位将军问了同样的问题：如图 8.3-1，从 A 地出

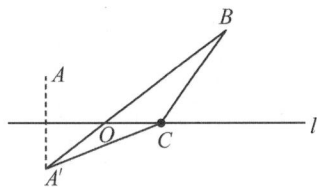

图 8.3-1

发到河边（直线 l）饮马，然后再回到同岸的 B 地。

（1）走什么样的路线最短？如何确定饮马的地点？

（2）如图 8.3-2 所示，在平面直角坐标系中，军营所在区域为 $x^2+y^2\leqslant 2$，若将军从点 $A(3,0)$ 处出发，河岸线所在直线方程为 $x+y=4$，并假定将军只要到达军营所在区域即回到军营，则"将军饮马"的最短总路程为多少？

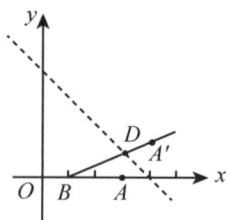

图 8.3-2

分析：抽象为数学模型就是直线 l 同侧有两个定点 A，B，在直线 l 上找一点 O，使 $AO+OB$ 最短。

解：（1）根据两点之间线段最短。连接 A，B，并不会与 l 相交，但当 A，B 位于 l 异侧时，就有交点了。因此，我们找点 A 关于直线 l 的对称点 A'，再连接 $A'B$ 交直线 l 于点 O，点 O 即为所求。如果将军在河边的另外任一点 C 处饮马，所走的路程就是 $AC+CB$。有 $AC+CB=A'C+CB>A'O+OB$。故在 O 处饮马，路程最短。

（2）由题知点 $A(3,0)$ 和军营所在区域在河岸线所在直线方程的同侧。设 $A(3,0)$ 关于直线 $x+y=4$ 的对称点 $A'(a,b)$，AA' 的中点 $M\left(\dfrac{a+3}{2},\dfrac{b}{2}\right)$ 在直线 $x+y=4$ 上，解得 $\begin{cases}a=4,\\b=1,\end{cases}$ 即 $A'(4,1)$。将军饮马点为 D，到达营区点为 B，总路程为 $AD+DB=A'D+DB$，即点 A' 到 $x^2+y^2\leqslant 2$ 区域的最短距离为：$\sqrt{17}-\sqrt{2}$。

同步训练 8.3.1

水平一

1. 元帅统兵八员将，每将又分八个营。每营里面排八阵，每阵配置八先锋。每个先锋八旗头，每个旗头有八队。每队分投八个组，每组带领八个兵。请问：元帅带领多少人？（　　　）

A. 19 173 960　　　B. 19 173 376　　　C. 19 173 384　　　D. 16 777 216

2. 中国南宋抗金名将岳飞生于 1 103 年，请问他的生肖属相是 _____（按阳历）。

2011 年	2012 年	2013 年	2014 年	2015 年	2016 年
兔	龙	蛇	马	羊	猴
2017 年	2018 年	2019 年	2020 年	2021 年	2022 年
鸡	狗	猪	鼠	牛	虎

3. 物体以一定的初速度斜向射出去，在空气阻力可以忽略的情况下，物体所做的这类运动叫作斜抛运动。其运动轨迹是抛物线，它能达到最大高度公式为 $h=\dfrac{(v_0 \cdot \sin \theta)^2}{2g}$，物体的水平射程为 $S=\dfrac{v_0^2 \cdot \sin 2\theta}{g}$（其中 v_0 为射出的速度，θ 为速度与水平面的夹角，g 为重力加速度）。士兵射箭可近似看作斜抛运动，要想让箭的水平射程达到最远，θ 该取何值？（　　）

A. 30° 　　　　B. 45° 　　　　C. 60° 　　　　D. 90°

4. 古代通常张贴告示来招募新兵。某日募兵处蜂拥而至七八百人，为了知道确切人数，统领让其列队进行计算。每排 9 人多 6 人，每排 7 人多 2 人，每排 5 人多 3 人，当天共来 _____ 人。

5. 战争时期由于物资缺乏、负伤等因素，人的抵抗力下降，感染风寒等疾病的概率提升。数据显示某战争区域近四个月新发病人数呈上升趋势，如下表。

月份	该月新发病人数
2	2 400
3	2 491
4	2 586
5	2 684

若不加以控制，按目前趋势发展，请预测到 8 月该区域新发病人数是 _____。

6. 圆柱形玻璃杯高为 12 cm、底面周长为 18 cm，在杯内离杯底 4 cm 的点 C 处有一滴蜂蜜，此时一只蚂蚁正好在杯外壁离杯上沿 4 cm 与蜂蜜相对的点 A 处（如图），则蚂蚁到达蜂蜜的最短距离是 _____ cm。

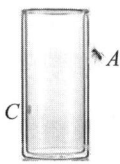

（第 6 题图）

水平二

1.《四元玉鉴》有一"平方招兵"问题：今有官司，依平方招兵。初段方面四尺，次日方面转多二尺，每人日给银两一两二钱。已招兵四千九百五十六人，支银二万六千四十两。问：招来几日？大意是：现在官府要按照一个队列方阵的数额来招募士兵，初始方阵的边长为 4 尺，然后每天方阵边长增长两尺，每个士兵军饷白银 1 两 2 钱，已招募 4 956 人，使用银两 26 040 两，问：官府招兵共持续了几日？

2. 宽为 20 m 的河的一侧驻扎着军队（A 处），A 处到河边的垂直距离为 15 m，现从东侧运来的后方补给最近送达 B 处，B 处到河边的垂直距离为 10 m，与 A 处的水平距离为 60 m。为了方便取得每日补给，士兵决定在河上架一座简易桥梁，以方便士兵从 A 处去 B 处拿补给。问：若使路程最短，则最短路程为多少米？（忽略桥的宽度，且桥必须垂直于河岸）

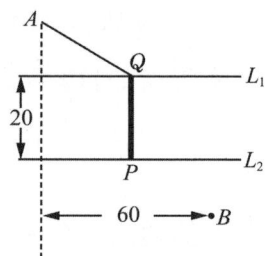

（第 2 题图）

9. 朱世杰《四元玉鉴》有一"立方招兵"问题，翻译成白话文如下：今有官府依据立方数招兵，第一天招兵 3^3 人，第二天招兵 4^3 人，以此类推。已招兵 23 400 人，问：一共招兵多少天？

8.3.2 方程与海湾战争

知识要点

笔 记

1. 正弦定理

$$\frac{a}{\sin A} = \frac{b}{\sin B} = \frac{c}{\sin C}。$$

2. 余弦定理

$$a^2 = b^2 + c^2 - 2bc \cdot \cos A,$$
$$b^2 = a^2 + c^2 - 2ac \cdot \cos B,$$
$$c^2 = a^2 + b^2 - 2ab \cdot \cos C。$$

3. 概率

如果某个试验共有 n 个等可能出现的基本事件，事件 A 由其中 m 个基本事件组成，则事件 A 发生的概率 $P(A) = \dfrac{m}{n}$。

🔍 **运用举例** ———————————————————————————

例 1　海警船在巡逻的过程中发现在北偏东 $70°$ 方向有一艘可疑船只，雷达测得两船相距约 15 海里，且该船只正沿着南偏东 $40°$ 方向以 18 海里/时的速度行驶。海警开足马力，经过 40 分钟追上该船只。

(1)海警船追击时的航行速度是多少？（精确到 0.1）

(2)海警船航行的方向是南偏东多少度？（精确到 0.1）

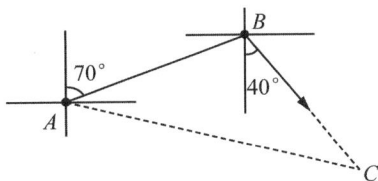

图 8.3-3

解：(1)如图 8.3-3 所示，A 为警船，B 为可疑船只，C 为追击相遇点。设 $AC=x$，由已知 $AB=15$，$BC=12$，$\angle ABC=110°$，

则 $\cos \angle ABC=\dfrac{15^2+12^2-x^2}{2\times 15\times 12}$，解得 $x\approx 22.2$，则速度 $v\approx 33.3$（海里/时）。

(2)由 $\dfrac{\sin \angle BAC}{BC}=\dfrac{\sin 110°}{AC}$，解得 $\angle BAC\approx 30.6°$，即海警船航行的方向是南偏东 $79.4°$。

例 2　《海岛算经》是魏晋时期刘徽所著的一部测量数学著作，书中有测量山上树高、测量远处城市大小、从山上测量平地上塔的高度等。英国皇家学会会员李约瑟说：无论从军事上或非军事上，这些测量的意义，都是显而易见的。

《海岛算经》中第一题："今有望海岛，立两表齐高三丈，前后相去千步，令后表与前表参相直。从前表却行一百二十三步，人目著地取望岛峰，与表末参合。从后表却行一百二十七步，人目著地取望岛峰，亦与表末参合。问岛高及去表各几何？"

大意是：如图 8.3-4，有人望海岛(AB)，立二表(CD，EF)，均高三丈，前后相距(DF)1 000 步，使后表和前表的上下两端各在同一水平线上，从前表退行(DG)123 步，人伏地上(G)望岛峰(A)恰和表顶(C)相合，以后表退行(FH)127 步，人伏地上(H)再望岛峰(A)也和表顶(E)相合，问岛的高(AB)和远(BD)各多少？

图 8.3-4

解：作 $EL /\!/ CG$ 交 BH 于 L，又 $CD /\!/ EF$ 且 $CD = EF$，有 $\triangle CDG \cong \triangle EFL$，$DG = FL$，$LH = FH - FL = FH - DG$。

因为$\triangle AKC \sim \triangle EFL$，$\triangle ACE \sim \triangle ELH$，所以 $AK : EF = CE : LH$。

即 $AK : CD = DF : (FH - DG)$，$AK = \dfrac{DF \times CD}{FH - DG}$。①

同理可得 $AC : EL = KC : FL = CE : LH$，

即 $BD : DG = DF : (FH - DG)$，$BD = \dfrac{DF \times DG}{FH - DG}$。②

用已知数代入①再加 $KB (= CD)$，得海岛高为 355 步，代入②得海岛远为 30 750 步。

例 3 两方作战，谁都希望获胜，所以要运用合理的战略、战术等来提升己方获胜概率。"田忌赛马"是一个成语故事，出自《史记·孙子吴起列传》，故事的主角田忌利用合理战术在竞技中获胜。

齐王和田忌各有上等、中等、下等马各一匹。田忌的上等马优于齐王的中等马，劣于齐王的上等马；田忌的中等马优于齐王的下等马，劣于齐王的中等马，田忌的下等马劣于齐王的下等马。现从双方的马匹中随机各选一匹进行一场比赛，若有优势的马一定获胜，则齐王的马获胜概率为多少？

解：从双方的马匹中随机各选一匹进行一场比赛，共有 $C_3^1 C_3^1 = 9$（种）基本事件，齐王的马获胜的基本事件为：上等马（或中等马）对田忌的马，共 $C_2^1 C_3^1 = 6$（种）。齐王的马获胜的概率为 $P = \dfrac{6}{9} = \dfrac{2}{3}$。

同步训练 8.3.2

水平一

1. 珍珠港战役是第二次世界大战期间的著名战争，日本联合舰队的飞机和微型潜艇突袭美国海军基地珍珠港及美军在夏威夷的飞机场事件。事实上，海战往往少不了潜艇作战，它的最大优势是能够长时间进行水下隐蔽潜航作战，因此各国潜艇部队都相当重视潜艇的长航能力。作战时，潜艇需下沉到合适位置进行攻击。下沉的深度和当时海域的温度、海水密度都有一定关联。某区域的海水密度 d（磅/英尺^3）和深度 h（英尺）之间的关系式为 $d=64\mathrm{e}^{0.006\,76h}$（e 是自然对数的底）。那么当海水密度为 64.5（磅/英尺^3）时，海水深度为_____英尺。（精确到 0.01 英尺。磅，质量单位，英尺，长度单位）

2. 某士兵在训练场上一共射出 10 支箭，其中命中标靶的有 5 箭，恰好有 4 箭连在一起的概率为_____。

3. 行军打仗不但讲战术、战略，也需要运气。某次作战前，谋士给军队算一卦，从五种不同属性的物质：金、木、水、火、土中随机抽取 2 种，若两者相生，宜出兵，反之则不然。抽到的两种物质不相生（古人认为"金生水、水生木、木生火、火生土、土生金"）的概率为（　　）。

A. $\dfrac{1}{5}$　　　　B. $\dfrac{1}{4}$　　　　C. $\dfrac{1}{3}$　　　　D. $\dfrac{1}{2}$

4.《海岛算经》中有这样的问题：有人望深谷 L 置矩于岸（A），勾高（GA、EB）6 尺，从勾端（G）望谷底（L）合于股上（AH）九尺一寸处（H），又置一矩于上方和下矩相距（BA）三丈，再从勾端（E）望谷底合于股上（BC）八尺五寸（C），谷深（AK）为_____。

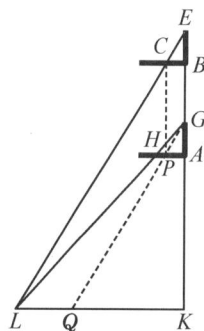

5. 战争中约定某种暗号作为消息的传递是常用的手段。某军确定使用 A，B，C，D 四种互不相同的暗号，每周使用其中的一种，且每周都是从上周末使用的三种暗号中等可能地随机选用一种。设第一周使用 A 种暗号，那么第八周也使用 A 种暗号的概率是_____（结果用最简分数表示）。

（第 4 题图）

水平二

1. 根据国际公法，外国船只除特许外不得进入离我国海岸线 200 海里以内的区域。我国某区域海岸线上有相距 110 海里的 A，B 两个观察站。假设该区域的海岸线在过 A，B 的直线上。现有一外国船只在观察站 A 北偏东 35°、观察站 B 北偏东 15° 的 C 处以每小时 25.8 海里的速度往观察站 A 匀速靠近。

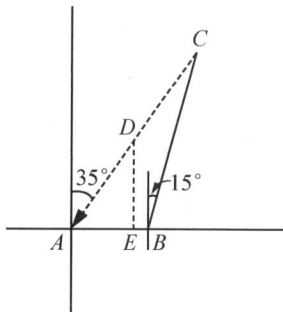

（第 1 题图）

问：如果该船不改变航向，经过多少小时我国海防警所就应向此未经特许的外国船只发出警告？此时该船离观察站 A 多少海里？（精确到 0.01 海里）

2. 天气在战争中有时也起决定性因素，诸如"草船借箭"。科技飞速发展的今天，可以利用计算机的模拟数据等提前准备。正值两地交战，A 地获得气象预报预警：在 A 地正东方 250 km 的海面 O 处有一台风中心，正以 83 km/h 的速度向西北方向移动，在距台风中心 200 km 以内的地区都将受影响。从现在起经过约多少小时，台风将影响 A 地，持续时间约为多久？（精确到 0.01 h）

3.《海岛算经》有这样的问题：有人望东南方港口（AB），立两表（P、Q），南北相距 9 丈，以绳索靠地连结。当北表（P）向西行去表 6 丈，伏地（C）望港口南岸（A）合于绳索上距北表四丈二寸（PE），望北岸（B），合于绳索上距前合的点（F）一丈二尺（EF），又退行距表（P）十三丈五尺，伏地（D），遥望港口南岸（A）与南表（Q）相合，问港口（AB）宽多少？（说明：丈，尺，寸均为我国古代长度测量单位，1 丈＝10 尺＝100 寸，1 半＝3 尺）

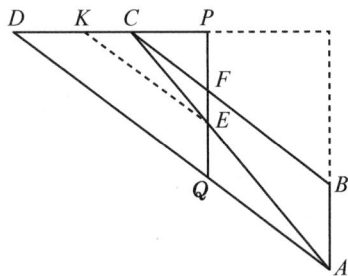

（第 3 题图）

8.3.3　神秘的军事密码

知识要点

1. 分步计数原理

一般地，完成一件事情，需要 n 个步骤，第一个步骤有 m_1 种不同的方法，第二个步骤有 m_2 种不同的方法……第 n 个步骤有 m_n 种不同的方法，则完成这件事共有 $N = m_1 \cdot m_2 \cdot \cdots \cdot m_n$ 种不同的方法。

2. 分类计数原理

一般地，完成一件事情有 n 类办法，在第一类办法中有 m_1 种不同的方法，第二类办法中有 m_2 种不同的方法……在第 n 类办法中有 m_n 种不同的方法，那么完成这件事共有 $N = m_1 + m_2 + \cdots + m_n$ 种不同的方法。

3. 互斥事件的概率

如果事件 A_1，A_2，$\cdots$，A_n 两两互斥，则：

$P(A_1 + A_2 + \cdots + A_n) = P(A_1) + P(A_2) + \cdots + P(A_n)$（其中 $A_1 + A_2 + \cdots + A_n$ 表示事件 A_1，A_2，$\cdots$，A_n 中至少有一个发生）。

对立事件是特殊的互斥事件，事件 A 的对立事件记作 $\overline{A}$，对立事件 A 和 $\overline{A}$ 中必有一个发生，且不能同时发生，且满足 $P(A) + P(\overline{A}) = 1$。

运用举例

例 1　密码的历史至少可以上溯到公元前 1900 年左右的古埃及。凯撒在秘密信函里使用过一种简单密码用于传递军事机密。但这种密码（26 个英文字母），安全性不高。通过解密，我们把密码转换成数学语言，优点在于可以用一种精确的方式来描述密码，并分析其性质，同时还不必考虑字母本身。另一种叫替换码的密码也很脆弱，虽然这种编码会打乱 26 个字母表，产生 26！种编码，但利用简单方法就可以破解。对某种给定的语言来说，某些字母会比另一些更常见。

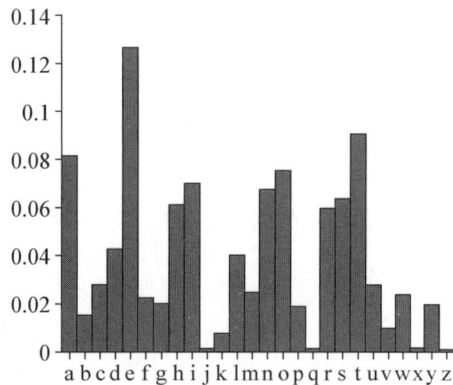

图 8.3-5

如图 8.3-5，在英语里，最常见的字母是 E，约占全部出现频率的 13%；接着是 T，约是 9%；然后是 A，约是 8%。如果截取一段密文，猜测它是通过打乱字母表的方法生成的，那就能计算所有字母的频率。例如，若密文里字母 Q 出现得比其他字母更频繁，则可试着用 E 代替 Q；若接下来最常见的字母是 M，则可试着用 T 代替 M，以此类推。当然，还可以微调它们的顺序。即便如此，你需要尝试的可能性也会少很多。假设部分密文如下：

$$X J M N Q X J M A B W$$

你能破译吗？

解：在整个密文里，频率最高的 3 个字母依次分别是 Q，M 和 J。用 E 代替 Q，T 代替 M，A 代替 J，其他地方留白后得到：

$$-A T -E -A T --$$

可以猜测，这条消息可能是 M A T H E M A T I C S。

例 2 高射炮是战争中常用的武器，现有两门高射炮，每一门击中飞机的概率均为 0.63，且两门高射炮能否击中飞机彼此之间没有关联，两门高射炮同时发射一颗炮弹，

(1)求只有一发炮弹击中飞机的概率；

(2)求飞机被击中的概率。

分析：解决这个问题需要对炮弹击中飞机的情况进行分类，然后用加法原理进行总数的计算。

解：设 A 表示"第一门高射炮射击一次且击中飞机"；B 表示"第二门高射炮射击一次且击中飞机"。

(1)只有一发炮弹击中飞机，有两种情况，一种是第一门击中而第二门未击中，即事件 $A \cdot \overline{B}$；另一种是第一门未击中而第二门击中，即事件 $\overline{A} \cdot B$。A，B 两者为互斥事件，故

$$P(A \cdot \overline{B} + \overline{A} \cdot B) = P(A \cdot \overline{B}) + P(\overline{A} \cdot B) = P(A) \cdot P(\overline{B}) + P(\overline{A}) \cdot P(B)$$
$$= 0.63 \times (1 - 0.63) + (1 - 0.63) \times 0.63 = 0.466\ 2。$$

(2)飞机被击中可以是两发炮弹都击中飞机，或只有一发炮弹击中飞机，则有 $P(A \cdot B) + P(A \cdot \overline{B} + \overline{A} \cdot B) = 0.63 \times 0.63 + 0.466\ 2 = 0.863\ 1。$

同步训练 8.3.3

水平一

1. 例题 1 中如有更多密文，很快就能发现它的含义，因为可以猜测 X 解码为 M，N 解码为 H，A 解码为 I，B 解码为 C，而 W 解码为 S。如果另一段密文是：

$$W B A Q R B Q H A B M A L R$$

则明文是_____。

2. 古代烽火台报警信号约有六种：烽、表、烟、苣、积薪和鼓。其使用方法历来说法不一，简言之，烽、表、烟为白天使用；苣、积薪在夜晚使用（积薪有时白天也使用）；鼓则昼夜兼用。"烽"用兜笼将柴草装填其中，发现敌情，立即点燃生烟并悬杆高举，以烟报警。"表"以布为之，红白二色相间，十分醒目，白昼用以悬柱示警。"烟"除举烽火生烟外，还可通过燃烧堆放的柴草产生，有些地区用狼粪或牛粪，狼粪最佳，燃烧后其烟直耸易见，微风吹之不斜。积薪，堆成一堆的柴草，又称"燧"，点燃后有烟有火，可昼夜兼用，但因其耗柴多，故多用于夜晚。战火四起时，某地方将领选取两种不同的信号（昼夜各一种）定为报警信号，则有（ ）种方式。

  A. 15   B. 13   C. 9   D. 8

3. 培根密码又名倍康尼密码，由法兰西斯·培根发明。加密时，明文中的每个字母都会转换成一组五个英文字母，如下表。这样 a,b 的组合最多有_____个。

A：$aaaaa$	B：$aaaab$	C：$aaaba$	D：$aaabb$	E：$aabaa$	F：$aabab$
G：$aabba$	H：$aabbb$	I：$abaaa$	J：$abaab$	K：$ababa$	L：$ababb$
M：$abbaa$	N：$abbab$	O：$abbba$	P：$abbbb$	Q：$bbbba$	R：$baaab$
S：$baaba$	T：$baabb$	U：$babaa$	V：$babab$	W：$babba$	X：$bbaaa$
Y：$bbaaa$	Z：$bbaab$				

4. 某加密文件用的是一种圆环字母对照（如图），为了加强安全性，两次使用该表来加密，则用该方法可将明文 WAR AND PEACE 加密为_____。

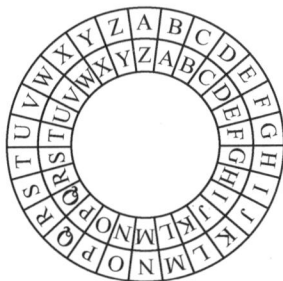

（第 4 题图）

5.《三十六计》或称三十六策，是指中国古代三十六种兵法策略。它是根据中国古代军事思想和丰富的斗争经验总结而成的兵书。共分六套：胜战计、敌战计、攻战计、混战计、并战计、败战计。前三套是处于优势所用之计，后三套是处于劣势所用之计，每套各包含六计，总共三十六计。

  现从 36 计中选 2 计和"瞒天过海""暗度陈仓"（均为 36 计之一）一起使用，且"瞒天过海""暗度陈仓"两计连着使用，则有_____种方案可选。

6. 5 名科学家合作一项机密研究，研究材料被锁在保险箱里。当且仅当超过一半成员在场时，保险箱才能被打开。为此保险箱被上了多把不同的锁，其钥匙被分配给每名科学家。则至少需要_____把锁，每人至少要分_____把钥匙。（一把锁有多把钥匙，但一把钥匙只能开一把锁）

水平二

1. 战争中，士兵射击的命中率不会是百分之百，若每支步枪射击飞机的命中率仅为 0.003。

(1)现用 250 支步枪同时独立地进行一次射击，求击中飞机的概率。

(2)若要以 0.99 的概率击中飞机，大概需要多少支步枪同时射击？

2. 在密码学史中，较为著名的是恩尼格玛密码机。早期的密码机有 3 个转子，键盘共有 26 个键(为使通信尽量短且难以破译，空格、数字等都被取消，只有字母键)。每个转子有 26 个档位，档位和字母表上的字母相对应。

整个过程大致是：密码机根据转子所处的档位决定移位情况，转子把字母表打乱。当一个字母被传递到第一个转子时，产生的移位结果就会传给第二个转子，同时产生新的移位，这一结果又会传给第三个转子，并产生第三个移位(如图)。同一个字母在明文的不同位置时，可以被不同的字母替换，而密文中不同位置的同一个字母，又可以代表明文中的不同字母，这就是它难以被破译的关键。但如果连续键入 26 个字母，转子就会整整转一圈，回到原始的方向上，这时编码就和最初的重复。

(第 2 题图)

(1)如图有三个转子(转动顺序从左至右)的恩尼格玛密码机要输入多少个字母后编码才会和最初的编码重复？

(2)事实上这三个转子的转动顺序可以任意，那么恩尼格玛密码机要输入多少个字母之后编码才会和最初的重复？

3. 云影密码是古典密码中的一种，仅包含 0，1，2，4，8 五个数字，其中 0 用于分割，其余数字做加和操作之后转换为明文。例如：

$$8842101220480224404014224202480122,$$

去除 0 之后为：88421 122 48 2244 4 142242 248 122。

每组累加之后为：23 5 12 12 4 15 14 5。

根据密码表：abcdefghijklmnopqrstuvwxyz。

数字即为对应字母，明文为 welldone。

(1) 请替明文 peace 加密；

(2) 若将 14 或 122 视为 2 种不同的加密方式，122 和 212 视为同一种加密方式，则 peace 加密的方式有多少种？（其中能且只能出现一次数字 8）

⊙ 数学窗 ●

趣味数学：神秘的金字塔

如图 8.3-6，古埃及金字塔是世界奇迹，它们大小不一，经过测量后，带着数学的眼光去发现：它们的倾斜度都差不多，约为 51°（如图 8.3-7，胡夫金字塔高 $PO=146$ m，$DO=116.4$ m，则 $\angle PDO \approx 51°$）。

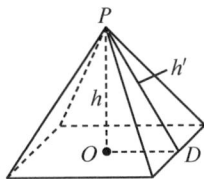

图 8.3-6   图 8.3-7

为什么是 51°？显然在三角中，30°，45°，60° 似乎更特别。

倾斜度的大小会影响我们对金字塔的直观感受，无论是网上的图片或是亲眼目睹的金字塔，是否感觉特别舒适？试想一下：如果金字塔造得很高，即倾斜度较大（图 8.3-8），长期处于风沙之中其稳定性必定大打折扣，很可能会坍塌；如果金字塔造得较矮，即倾斜度较小（图 8.3-9），有没有金字塔为土丘堆的既视感？

图 8.3-8   图 8.3-9

既要确保其稳定性,高度又不能太低,没有现代化工具的古埃及人是怎么得到 51°的呢?

不妨做个实验:用干燥的沙子,自同一位置倒出,不管倒出多少沙子,当沙子堆积稳定到一定高度时,这个沙堆的倾斜度差不多就是 51°。

大自然是最伟大的艺术家,我们有理由相信,金字塔的设计者是根据这个类似的经验来确定金字塔的倾斜角度的。

8.4 数学与天文

8.4.1 数学与星星的亮度

笔 记

知识要点

1. 等差数列相关公式

通项公式 $a_n = a_1 + (n-1)d$;

前 n 项求和公式 $S_n = \dfrac{n(a_1 + a_n)}{2} = na_1 + \dfrac{n(n-1)}{2}d$。

2. 等比数列相关公式

通项公式 $a_n = a_1 q^{n-1}$;

前 n 项求和公式 $S_n = \dfrac{a_1(1-q^n)}{1-q} = \dfrac{a_1 - a_n q}{1-q} (q \neq 1)$。

运用举例

例 1 绝对星等是假定把恒星放在距地球 10 秒差距(32.6 光年)的地方测得的恒星的亮度,用以区别于视星等,它反映天体的真实发光本领。物体越亮,其绝对星等的数值越小。两个天体绝对星等相差 5,那么光度相差 100 倍。

如果绝对星等用 M 表示，视星等用 m 表示，两者间满足：$M = m + 5(1 + \lg q)$，其中 q 是天体的视差，单位是弧秒。

(1)如果一个天体的绝对星等比另一个天体的绝对星等大 3，则其光度是另一个天体的多少倍？

(2)织女星的视差为 0.133，视星等为 0.03，请计算其绝对星等。（精确到 0.01）

解：(1)我们把天体的绝对星等的亮度组成的等比数列记为 $\{a_n\}$，绝对星等相差 5，光度相差 100 倍，即 $q^4 = \dfrac{1}{100}$。

一个天体的绝对星等比另一个天体的绝对星等大 3，则其光度为另一个天体的 $q^3 = \left(\sqrt[4]{\dfrac{1}{100}}\right)^3 \approx 0.03$。

(2)将 $q = 0.133$ 代入公式，得 $M = 0.03 + 5(1 + \lg 0.133) \approx 0.65$，其绝对星等为 0.65。

例 2　我国古代的天文学和数学著作《周髀算经》中记载：一年有二十四个节气，每个节气晷长损益相同(晷是按照日影测定时刻的仪器，晷长即为所测影子的长度)，二十四个节气及晷长变化如图 8.4-1 所示。相邻两个节气晷长的变化量相同，周而复始。若冬至晷长一丈三尺五寸，夏至晷长一尺五寸(一丈等于十尺，一尺等于十寸)，则夏至之后的小暑节气晷长为多少？

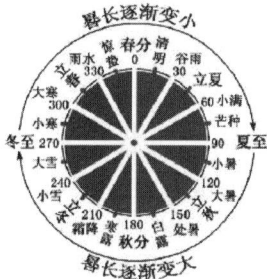

图 8.4-1

分析：从夏至到冬至的晷长依次构成等差数列。

解：夏至到冬至的晷长构成数列 $\{a_n\}$，且 $a_1 = 15$，$a_{13} = 135$，解得 $d = 10$。则 $a_2 = 15 + 10 = 25$. 故小暑的晷长为 25 寸，即二尺五寸。

同步训练 8.4.1

水平一

1. 古巴比伦人了解行星的存在，他们崇拜太阳、月亮、金星，把数 3 看作是"幸福的"；他们又发现了木星、火星、水星、土星，这时数 7 被看作是"幸福的"。古巴比伦人特别注意研究月亮，把弯月的明亮部分与月面全面积之比，叫作"月相"。在一块泥板上记载有关月相的题目：设月亮全面积为 240。从新月到满月的 15 天中，头 5 天月亮面积每天都是前一天的 2

倍，即 5，10，20，40，80。后 10 天每天都按照相同数值增加，增加的数值是_____。

2. 比 5 等星亮 10 倍的恒星，其（视）星等为_____等。

3. 下列（   ）选项中，所表示的两个年份都是闰年。

A. 1890 年、2000 年　　　　　　　　B. 1900 年、2000 年

C. 1972 年、2008 年　　　　　　　　D. 2000 年、2100 年

4.（视）星等是衡量恒星天体光度的量，天文学上规定，星的明暗一律用（视）星等来表示，（视）星等值越小，星星就越亮；（视）星等值越大，它的光就越暗。肉眼可见的 1 等星的亮度恰好是 6 等星的 100 倍。亮度相差 10% 的两颗星，（视）星等大约相差（   ）等。

A. 1　　　　　　B. 0.1　　　　　　C. 0.01　　　　　　D. 0.001

5. 已知《易经》中记录的冬至晷长为 130.0 寸，夏至晷长为 14.8 寸，那么《易经》中所记录的惊蛰的晷长应为（   ）寸。

A. 72.4　　　　　　B. 81.4　　　　　　C. 82　　　　　　D. 91.6

6. 月全食是月食的一种，当月亮、地球、太阳完全在一条直线上的时候，地球在中间，整个月亮全部走进地球的影子里，月亮表面变成暗红色，形成月全食。月亮、地球、太阳在一条直线上的情况有_____种。

水平二

1. 两个亮度相差 10 的恒星天体，其绝对星等大约相差多少等？

2.《周髀算经》中有这样一问：从冬至日起，依次小寒、大寒、立春、雨水、惊蛰、春分、清明、谷雨、立夏、小满、芒种十二个节气日影长减等寸，冬至、立春、春分日影长之和为三丈一尺五寸，前九个节气日影长之和为八丈五尺五寸，问芒种日影长为多少？

3. 太阳活动是太阳大气层里一切活动现象的总称，主要有太阳黑子、光斑、谱斑、耀斑、日珥和日冕瞬变事件等，由太阳大气中的电磁过程引起，时烈时弱，具有一定的周期性。规定从 1755 年开始的周期作为太阳活动的第 1 周，第 21 周从 1976 年开始。

(1)写出上述数列的通项公式($n \in \mathbf{N}_+$)；

(2)2022 年是太阳活动的第几个周期？

8.4.2　数列与谷神星的发现

知识要点

1. 概率

如果某个试验共有 n 个等可能出现的基本事件，事件 A 由其中 m 个基本事件组成，则事件 A 发生的概率 $P(A) = \dfrac{m}{n}$。

2. 最小正周期

一般地，对于函数 $y = f(x)$，如果存在一个常数 $T(T \neq 0)$，当 x 取定义域 D 内的每一个值时，都有 $x + T \in D$，且等式 $f(x+T) = f(x)$ 成立，则函数 $y = f(x)$ 叫作周期函数，常数 T 叫作这个函数的周期。如果周期函数的所有周期中，存在一个最小的正数，那么就把这个正数叫作函数的最小正周期，仍用 T 表示。

运用举例

例 1　天文学上用星等表示星体的亮度，星等的数值越小，星体越亮。视星等是指观测者用肉眼所看到的星体的亮度；绝对星等是假定把恒星放在距地球 32.6 光年的地方测得的恒星的亮度，反映恒星的真实发光本领。

表 8.4-1 列出了(除太阳外)视星等数值最小的 10 颗最亮恒星的相关数据，其中 $a \in [0, 1.3]$。

表 8.4-1

星名	视星等	绝对星等	赤纬
天狼星	-1.47	1.42	$-16.7°$
老人星	-0.72	-5.53	$-52.7°$
南门二	-0.27	4.4	$-60.8°$
大角星	-0.04	-0.38	19.2°
织女一	0.03	0.6	38.8°
五车二	0.08	0.1	46°
参宿七	0.12	-6.98	$-8.2°$
南河三	0.38	2.67	$-5.2°$
水委一	0.46	-2.78	$-57.2°$
参宿四	a	-5.85	7.4°

(1)从表中随机选择一颗恒星，求它的绝对星等的数值小于视星等的数值的概率；

(2)已知某市的纬度是北纬 34°，当且仅当一颗恒星的"赤纬"数值大于 $-56°$ 时，能在该市的夜空中看到它。现从这 10 颗恒星中随机选取 4 颗，求这 4 颗星都能被看到的概率；织女星能被看到的概率又为多少？(下雨等情况不计)

解：(1)由图表可知，10 颗恒星有 5 颗恒星绝对星等的数值小于视星等的数值，故而概率为 $P = \dfrac{1}{2}$。

(2)由图表可知，10 颗恒星中有 8 颗恒星的"赤纬"数值大于 $-56°$，故而概率为 $P = \dfrac{C_8^4}{C_{10}^4} = \dfrac{1}{3}$；织女星能被看到的概率为 $P = \dfrac{C_7^3}{C_{10}^4} = \dfrac{1}{6}$。

例 2 "干支纪年法"是屹立于世界民族之林的科学历法之一，是中国历法上自古以来使用的纪年方法，源于中国远古时代对于天象的观测。10 天干为：甲、乙、丙、丁、戊、己、庚、辛、壬、癸；12 地支为：子、丑、寅、卯、辰、巳、午、未、申、酉、戌、亥。那么按照排列结果，共有 $C_{10}^1 C_{12}^1 = 120$ 种结合方式(如图 8.4-2)，但为何称 60 年为一个甲子？

	子	丑	寅	卯	辰	巳	午	未	申	酉	戌	亥
甲	甲子	甲丑	甲寅	甲卯	甲辰	甲巳	甲午	甲未	甲申	甲酉	甲戌	甲亥
乙	乙子	乙丑	乙寅	乙卯	乙辰	乙巳	乙午	乙未	乙申	乙酉	乙戌	乙亥
丙	丙子	丙丑	丙寅	丙卯	丙辰	丙巳	丙午	丙未	丙申	丙酉	丙戌	丙亥
丁	丁子	丁丑	丁寅	丁卯	丁辰	丁巳	丁午	丁未	丁申	丁酉	丁戌	丁亥
戊	戊子	戊丑	戊寅	戊卯	戊辰	戊巳	戊午	戊未	戊申	戊酉	戊戌	戊亥
己	己子	己丑	己寅	己卯	己辰	己巳	己午	己未	己申	己酉	己戌	己亥
庚	庚子	庚丑	庚寅	庚卯	庚辰	庚巳	庚午	庚未	庚申	庚酉	庚戌	庚亥
辛	辛子	辛丑	辛寅	辛卯	辛辰	辛巳	辛午	辛未	辛申	辛酉	辛戌	辛亥
壬	壬子	壬丑	壬寅	壬卯	壬辰	壬巳	壬午	壬未	壬申	壬酉	壬戌	壬亥
癸	癸子	癸丑	癸寅	癸卯	癸辰	癸巳	癸午	癸未	癸申	癸酉	癸戌	癸亥

图 8.4-2

原因在于天干地支必须按顺序循环，不能随意结合。即奇数位置的天干只能和奇数位置的地支结合，偶数位置的天干只能和偶数位置的地支结合。60 即为 10 和 12 的最小公倍数。

已知 1984 是甲子周期的第一年，伟大领袖毛泽东主席诞生于 1893 年 12 月 26 日，请问毛主席诞生于农历什么年？

解：$1\,893=1\,984-2\times 60+29$，即癸巳年。

同步训练 8.4.2

水平一

1. 日晷(如图)是中国古代用来测定时间的仪器，利用与晷面垂直的晷针投射到晷面的影子来测定时间。把地球看成一个球(球心记为 O)，地球上一点 A 的纬度是指 OA 与地球赤道所在平面所成的角，点 A 处的水平面是指过点 A 且与 OA 垂直的平面，在点 A 处放置一个日晷，若晷面与赤道所在平面平行，点 A 处的纬度为北纬 $40°$，则晷针与点 A 处的水平面所成的角为(　　)。

(第1题图)

A. $20°$　　　　　B. $40°$　　　　　C. $50°$　　　　　D. $90°$

2. 地球绕太阳公转一周为一年，地球自转一周为一天。假设一年正好 365 天，地球自转了_____周。(一周为 $360°$，答案取整)

3. 我国古代数学名著《数书九章》中有"天池盆测雨"，下雨时，用一个圆台形的天池盆接雨水。天池盆盆口直径为二尺八寸，盆底直径为一尺二寸，盆深一尺八寸。若盆中积水深九寸，则平地降雨量是_____寸。[①平地降雨量等于盆中积水体积除以盆口面积；②一尺等于十寸；③台体的体积公式 $V=\dfrac{1}{3}(S_{上}+\sqrt{S_{上}\,S_{下}}+S_{下})\cdot h$]

4. 2015 年是"干支纪年法"中的乙未年，则 2022 年是"干支纪年法"中的( )年。

A. 辛酉　　　　B. 壬寅　　　　C. 癸卯　　　　D. 甲辰

5. 古人通过长期观测天象发现，通过北斗七星可以在群星灿烂的夜空中找到永远在正北方向的北极星，也就实现了定向导航。战国文献《鹖冠子·环流》有记载，北斗星在不同季节指向不同的方向。请问，斗柄指向西方对应的是哪个季节？( )

A. 春　　　　　B. 夏　　　　　C. 秋　　　　　D. 冬

6. 干支是天干和地支的总称(10 天干，12 地支)，把干支顺序相配正好 60 为一周期，周而复始，循环记录。受此周期律的启发，可以求得函数 $f(x)=\sin\dfrac{2x}{3}+\cos 3x$ 的最小正周期为( )。

A. π　　　　　B. 2π　　　　　C. 3π　　　　　D. 6π

水平二

1. 天文学中为了衡量星星的明暗程度，古希腊天文学家喜帕恰斯提出了星等的概念。星等的数值越小，星星就越亮；星等的数值越大，它的光就越暗。到 1850 年，由于光度计在天体光度测量中的应用，英国天文学家普森又提出了衡量天体明暗程度的亮度的概念。天体的明暗程度可以用星等或亮度来描述。两颗星的星等与亮度满足 $m_1-m_2=2.5(\lg E_2-\lg E_1)$。其中星等为 $m_i(i=1,2)$ 的星的亮度为 $E_i(i=1,2)$。已知"心宿二"的星等是 1.00，"天津四"的星等是 1.25。"心宿二"的亮度是"天津四"的 q 倍，则 q 的值是多少？(当 $|x|$ 较小时，$10^x\approx 1+2.3x+2.7x^2$，精确到 0.001)

2. 天文学家把太阳系内的八大行星分为两大类：以地球为基点，一类为地内行星，一类为地外行星。顾名思义，地内行星就是运行轨道在地球以内的行星，包括水星和金星；地外行星是轨道在地球以外的行星，包括火星、木星、土星、天王星和海王星。当地球和某地外行星与太阳在同一条直线上，这一天文现象称为"冲日"，简称"冲"。当八大行星中任意两颗运行到与太阳在一条直线上时，出现"冲日"的概率有多大？

3. 天气预报中有"降水量为×××mm"。降水量，是指从天空降落到地面上的水，未经蒸发、渗透、流失而在水平面上积聚的水层深度，是区域水资源量计算的重要依据。但为何用长度单位表示呢？测量一段时间内某地区降水量的仪器，叫作"雨量器"。降水量是一段时间内某地区雨量器中储存的水层深度，因此其计量单位是长度单位。雨量器为圆柱形，上方的承水器打开，降雨在雨量器的储水瓶里被储存起来。降水量 1 mm 指的是 1 m^2 的单位面积上积水深度 1 mm。若某区域使用的是直径为 20 cm，高为 45 cm 的雨量器（如图），当日 9 时至 10 时降水量为 1.5 mm，则雨量器中的水深为多少？

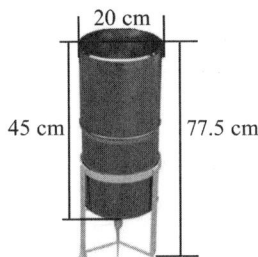

20 cm

45 cm 77.5 cm

（第 3 题图）

👁 **数学窗** ●

趣味数学：悬而未决的 Collatz 猜想

同学们请做好准备：

请随意选一个正整数，如果是偶数，那么将它除以 2；如果是奇数，那么将它乘 3 再加 1。

对于得到的新的数，重复上面的运算过程。

如果一直操作下去，会得到几呢？

数学家们试验了数百万个数，无论这个过程中的数如何庞大，最终均得到循环体(4，2，1)至今还没发现哪怕一个例外，但是数学家们也无法证明一定不存在一个特殊的数，在不断重复上述步骤后趋于无穷或是趋向于一个不同的数。

既找不到反例说明其错误，也无法证明结论的正确性。这就是著名的Collatz猜想(冰雹猜想)。

若随意选的正整数是"孙悟空"，则任你怎么变(除以 2 也好，乘 3 再加 1 也罢)，最终逃不过"如来"的手掌心，"如来"手一翻，结局都一样。不信可以试一试！

15. 古时计时工具有蜡烛、沙漏、圭表等，也有我们熟知的"一炷香"时间。沙漏由两个形状完全相同的容器和一个狭窄的连接管道组成，开始时细沙全部在上部容器中，细沙通过连接管道全部流到下部容器所需要的时间称为该沙漏的一个沙时。如图，某沙漏由上下两个圆锥组成，圆锥的底面直径和高均为 6 cm，细沙全部在上部时，其高度为圆锥高度的 $\frac{2}{3}$（细管长度忽略不计）。

(1)某军约定一个沙时后发动进攻，若该沙漏每秒钟漏下 0.015 cm³ 的沙，则多久后发动进攻(精确到 1 s)？

(2)细沙全部漏入下部后，恰好堆成一个盖住沙漏底部的圆锥形沙堆，求此锥形沙堆的高度。（精确到 0.1 cm）

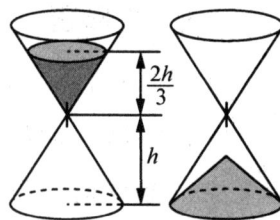

(第 15 题图)

16. 足球被誉为"世界第一运动"，它是全球体育界最具影响力的单项体育运动，普通足球是由 32 块黑白相间的牛皮缝制而成的，黑皮为正五边形，白皮为正六边形，且边长相等。其表面可被看成由正二十面体用平面截角的方法形成的，即用正二十面体[如图(1)]，从每个顶点的棱边的 $\frac{1}{3}$ 处将其顶角截去，截去 20 个顶角后剩下的结构[如图(2)]就是足球的表面结构。已知正二十面体是由 20 个边长为 3 的正三角形围成的封闭几何体。

(1)请计算足球[如图(2)]所有棱的边数；

(2)请计算足球[如图(3)]黑皮和白皮的块数。

(1)　　　　　(2)　　　　　(3)

(第 16 题图)

专题八　单元测试卷二

班级_____　姓名_____

（满分 100 分，45 分钟）

一、选择题

1. 以下哪一个选项描述的不是随机事件？（　　）

A. 游泳运动员在训练时消耗了卡路里　　B. 足球比赛中运动员犯规后被罚下场

C. 篮球运动员罚篮时投篮命中　　D. 射击运动员在射击时脱靶

2. 望远镜是一种利用透镜或反射镜以及其他光学器件观测遥远物体的光学仪器，通过透镜的光线折射或光线被凹镜反射使之进入小孔并会聚成像，再经过一个放大目镜而被看到，是研究天文现象必不可少的工具。

望远镜放大倍数的标示，通常用物镜焦距与目镜焦距之比计算。例如某款望远镜口径为 120 mm，物镜焦距为 1 500 mm，目镜焦距为 60 mm，则其放大倍数为 25 倍。现将其调整，口径增加为原先的 3 倍，目镜焦距缩小为原先的 $\frac{1}{3}$，则其放大的倍数为原先的（　　）倍。

A. 2　　　　　　B. 3　　　　　　C. 6　　　　　　D. 9

3. 徐子云《算来寺内几多僧》：

巍巍古寺在山林，不知寺内几多僧。三百六十四只碗，看看周尽不差争。

三人共食一碗饭，四人共吃一碗羹。请问先生明算者，算来寺内几多僧。

寺内共有多少僧？（　　）

A. 364 名　　　B. 624 名　　　C. 1 092 名　　　D. 1 456 名

4. 作战时，谁都不希望自己的飞机被敌人的战斗机击落，因此要为飞机披上装甲。但装甲会增加飞机的质量，从而减弱飞机的机动性，还会消耗更多燃油。防御过度并不可取，但也不能防御不足。如何找到最优方案？第二次世界大战期间，美军飞机在欧洲上空与敌机交火后返回基地时，飞机上留有的弹孔分布并不均匀，军方提供的相关数据如下：

飞机部位	每平方英尺的平均弹孔数
引擎	1.11
机身	1.73
油料系统	1.55
其余部位	1.80

15. 掷骰子古往今来皆有。古有"掷状元红"，游戏规则：六颗均匀骰子(点数四为红色，其余皆为黑色)掷到碗里，只要出现一个红，得一个秀才签，两个红得一个举人签。特殊情况：若出现五颗六和一颗五，称"恨点不到头"，得一个状元签；若出现"六颗骰子均为六"叫"全色"，比"恨点不到头"赢得多；若出现"五颗红一颗五"叫"火烧梅花"，可拿走别人已获得的状元签。求：

(1)出现全六或全红的概率；

(2)得一个秀才签的概率；

(3)出现五颗六或五颗红的概率。

16. 现代社会，密码无处不在，最常见的就是手机密码。有一次小马不在，小骊想用小马的手机查询资料，她知道小马的手机密码为四位数，她输了五次四位数的密码均有误，但每次输入的密码中有两位数字正确，但位置都不对。输入的五次手机密码分别是：6 087，5 173，1 358，3 825，2 531。则小马的手机密码是多少？

专题八　单元测试卷一

班级 _____　姓名 _____

（满分 100 分，45 分钟）

一、选择题

1. 扑克是在全世界范围内非常流行的一款纸牌游戏，玩法多样。共有红桃、方块、梅花、黑桃四种花色。把四张扑克牌放在一张桌子上[如图(1)]，现在任意将其中一张牌颠倒过来[如图(2)]，则颠倒过来的那张扑克牌是（　　）。

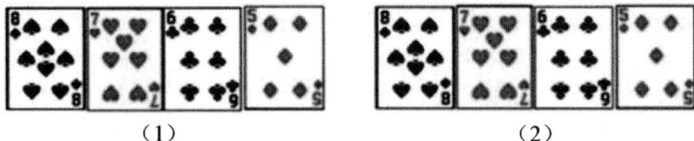

（1）　　　　　　　　　　　（2）

（第 1 题图）

A. 方块 5　　　　　B. 梅花 6　　　　　C. 红桃 7　　　　　D. 黑桃 8

2. 已知太阳的直径约为地球直径的 109 倍，因此太阳的体积约是地球体积的（　　）。

A. 1 万倍　　　　　B. 1 百万倍　　　　　C. 1 千万倍　　　　　D. 1 亿倍

3. 传说中，第一个统一英国的是亚瑟王，在他麾下，和他最亲近的下属拥有与国王共坐一桌宴聚的荣誉。其中有 12 名骑士最为出名，固有 12 圆桌骑士之称。若这 12 名骑士围桌而坐，共有（　　）种坐法。

A. A_{13}^{13}　　　　　B. A_{12}^{12}　　　　　C. A_{11}^{11}　　　　　D. $\dfrac{A_{11}^{11}}{2}$

4. 有这样一个"荷花问题"：

　　　　平平湖水清可鉴，面上半尺生红莲；出泥不染亭亭立，忽被强风吹一边；

　　　　渔人观看忙向前，花离原位二尺远；能算诸君请解题，湖水如何知深浅？

请问湖水深几尺？（　　）。

A. 3.25 尺　　　　　B. 3.5 尺　　　　　C. 3.75 尺　　　　　D. 4.25 尺

5. 足球中欧洲五大联赛以及中超联赛等，均是按照一场比赛获胜方得 3 分，平场双方各得 1 分，负则得 0 分。2021 年中超一共有 16 支球队参赛，以主客场双循环的方式进行。最后获得冠军的球队以只输 2 场，总得分 66 分成功登顶。该球队共获胜（　　）场。

A. 17　　　　　B. 18　　　　　C. 19　　　　　D. 20

6. 太阳系的 4 颗行星：木星、土星、天王星与海王星都有光环，但在地球上只有土星的光环用小望远镜就能观察到。土星的公转周期约为 29.5 年，在此期间，土星环的角度在我们的

16. 已知某工厂生产边长为 40 cm 的正方体的大型积木。

(1)请以 1∶10 的比例，绘制出此积木的直观图(斜二测法)；

(2)如果将这个正方体的积木成品打磨成一个球体，请问能打磨出的球体的体积最大为多少？(结果保留 π)

专题七　单元测试卷二

班级_____　姓名_____

（满分 100 分，45 分钟）

一、选择题

1. 某正弦交流电在 0.02 s 内变化了 5 个周期，则它的最小正周期为(　　)s。

A. 0.02　　　　　　B. 0.004　　　　　　C. 200　　　　　　D. 4 000

2. 某正弦交流电的电压满足 $u = 10\sin\left(628t + \dfrac{\pi}{6}\right)$ V，则 u 的振幅为(　　)。

A. 10　　　　　　B. 628　　　　　　C. $628t + \dfrac{\pi}{6}$　　　　　　D. $\dfrac{\pi}{6}$

3. 某交流电电压的最大值为 U_m，有效值为 U，则 $U_m : U$ 为(　　)。

A. 1 : 2　　　　　　B. 2 : 1　　　　　　C. $\sqrt{2}$: 1　　　　　　D. 1 : 1

4. 如图所示的工件，该工件的俯视图可能是(　　)。

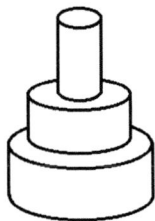
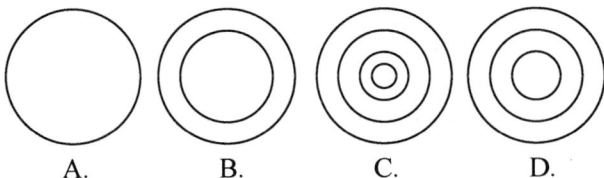

（第 4 题图）　　A.　　　　B.　　　　C.　　　　D.

5. 一个几何体的三视图都是直径为 6 的圆，则这个几何体的表面积为(　　)。

A. 9π　　　　　　B. 18π　　　　　　C. 36π　　　　　　D. 72π

6. 已知某台电子秤的误差为 ±5 g，当物品放上去后，电子秤屏幕显示为 320 g，则物品实际质量至少为(　　)g。

A. 310　　　　　　B. 315　　　　　　C. 325　　　　　　D. 330

7. 在加工制造设备零件的过程中，对误差的理解正确的是(　　)。

A. 只要技术好，制作零件就永远不会产生误差

B. 误差是正常的，只要努力了，多大的误差都不会影响零件品质

C. 生产的零件，只要有误差，就一定是不合格产品

D. 在加工制造中，误差难以避免，但我们可以发挥主观能动性，去尝试减少误差

8. 生产两种不同类型的零件，一个误差为 0.1 cm，一个误差为 0.2 cm，下列说法正确的

16. 如图是一个工业零件，它是在棱长为 10 cm 的正方体铁块中间挖去一个圆柱，其中圆柱的底面圆的半径为 2 cm。

(1)试作出此零件的三视图；（箭头为正视图方向）

(2)求出此零件的表面积和体积。（精确到 0.1）

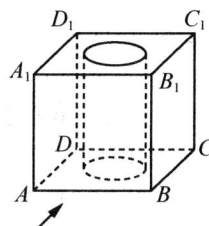

（第 16 题图）

专题七　单元测试卷一

班级＿＿＿＿　姓名＿＿＿＿

（满分100分，45分钟）

一、填空题

1. 某交流电电流的瞬时值表达式为 $i=10\sin\left(314t+\dfrac{\pi}{3}\right)$A，则电流的初相位为（　　）。

   A. 10　　　　　　　B. 314　　　　　　　C. $314t+\dfrac{\pi}{3}$　　　　　　D. $\dfrac{\pi}{3}$

2. 某交流电电压的瞬时表达式为 $u=100\sin\left(20\pi t+\dfrac{\pi}{6}\right)$V，则当 $t=0.1$ s 时，u 的值为（　　）。

   A. 100 V　　　　　B. $50\sqrt{3}$ V　　　　　C. 50 V　　　　　　D. 25 V

3. 某交流电电压的瞬时表达式为 $u=200\sin\left(20\pi t+\dfrac{\pi}{6}\right)$V，则 u 的有效值约为（　　）。

   A. 200 V　　　　　B. 141 V　　　　　C. 20π V　　　　　D. $\dfrac{\pi}{6}$ V

4. 某零件的三视图如图所示，可判断其形状为（　　）。

   A. 四棱锥　　　　　B. 四面体　　　　　C. 圆锥　　　　　　D. 圆柱

5. 如图，直角△$O'A'B'$ 是一个平面图形的直观图，斜边 $O'B'=8$，则原平面图形的面积是（　　）。

   A. 8　　　　　　　B. $8\sqrt{2}$　　　　　C. 16　　　　　　　D. $16\sqrt{2}$

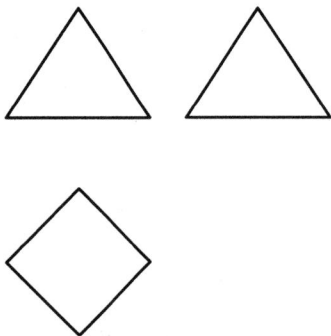

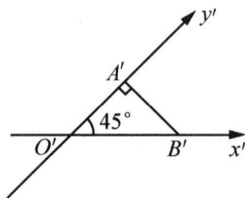

（第4题图）　　　　　　　　（第5题图）

6. 某熟食店打包好的烤鸭每份质量 x（kg）必须满足 $|x-360|\leqslant10$，则下列烤鸭的质量符合要求的是（　　）。

14. 某水果商按每千克 8 元的价格收购了 1 000 kg 甜橙，据预测，甜橙的市场售价每天将上涨 0.2 元，保存甜橙每天需要支出各种费用合计 120 元，且甜橙最多还能保存 90 天，平均每天有 2 kg 的甜橙损坏不能出售，若存放 x 天后，将这批甜橙一次性批发出售，获得利润 y 元，求存放多少天后出售能获得最大利润？最大利润为多少元？

15. 小李下班回家，需要安排以下工作。A：乘坐地铁回家（70 分钟）。B：网上买菜（10 分钟）。C：学习英语（40 分钟）。D：做饭（50 分钟）。E：与父母通电话（20 分钟）。F：吃饭（30 分钟）。根据以上资料画出箭线图，求出关键路径，计算：最少需要多长时间才能完成这些工作？

16. 如图为 B 公司 2023 年 12 月 31 日的资产负债表（简表），计算该公司 2023 年应交税费，流动负债，负债以及负债和所有者权益分别是多少元？根据计算数据比较：2022 年和 2023 年该公司应交税费哪一年多？多多少元？

资产负债表（简表）

编制单位：B公司　　　　　　2023年12月31日　　　　　　单位：元

资产	年初余额	期末余额	负债和所有者权益	年初余额	期末余额
流动资产：			流动负债：		
交易性金融资产	20000	30000	短期借款	150000	145000
应收账款	42800	50900	应付账款	74300	96500
预付账款	6500	9000	预收账款	65000	72000
存货	125000	131000	应交税费	13000	
其他流动资产	20000	35000	其他流动负债	41000	48000
流动资产合计	214300	255900	流动负债合计	343300	
非流动资产：			非流动负债：		
固定资产	150000	190000	长期借款	50000	60000
在建工程	124000	118000	非流动负债合计	50000	60000
工程物资	32000	30800	负债合计	393300	
非流动资产合计	306000	338800	所有者权益：		
资产总计	520300	594700	实收资本	42000	59000
			未分配利润	85000	93000
			所有者权益合计	127000	152000
			负债和所有者权益总计	520300	

（第 16 题图）

专题六　单元测试卷二

班级_____　姓名_____

（满分 100 分，45 分钟）

一、选择题

1. 对流程框"⬭"表示的功能描述正确的一项是（　　）。

A. 表示流程的开始或结束

B. 表示数据和信息的输入或结果的输出

C. 表示数据和信息处理。包括赋值、执行计算、结果的传送等

D. 根据给定条件进行判断，并确定后续步骤

2. 某外贸公司出口野生菌菇 1 000 箱，该商品内包装为塑料袋，外包装为纸箱，每箱 50 袋，每袋菌菇的进货成本约为 28 元，出口价为 38 元，每袋内包装费为 0.5 元，1 个纸箱需 10 元，运输费用为 8 000 元，人工费用为 5 800 元，其他各种费用合计约为 15 100 元，则该外贸公司出口这批菌菇的利润为（　　）元。

A. 1 435 000　　　　B. 436 100　　　　C. 1 463 900　　　　D. 1 900 000

3. 黄健同学下午放学后在晚餐前要完成以下事情：乘车回家 30 分钟，打电话给父母 5 分钟，听音乐 25 分钟，吃点心 10 分钟，专心做作业 50 分钟，黄健同学完成所有事情至少需要（　　）分钟。

A. 85　　　　　　B. 90　　　　　　C. 95　　　　　　D. 120

4. 用 Excel 软件编制财务报表时，在 Excel 软件中主要用到_____菜单中的_____功能。（　　）。

A. "公式""SUM"函数

B. "公式""AVERAGE"函数

C. "数据""排序"

D. "插入""公式"

5. 如图为用公式法求一元二次方程 $ax^2+bx+c=0$ 的根的程序框图，图中①处应填（　　）。

A. $x \leftarrow -\dfrac{b}{2a}$　　　　　　B. 无解

C. $x \leftarrow \dfrac{-b \pm \sqrt{\Delta}\,\mathrm{i}}{2a}$　　　　D. $x \leftarrow \dfrac{-b \pm \sqrt{-\Delta}\,\mathrm{i}}{2a}$

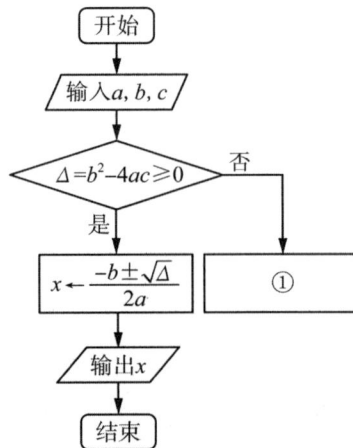

（第 5 题图）

14. 某网店销售洗发用品，将进货单价每瓶 40 元的洗发露按每瓶 60 元出售时，每天能卖出 500 瓶，根据市场调查，若售价每提高 1 元，每天销量就减少 10 瓶，设每瓶洗发露的售价为 x 元，每天获得利润为 y 元。

(1)写出利润 y 元与每瓶洗发露的售价 x 元之间的函数关系式；

(2)求售价定为多少元时，能获得最大利润？最大利润是多少元？

15. 某工程队承包了一项室内装修工程，包括下列工作。A：整体设计(3 天)。B：水电排布(3 天)。C：电工安装灯具(1 天)。D：木工制作柜子(3 天)。E：木工铺设地板(2 天)。F：安装大门和外窗(2 天)。G：修补墙面、地面(6 天)，H：油漆工修饰墙面(3 天)。I：安装室内房门(1 天)。

(1)画出项目的箭线图，找出关键路径，求项目总工期；

(2)绘制项目的甘特图。

16. 下表为某奶茶店 2021 年度利润表，根据表中数据计算并比较该奶茶店 2021 年营业收入和 2020 年营业收入，哪一年较多？多多少万元？

利润表		
编制单位：A奶茶店	2021年	单位：万元
项目	本年累计金额	上年金额
一、营业收入		172
减：营业成本	102	98
营业税金及附加	16.6	15.8
销售费用	18.2	16.4
管理费用	12.9	10.8
财务费用	8.2	8
加：投资净收益	9	8.5
二、营业利润		31.5
加：营业外收入	11.5	9.5
减：营业外支出	7.1	6.9
三、利润总额		34.1
减：所得税费用	5.1	4.2
四、净利润	35.4	29.9

专题六　单元测试卷一

班级_____　姓名_____

（满分 100 分，45 分钟）

一、选择题

1. 下列框图中，表示处理框的是（　　）。

A. ▭　　　B. ◇　　　C. ▱　　　D. ▭

2. 某外贸公司出口茶叶 1 000 箱，该商品内包装为礼品纸盒装，外包装为纸箱，每箱 20 盒，每盒茶叶的进货成本约为 90 元，出口价为 200 元，每盒茶叶内包装费为 12 元，1 个纸箱需 10 元，运输费用为 3 000 元，人工费用为 6 800 元，其他各种费用合计约为 3 600 元，则该外贸公司出口这批茶叶的成本约为（　　）元。

A. 1 823 400　　　B. 263 400　　　C. 2 063 400　　　D. 1 835 400

3. 下图为某项目的箭线图（单位：天），则该项目的关键路径为（　　）。

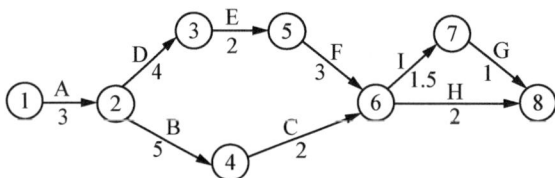

（第 3 题图）

A. A—D—E—F—J—I—G　　　　　　B. A—D—E—F—H

C. A—B—C—I—G　　　　　　　　　D. A—B—C—H

4. 下列关于财务报表的说法错误的是（　　）。

A. 利润表的依据是：收入－费用＝利润

B. 资产负债表的依据是：资产＝负债－所有者权益

C. 利润表中主要项目包括营业收入、营业利润、利润总额和净利润四个部分

D. 资产负债表的左方包含流动资产、非流动资产等，右方包含流动负债、非流动负债、所有者权益等

5. 如图是求球体体积的程序框图，设球半径为 r，体积为 V，则图中①处应填（　　）。

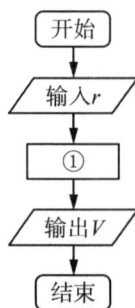

（第 5 题图）

A. $V = \pi r^2 h$　　　B. $V = \dfrac{1}{3} \pi r^2 h$　　　C. $V = \dfrac{4}{3} \pi r^3$　　　D. V

专题五　单元测试卷二

班级_____　　姓名_____

（满分 100 分，45 分钟）

一、选择题

1. 下列数据中数值最大的是（　　）。

A. $(110)_2$　　　　B. $(110)_8$　　　　C. $(110)_{10}$　　　　D. $(110)_{16}$

2. 下列各表达式中运用的是逻辑运算法则的是（　　）。

A. $1+1=2$　　　　B. $A+A=2A$　　　　C. $1-1=0$　　　　D. $1+1=1$

3. 二进制数 110 101 转换为十进制数是（　　）。

A. 4　　　　　　　B. 35　　　　　　　C. 53　　　　　　　D. 106

4. 中国居民身份证号码由 18 位数字或字母构成，如果用二进制来表示，那么 18 位最多可以表示的身份证号数量为（　　）。

A. $2^{18}+1$　　　　B. 2^{18}　　　　C. $2^{18}-1$　　　　D. 2^{17}

5. 如果 m 表示明文，n 表示密文，D 代表加密变换，E 代表解密变换，则下列表达式中描述解密过程的是（　　）。

A. $D(m)=n$　　　　B. $D(n)=m$　　　　C. $E(m)=n$　　　　D. $E(n)=m$

6. 参照摩尔斯电码表，"MATHS"的摩尔斯电码是（　　）。

A. "—　—　　··　　—　　····　　···"　　　　B. "·—　——　—　····　···"

C. "——　·—　—　····　···"　　　　D. "——　·—　—　··　···"

二、填空题

7. 摩尔斯电码由_____和_____两种符号组成。

8. 二进制数 11 001 按权展开为_____。

9. 运用逻辑代数中的三种基本运算计算：$1 \cdot 0' = $_____。

10. 参照摩尔斯电码，"—　··　——　·　·—·　·—··　··　·　···"的翻译结果是_____。

三、解答题

11. 将二进制数 111 100 转换为十进制数。

专题五　单元测试卷一

班级_____　姓名_____

(满分 100 分，45 分钟)

一、选择题

1. 以下数可能是二进制数的是（　　）。

A. 2 002　　　　　　B. 1 001　　　　　　C. 1 001.25　　　　　D. 12B

2. 十进题制数 200 转换为二进制数是（　　）。

A. 1 110 000　　　　B. 1 101 000　　　　C. 11 001 000　　　　D. 1 101 010

3. 二进制数 10 001 转换为十进制数是（　　）。

A. 2　　　　　　　　B. 5　　　　　　　　C. 9　　　　　　　　D. 17

4. 运用逻辑代数中的三种基本运算。计算：$1 \cdot 1' =$（　　）。

A. 1　　　　　　　　B. 0　　　　　　　　C. $1'$　　　　　　　D. $0'$

5. 运用逻辑代数中的三种基本运算计算：$A + A' =$（　　）。

A. 1　　　　　　　　B. A'　　　　　　　C. 0　　　　　　　　D. A

6. 条件 A 与 B 必须同时具备时，事件 F 才会发生，用逻辑表达式表示为（　　）。

A. $F = A + B$　　　B. $F = AB$　　　　C. $F = A' + B$　　　D. $F = A'B$

7. 摩尔斯电码的发明者是（　　）。

A. 年帕克·希特

B. 阿瑟·谢尔比斯

C. 塞缪尔·摩尔斯

D. 约翰·冯·诺伊曼

8. 参照摩尔斯电码表，"SOS"的摩尔斯电码是（　　）。

A. "·—　———　·—"　　　　　　　　B. "———　···　———"

C. "··—　———　··—"　　　　　　　　D. "···　———　···"

二、填空题

9. 位值计数法的两个要素是_____和_____。

10. 八进制数 3 021 按权展开为_____。

11. 运用逻辑代数中的三种基本运算计算：$0' + 0' =$_____。

12. 参照摩尔斯电码，"——·　———　————　··　·—··　··—　—·—·　—·—"

16. 某公司今年参加体检的 350 位男员工的尿酸指数近似呈正态分布，其中尿酸指数平均数是 324 μmol/L，标准差为 75 μmol/L，已知尿酸在 155～428（μmol/L）范围内都属于正常，试求该公司本次检测尿酸不正常的有多少人？

专题四　单元测试卷二

班级_____　姓名_____

（满分 100 分，45 分钟）

一、选择题

1. 在平面直角坐标系中，表示直线 $x-2y=4$ 上方区域(不含直线)的不等式是(　　)。

A. $x-2y\leqslant4$　　　　B. $x-2y\geqslant4$　　　　C. $x-2y<4$　　　　D. $x-2y>4$

2. 在二元线性规划模型中，若把目标函数 $M=3x-y$ 将其看成直线方程时，则 M 的几何意义是(　　)。

A. 该直线的横截距　　　　　　　　B. 该直线的纵截距

C. 该直线的纵截距的相反数　　　　D. 该直线的横截距的 $\dfrac{1}{3}$

3. 若 x，y 满足约束条件 $\begin{cases} x-y\geqslant1, \\ x+y\leqslant4, \\ y\geqslant0, \end{cases}$ 则目标函数 $z=x-4y$ 的最小值为(　　)。

A. -3.5　　　　B. 4　　　　C. -16　　　　D. 1

4. 已知不等式组 $\begin{cases} x+y\geqslant2, \\ y\leqslant ax+4, \\ x\geqslant0 \end{cases}$ 所表示的平面区域是面积为 2 的三角形，则实数 a 的值为(　　)。

A. 2　　　　B. -2　　　　C. $-\dfrac{1}{2}$　　　　D. -2

5. 若 x，y 满足约束条件 $\begin{cases} x-2y\leqslant2, \\ x+3y<6, \\ x,\ y\in\mathbf{N}, \end{cases}$ 则目标函数 $z=x-3y$ 的最小值为(　　)。

A. 3　　　　B. -3　　　　C. -6　　　　D. 2

6. 设随机变量 $\xi\sim N(\mu,\sigma^2)$，其概率分布函数为 $F(X)$，且对应的标准正态分布函数为 $\Phi(X_0)$，则 X 与 X_0 之间的关系为(　　)。

A. $X_0=\dfrac{X-\mu}{\sigma}$　　　B. $X=\dfrac{X_0-\mu}{\sigma}$　　　C. $X_0=\dfrac{X+\mu}{\sigma}$　　　D. $X_0=\dfrac{X-\sigma}{\mu}$

7. 设随机变量 X 服从正态分布 $N(0,1)$，则下列结论正确的是(　　)。

① $P(|X|<a)=P(|X|<a)+P(|X|=a)\ (a>0)$

15. 在某项规划测量中，测量结果 ξ 服从正态分布 $N(40,36)$，分别求出 ξ 在 $[34,52]$ 和 $(30,55)$ 范围内的概率。

16. 根据研究，婴儿出生时的体重服从正态分布，且出生体重低于 2 500 g 为低体重儿。若某地婴儿平均出生体重为 3 300 g，标准差为 320 g，试估计该地当年低体重儿所占比例。

专题四 单元测试卷一

班级_____ 姓名_____

（满分 100 分，45 分钟）

一、选择题

1. 在平面直角坐标系中，在直线 $x+y=2$ 上方的点有（　　）。

A.（2，0）　　　　　B.（2，1）

C.（2，－1）　　　　D.（1，－2）

2. 表示如图阴影区域的二元一次不等式可以是（　　）。

A. $x+y\leqslant 2$　　　　B. $x+y<2$

C. $x-y\leqslant 2$　　　　D. $x-y\geqslant 2$

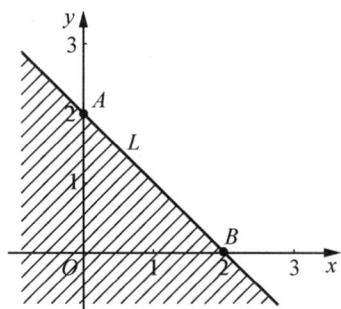

（第 2 题图）

3. 不等式组 $\begin{cases} x-2y\geqslant 4, \\ 2x+4y\geqslant 1, \\ x\leqslant 0,\ y\geqslant 0, \end{cases}$ 所表示的平面区域为（　　）。

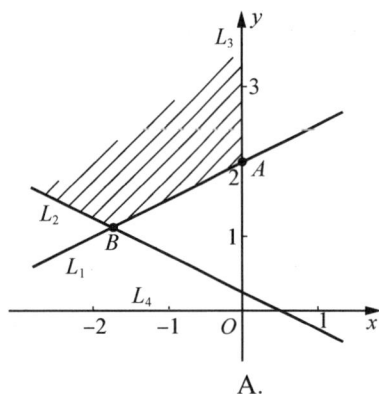

A.

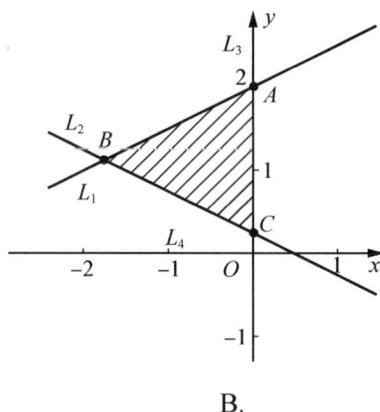

B.

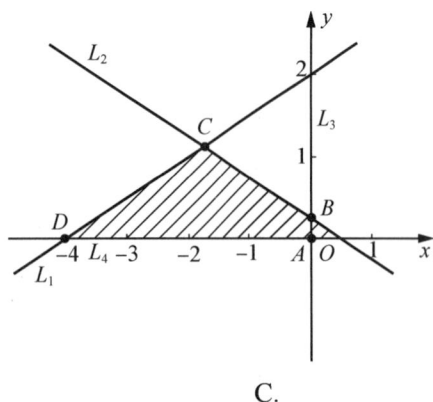

C.

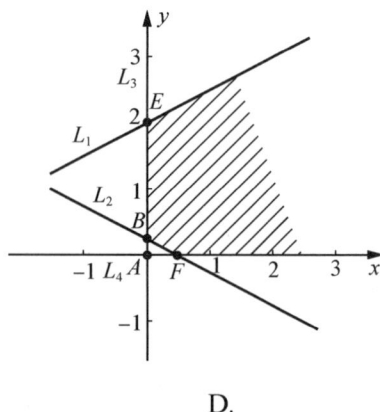

D.

（第 3 题图）

专题三　单元测试卷二

班级_____　姓名_____

（满分 100 分，45 分钟）

一、选择题

1. 设 $a = \log_{2\,021} 2\,022$，$b = \log_{2\,022} 2\,023$，则 a 与 b 的大小关系是（　　）。

   A. $a < b$　　　　　B. $a = b$　　　　　C. $a > b$　　　　　D. 无法判断

2. 将 $0.123\,456$ 化为最简分数得（　　）。

   A. $\dfrac{1\,928}{15\,625}$　　　B. $\dfrac{1\,927}{15\,624}$　　　C. $\dfrac{1\,927}{15\,625}$　　　D. $\dfrac{1\,929}{15\,625}$

3. 计算：$\sqrt[3]{45} + \sqrt{32} \times \sqrt{13} \div \sqrt[5]{34} = （　　）$。（结果精确到 $0.000\,1$）

   A. $13.632\,0$　　　B. $13.632\,1$　　　C. $13.632\,2$　　　D. $13.632\,3$

4. 已知集合 $A = \{x \mid \log_2(-x^2 + 5x - 5) = 0\}$ 与 $B = \{x \mid \tan x - \cos x > 0\}$，则集合 $A \bigcap B = $（　　）。

   A. $\{2\}$　　　　　B. $\{3\}$　　　　　C. $\{2，3\}$　　　　　D. $\varnothing$

5. 计算：$\begin{pmatrix} 3 \\ 4 \end{pmatrix}(1 \quad 2) = （　　）$。

   A. $(3 \quad 8)$　　B. $\begin{pmatrix} 3 \\ 8 \end{pmatrix}$　　C. (11)　　D. $\begin{pmatrix} 3 & 6 \\ 4 & 8 \end{pmatrix}$

6. 在 $(2x + 3)^8$ 的展开式中，按 x 的降幂排序，系数最大的一项为（　　）。

   A. 第 4 项　　　B. 第 5 项　　　C. 第 6 项　　　D. 第 7 项

7. 已知关于 x 的方程 $\lg |3x - 1| = \sin x$，则该方程实数根的个数为（　　）。

   A. 1　　　　　B. 2　　　　　C. 3　　　　　D. 4

8. 设 $A = 48 \times \left(\dfrac{1}{3^2 - 4} + \dfrac{1}{4^2 - 4} + \cdots + \dfrac{1}{100^2 - 4} \right)$，则与 A 最接近的正整数是（　　）。

   A. 18　　　　　B. 20　　　　　C. 22　　　　　D. 25

二、填空题

9. 分解质因数：$20\,220\,630 = $_____。

10. 已知三元一次方程组 $\begin{cases} x + y + z = 3, \\ x - y + 2z = 11, \\ 3x + y - z = -3, \end{cases}$ 则 $xyz = $_____。

专题三　单元测试卷一

班级_____　姓名_____

（满分 100 分，45 分钟）

一、选择题

1. 已知 $a=\sin 2\,021°$，$b=\tan 2\,022°$，$c=\cos 2\,023°$，则它们的大小关系为（　　）。

A. $a<b<c$　　　B. $c<a<b$　　　C. $a<c<b$　　　D. $b<c<a$

2. 将分数 $\dfrac{45}{123}$ 化成循环小数为（　　）。

A. $0.3\dot{6}58\dot{4}$　　B. $0.365\dot{8}$　　C. $0.3\dot{6}5\dot{9}$　　D. $0.\dot{3}658\dot{5}$

3. 计算：$2.5^{\ln 5}+\cos\dfrac{13}{7}\pi-\sqrt{10-\lg 75}=$（　　）。（精确到 0.01）

A. 2.41　　　　B. 2.42　　　　C. 2.43　　　　D. 2.44

4. 计算：$(1\quad 2)\begin{pmatrix}3\\4\end{pmatrix}=$（　　）。

A. $(3\quad 8)$　　B. $\begin{pmatrix}3\\8\end{pmatrix}$　　C. (11)　　D. $\begin{pmatrix}3&6\\4&8\end{pmatrix}$

5. 在 $(2x-3)^6$ 的展开式中，x^4 项的系数为（　　）。

A. -576　　　B. $2\,160$　　　C. $-4\,320$　　　D. $4\,860$

6. 不等式 $2\sqrt{x}>3-\dfrac{1}{x}$ 的解集为（　　）。

A. $(0，1)$　　B. $(0，+\infty)$　　C. $(1，+\infty)$　　D. $(0，1)\bigcup(1，+\infty)$

7. 已知数列 $\{a_n\}$ 的通项公式为 $a_n=40n+\dfrac{2\,022}{n^2}$，$n\in\mathbf{N}_+$，当 a_n 取最小值时，n 的值为（　　）。

A. 3　　　　　B. 4　　　　　C. 5　　　　　D. 6

8. 若 $M=3x^2-8xy+9y^2-4x+6y+13(x，y\in\mathbf{R})$，则 M 的值一定是（　　）。

A. 零　　　　B. 负数　　　　C. 正数　　　　D. 整数

二、填空题

9. 在实数范围内因式分解：$x^4-2x^3-x+2=$_____。

专题二　单元测试卷二

班级_____　姓名_____

（满分 100 分，45 分钟）

一、选择题

1. 某校组织开展以"寻访红色史迹，汲取前进力量"为主题的参观学习活动，小雨参观过的场馆组成集合 $A=\{$中国共产党第一次全国代表大会会址，三山会馆，陈云纪念馆$\}$，小天参观过的场馆组成集合 $B=\{$中国共产党第一次全国代表大会会址，周公馆$\}$，设集合 $C=A\cup B$，则 C 表示（　　）。

  A. 小雨和小天都参观过的场馆组成的集合

  B. 小雨参观过但小天未参观过的场馆组成的集合

  C. 小天参观过但小雨未参观过的场馆组成的集合

  D. 小雨或小天参观过的场馆组成的集合

2. 3 封信投入 4 个信箱，则共有投法（　　）种。

  A. 7　　　　　　B. 12　　　　　　C. 27　　　　　　D. 64

3. 小明家 10 月各项支出的统计如下图，以下判断中不正确的是（　　）。

  A. 食品支出最多

  B. 衣着与教育的支出一样多

  C. 其他支出仅次于食品支出

  D. 月总支出为 7 000 元

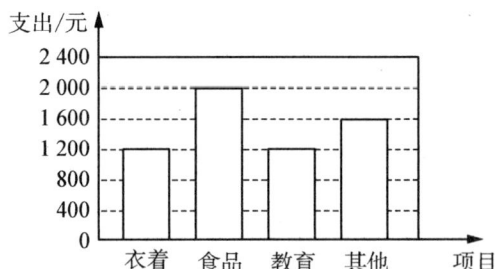

（第 3 题图）

4. 一把钥匙只能开一把锁，现在有 5 把钥匙和 5 把锁，最多要试验（　　）次就能配好全部的钥匙和锁。

  A. 25　　　　　　B. 10　　　　　　C. 9　　　　　　D. 125

5. 由于编程或定位等错误原因，工件已无法进行套筒零件制作，遂决定废物利用。如图，制作一个剖面为平行四边形的零件，已知平行四边形的三个顶点 $A(-12,-10)$，$B(-12,4)$，$C(21,12)$，则顶点 D 的坐标为（　　）。

  A. $(21,-2)$　　　　　B. $(-2,21)$

  C. $(21,-10)$　　　　D. 不确定

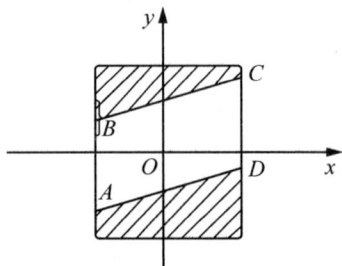

（第 5 题图）

专题二 单元测试卷一

班级_____ 姓名_____

（满分 100 分，45 分钟）

一、选择题

1. 2022 年 12 月 13 日，小新家温度计的温度变化范围用绝对值不等式表示为 $|x-13| \leqslant 5$，那么这天她家的最高温度与最低温度分别是（　　）。

　A. 8 ℃与 18 ℃　　　B. 18 ℃与 8 ℃　　　C. 17 ℃与 7 ℃　　　D. 7 ℃与 17 ℃

2. 从 2，3，5，7，11 这 5 个数字中任选 2 个数可组成（　　）个不同的积。

　A. 20　　　　　　　B. 10　　　　　　　C. 25　　　　　　　D. 16

3. 一个屋顶的某一个斜面成等腰梯形，最上面一层铺了 21 块瓦片，往下每一层多铺 1 块瓦片，斜面上铺了 20 层瓦片，则最下面一层共铺了（　　）块瓦片。

　A. 38　　　　　　　B. 39　　　　　　　C. 40　　　　　　　D. 41

4. 经过"世纪大道"地铁站的地铁线组成的集合 $A=\{2$ 号线，4 号线，6 号线，9 号线$\}$，经过"中山公园"地铁站的地铁线组成的集合 $B=\{2$ 号线，3 号线，4 号线$\}$，若集合 $C=A\bigcap B$，则集合 C 表示的实际含义为（　　）。

　A. 既经过"世纪大道"地铁站，又经过"中山公园"地铁站的地铁线组成的集合

　B. 经过"世纪大道"地铁站，不经过"中山公园"地铁站的地铁线组成的集合

　C. 不经过"世纪大道"地铁站，经过"中山公园"地铁站的地铁线组成的集合

　D. 既不经过"世纪大道"地铁站，又不经过"中山公园"地铁站的地铁线组成的集合

5. 第一届现代奥林匹克运动会于 1896 年在希腊雅典举行，此后每 4 年举行一次，奥运会如因故不能举行，届数照算，第 29 届奥运会于（　　）年举行。

　A. 2000　　　　　　B. 2004　　　　　　C. 2008　　　　　　D. 2012

6. 校运会男子 100 m 决赛开始，运动员小杰的速度从 0 开始逐渐增大，跑到 60 m 时速度达到最大值 9 m/s，随后速度逐渐减小，跑到 100 m 终点时的速度为 8 m/s。下面大致能反映小杰这 100 m 跑步过程的速度 v(m/s)随路程 s(m)变化趋势的图只可能是（　　）。

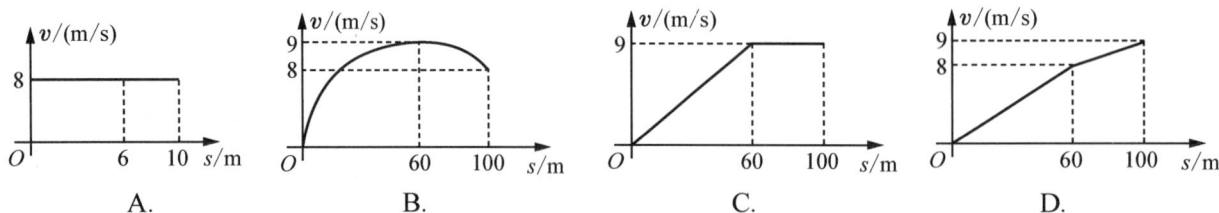

A.　　　　　　　　B.　　　　　　　　C.　　　　　　　　D.

（第 6 题图）

15. 已知数列 $\{a_n\}$ 满足 $a_1=1$，$a_{n+1}=2a_n+1(n\in\mathbf{N}_+)$。

(1)求 a_2，a_3，a_4，a_5；

(2)归纳猜想出通项公式 a_n。

16. 榫卯是我国古代工匠极为精巧的发明，它是在两个构件上采用凹凸部位相结合的一种连接方式。我国的北京紫禁城、山西悬空寺、福建宁德的廊桥等建筑都用到了榫卯结构。图中网格小正方形的边长为1，粗实线画出的是一种榫卯构件中榫的三视图，求其体积和表面积。

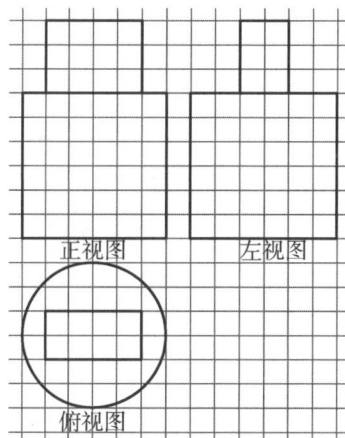

正视图　　　左视图

俯视图

（第16题图）

专题一 单元测试卷二

班级_____ 姓名_____

（满分 100 分，45 分钟）

一、选择题

1. 用反证法证明"$\sqrt{2}$ 是无理数"时，最恰当的假设是（ ）。

A. $\sqrt{2}$ 是分数　　　 B. $\sqrt{2}$ 是整数　　　 C. $\sqrt{2}$ 是有理数　　　 D. $\sqrt{2}$ 是实数

2. 有一堆粗细均匀的圆木，堆成梯形，最上面的一层有 5 根圆木，每向下一层增加 1 根，一共堆了 28 层。即最下面一层有（ ）。

A. 30 根　　　　 B. 31 根　　　　 C. 32 根　　　　 D. 33 根

3. 《九章算术》中记载了这样一个数学问题："今有甲发长安，五日至齐，乙发齐，七日至长安，今乙发已先二日，甲仍发长安。问：几何日相逢？"大意是：甲从长安出发，5 日到齐国。乙从齐国出发，7 日到长安，现乙先出发 2 日，甲才从长安出发。甲经过多少日与乙相逢？设甲经过 x 日与乙相逢，可列方程（ ）。

A. $\dfrac{7}{x+2}+\dfrac{5}{x}=1$ 　 B. $\dfrac{7}{x+2}-\dfrac{5}{x}=1$ 　 C. $\dfrac{x+2}{7}=\dfrac{x}{5}$ 　　 D. $\dfrac{x+2}{7}+\dfrac{x}{5}=1$

4. 《张丘建算经》是我国南北朝时期的一部重要数学著作，书中系统地介绍了等差数列，同类结果在 300 多年后的印度才首次出现。书中有这样一个问题，大意为：某女子善于织布，后一天比前一天织得快，而且每天增加的数量相同，已知第一天织布 5 尺，一个月（按 30 天计算）总共织布 390 尺，问：每天增加的数量为多少尺？该问题的答案为（ ）。

A. $\dfrac{8}{29}$ 尺　　　　 B. $\dfrac{16}{29}$ 尺　　　　 C. $\dfrac{32}{29}$ 尺　　　　 D. $\dfrac{1}{2}$ 尺

5. 欧几里得的《几何原本》记载，形如 $x^2+ax=b^2$ 的方程的图解法是：画 Rt$\triangle ABC$，使 $\angle ACB=90°$，$BC=\dfrac{a}{2}$，$AC=b$，再在斜边 AB 上截取 $BD=\dfrac{a}{2}$，则该方程的一个正根是（ ）。

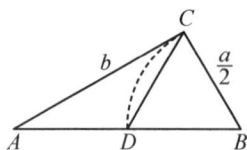

（第 5 题图）

A. AC 的长　　 B. AD 的长　　　 C. BC 的长　　　 D. CD 的长

6. 《孙子算经》是中国古代重要的数学著作，成书于约 1 500 年前，其中有首歌谣："今有杆不知其长，量得影长一丈五尺，立一标杆，长一尺五寸，影长五寸，问：杆长几何？"大意是：有一根竹竿不知道有多长，量出它在太阳下的影子长 1 丈 5 尺，同时立一根 1 尺 5 寸的小

15. 我国的《洛书》中记载着世界上最古老的一个幻方：将 1，2，…，9 填入 3×3 的方格内，使三行、三列、两对角线的三个数之和都等于 15（如图）。一般地，将连续的正整数 1，2，3，…，n^2 填入 $n\times n$ 的方格内，使得每行、每列、每条对角线上的数的和相等，这个正方形就叫做 n 阶幻方。记 n 阶幻方的一条对角线上数的和为 N_n（如在 3 阶幻方中，$N_3=15$），求 N_{10}。

4	9	2
3	5	7
8	1	6

（第 15 题图）

16. 如图是一株美丽的勾股树，所有四边形都是正方形，所有三角形是直角三角形，若正方形 A，B，C 面积为 2，8，5，求正方形 D 的面积。

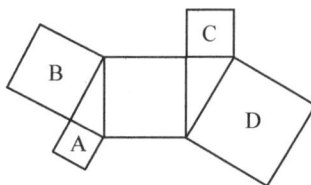

（第 16 题图）

专题一　单元测试卷一

班级_____　姓名_____

（满分 100 分，45 分钟）

一、选择题

1. 魏晋时期的数学家刘徽在"正负术"的注文中指出，可将算筹（小棍形状的计数工具）正放表示正数，斜放表示负数。根据刘徽的这种表示法，观察图①，可推算图②中所表示的数值为（　　）。

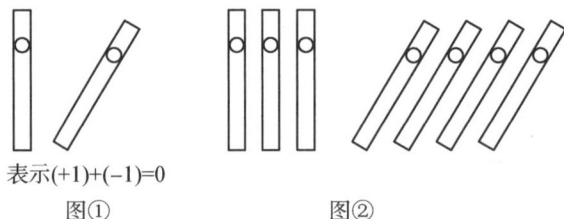

表示(+1)+(−1)=0
图①　　　　图②

（第 1 题图）

A. 7　　　　　　　B. −1　　　　　　　C. 1　　　　　　　D. ±1

2.《孙子算经》是中国古代重要的数学著作，书中有一道题："今有出门望见九堤，堤有九木，木有九枝，枝有九巢，巢有九禽，禽有九雏，雏有九毛，毛有九色，问各几何。"若记堤与枝的个数分别为 m，n，现有一个等差数列 $\{a_n\}$，其前 n 项和为 s_n，且 $a_2=m$，$s_6=n$，则 $a_4=$（　　）。

A. 84　　　　　　B. 159　　　　　　C. 234　　　　　　D. 243

3.《九章算术》第九章有如下题目，原文："今有垣高一丈，倚木于垣，上与垣齐。引木却行一尺，其木至地。问木长几何。"大意是：今有墙高 1 丈，倚木杆于墙。使木杆之上端与墙平齐。牵引木杆下端退行 1 尺，则木杆（从墙上）滑落至地上。问：木杆长是多少？（1 丈＝10 尺，1 尺＝10 寸）（　　）

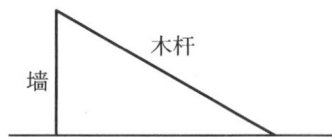

（第 3 题图）

A. 5 尺 5 寸　　B. 1 丈 1 尺　　　C. 5 丈 5 寸　　　D. 5 丈 5 尺

4. 用反证法证明"在同一平面内，若 $a\perp c$，$b\perp c$，则 $a/\!/b$"时，应假设（　　）。

A. a 不垂直于 c　　B. a，b 都不垂直于 c　　C. $a\perp b$　　　　D. a 与 b 相交

5. 小明用计算器做加法运算，他按照自然数的顺序从 1 开始求和，当加到某一个数的时候，和是 1 997，但他发现计算时少加了一个数，那么，小明少加了的数是（　　）。

A. 18　　　　　　B. 19　　　　　　　C. 20　　　　　　D. 21

6. 某工程的测量人员在规划一块如图所示的三角形土地时，在 BC 上有一处古建筑 D，使得 BC 的长不能被直接测出，工作人员测得 $AB=130$ m，$AD=120$ m，$BD=50$ m，在测出 $AC=150$ m 后，测量工具坏了，使得 DC 的长无法被测出，请你想办法求出 BC 的长度为(　　)m。

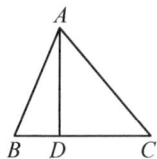

(第6题图)

A. 90　　　　　　B. 120　　　　　　C. 140　　　　　　D. 150

7. 程大位是我国明朝商人，珠算发明家。他 60 岁时完成的《直指算法统宗》是东方古代数学名著，详述了传统的珠算规则，确立了算盘用法。书中有如下问题："一百馒头一百僧，大僧三个更无争，小僧三人分一个，大小和尚得几丁?"大意是：有 100 个和尚分 100 个馒头，如果大和尚 1 人分 3 个，小和尚 3 人分 1 个，正好分完，大、小和尚各有多少人? 下列求解结果正确的是(　　)。

A. 大和尚 25 人，小和尚 75 人　　　　　　B. 大和尚 75 人，小和尚 25 人

C. 大和尚 50 人，小和尚 50 人　　　　　　D. 大、小和尚各 100 人

8. 北京天坛的圜丘坛为古代祭天的场所，分上、中、下三层，上层中心有一块圆形石板(称为天心石)，环绕天心石砌 9 块扇面形石板构成第一环，向外每环依次增加 9 块；下一层的第一环比上一层的最后一环多 9 块，向外每环依次也增加 9 块。已知每层环数相同，且下层比中层多 729 块，则三层共有扇面形石板(不含天心石)(　　)块。

(第8题图)

A. 3 699　　　　　B. 3 474　　　　　C. 3 402　　　　　D. 3 339

二、填空题

9. 齐王与田忌赛马，田忌的上等马优于齐王的中等马，劣于齐王的上等马，田忌的中等马优于齐王的下等马，劣于齐王的中等马，田忌的下等马劣于齐王的下等马，现从双方的马匹中随机选一匹进行一场比赛，则田忌马获胜的概率为_____。

10.《九章算术》是中国古代第一部数学专著，成于公元 1 世纪左右，它是一本综合性的历史著作，是当时世界上最简练有效的应用数学。"更相减损术"便是《九章算术》中记录的一种求最大公约数的算法，按其计算流程框图如图，若输入的 $a，b$ 分别为 96，36，则输出的

i 为_____。

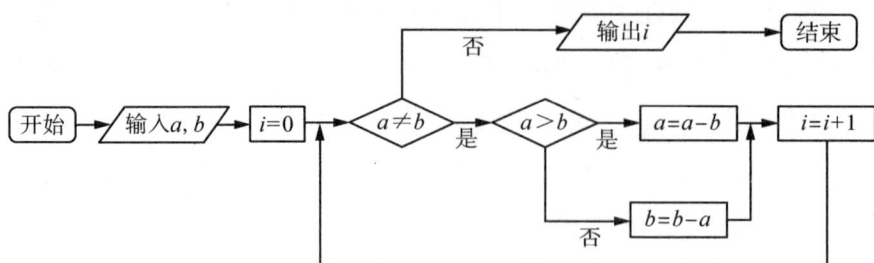

（第 10 题图）

11. 用反证法证明命题"四边形中必有一个内角大于或等于 90°"时，首先应该假设_____。

12. 朱世杰在《四元玉鉴》卷"如像招数"五问中有："今有官司差夫一千八百六十四人筑堤，只云初日差六十四人，次日转多七人。"大意是：官府陆续派遣 1 864 人前往修筑堤坝，第一天派出 64 人，从第二天开始每天派出的人数比前一天多 7 人。该段话中的 1 864 人被全部派遣到位需要_____天。

三、解答题

13. 欧拉公式 $e^{ix} = \cos x + i\sin x$（i 为虚数单位）是由瑞士著名数学家欧拉发现的，它将指数函数的定义域扩大到复数，建立了三角函数和指数函数的关系，它在复变函数理论里非常重要，被誉为"数学中的天桥"。根据欧拉公式，判断 e^{2i} 表示的复数在复平面内对应的点位于第几象限。

14. 我国南宋著名数学家秦九韶的著作《数书九章》里记载有这样一道题目："问有沙田一块，有三斜，其中小斜五里，中斜十二里，大斜十三里，欲知为田几何？"大意是：有一块三角形沙田，三边长分别为 5 里，12 里，13 里，问：这块沙田面积有多大？（题中的"里"是我国市制长度单位，1 里＝500 米）

标杆，它的影长 5 寸，则竹竿的长为（   ）。

　　A. 5 丈　　　　　　B. 4 丈 5 尺　　　　　C. 1 丈　　　　　　D. 5 尺

7. 我国南宋数学家杨辉所著的《详解九章算术》一书中，用下图的三角形解释二项式 $(a+b)^n$ 的展开式的各项系数，此三角形称为"杨辉三角"。

$$(a+b)^0 \cdots\cdots\cdots 1$$
$$(a+b)^1 \cdots\cdots\cdots 1 \quad 1$$
$$(a+b)^2 \cdots\cdots 1 \quad 2 \quad 1$$
$$(a+b)^3 \cdots\cdots 1 \quad 3 \quad 3 \quad 1$$
$$(a+b)^4 \cdots 1 \quad 4 \quad 6 \quad 4 \quad 1$$
$$(a+b)^5 \cdots 1 \quad 5 \quad 10 \quad 10 \quad 5 \quad 1$$

根据"杨辉三角"计算 $(a+b)^8$ 的展开式中从左起第四项的系数为（   ）。

　　A. 84　　　　　　　B. 56　　　　　　　　C. 35　　　　　　　D. 28

8. 正如我们学过的圆锥体积公式 $V=\dfrac{1}{3}\pi r^2 h$（π 表示圆周率，r 表示圆锥的底面半径，h 表示圆锥的高）一样，许多几何量的计算都要用到 π。祖冲之是世界上第一个把 π 计算到小数点后 7 位的中国古代科学家，创造了当时世界上的最高水平，差不多过了 1 000 年，才有人把 π 计算得更精确。在辉煌成就的背后，我们来看看祖冲之付出了多少。现在的研究表明，仅仅就计算来讲，他至少要对 9 位数字反复进行 130 次的各种运算，包括开方在内，即使今天我们用纸笔来算，也绝不是一件轻松的事情，何况那时候没有现在的纸笔，数学计算不是用现在的阿拉伯数字，而是用算筹（小竹棍或小竹片）进行的。

下面我们就来通过计算解决问题：已知圆锥的侧面展开图是个半圆，若该圆锥的体积等于 $9\sqrt{3}\pi$，则这个圆锥的高等于（   ）。

　　A. $5\sqrt{3}\pi$　　　　　B. $5\sqrt{3}$　　　　　　C. $3\sqrt{3}\pi$　　　　　D. $3\sqrt{3}$

二、填空题

9. "今有善行者一百步，不善行者六十步。今不善行者先行一百步，善行者追之。问：几何步及之？"大意是：走路快的人走 100 步时，走路慢的人只走 60 步，走路慢的人先走 100 步，走路快的人要走_____步才能追上。

10. 如图，一架 2.5 m 长的梯子，斜立在一竖直的墙上，这时梯子的底部距墙底端 0.7 m，如果梯子的顶端沿墙下滑 0.4 m，那么梯子的底部将平滑_____m。

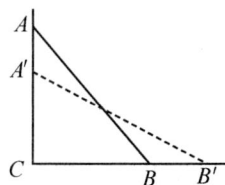

11. 我国古代数学家杨辉、朱世杰等均研究过高阶等差数列的求和问题，

（第 10 题图）

若数列 $\left\{\dfrac{n(n+1)}{2}\right\}$ 就是二阶等差数列，则数列 $\left\{\dfrac{n(n+1)}{2}\right\}(n\in\mathbf{N}_+)$ 的前 3 项和是 _____。

12. 《九章算术》是我国古代的数学名著，书中《均属章》有如下问题："今有五人分五钱，令上二人所得与下三人等。问：各得几何？"大意是：已知 A，B，C，D，E 五人分 5 钱，A，B 两人所得与 C，D，E 三人所得相同，且 A，B，C，D，E 每人所得依次成等差数列。问：五人各得多少钱？（"钱"是古代的一种货币单位）。在这个问题中，E 所得为 _____ 钱。

三、解答题

13. 我国古代《易经》一书中记载，远古时期，人们通过在绳子上打结来记录数量，即"结绳记数"。如图，一位妇女在从右到左依次排列的绳子上打结，满六进一，用来记录采集到的野果数量，求她总共采集到的野果数量。

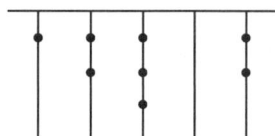

（第 13 题图）

14. 《九章算术》中载"竹九节"问题："今有竹九节，下三节容四升，上四节容三升。问：中间一节欲均容多少？"大意是：今有 9 节长的竹子，上细下粗，下部分的 3 节总容量为 4 升，上部分的 4 节总容量为 3 升，且每一节的容量变化均匀。问：第 5 节的容积是多少？

二、填空题

7. 从 5 名男生和 5 名女生中任选 1 人参加校合唱队，那么有_____不同的选法。

8. 某种药物服用一次，通过尿液排出体外，每经过 1 天，药物在体内的剩余量就减为原来的 50％，这种药服用一周后体内剩余量为原来的_____。（保留 3 位小数）

三、解答题

9. 某公司员工小王的劳动合同中约定：第 1 年的月薪为 4 000 元，每年工资的增长率为 10％（注：不考虑其他因素），设第 x 年小王的月薪为 y 元。

(1) 写出 y 与 x 的数学模型。

(2) 求小王第 6 年的月薪。（精确到 1 元）

(3) 求至少到第几年小王的月薪达到 10 000 元。（精确到 1 年）

10. 某学校在"职业体验日"开设了交通运输和旅游服务两大专业类的体验活动，其中交通运输类包含 4 个项目，旅游服务类包含 5 个项目，某学生想在两大专业类中各选 2 个项目体验，不同的选法有多少种？

11. 五角星是人们心目中最美的图形之一，它之所以美，是因为线段之中包含了黄金分割比（又称黄金比），如图，$\dfrac{BF}{BG}=\dfrac{BG}{BE}=\cdots=$黄金分割比，就是说 BG 是 BF 和 BE 的等比中项，若设五角星 $ABCDE$ 中 BE 长为 $a(a>0)$，求 BG 的长及黄金分割比 $\dfrac{BG}{BE}$。

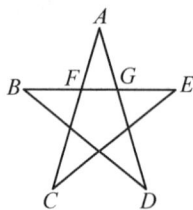

（第 11 题图）

12. 为鼓励节约用水，某城市推行阶梯制水价计费制：第一阶梯每月用水不超过 18 m³（含 18），供水价格 2 元/m³；第二阶梯每月用水超过 18 m³ 且低于或等于 27 m³，供水价格为 3.2 元/m³；第三阶梯每月用水超过 27 m³，供水价格为 6.1 元/m³，上述价格中已含污水处理费。

(1)试建立每月用水 x m³ 与应交水费 y 元的模型。

(2)某户居民本月用水 25 m³，需交水费多少元？

6. 先后抛掷两枚硬币，出现"一正一反"的概率是(　　)。

A. $\dfrac{1}{4}$　　　　　B. $\dfrac{1}{3}$　　　　　C. $\dfrac{1}{2}$　　　　　D. $\dfrac{3}{4}$

二、填空题

7. 现有 5 本不同的小说书、8 本不同的画册、6 本不同的科技书，从中各取 1 本，有_____种不同的取法。

8. 在年利率 3％，且按年计复利的条件下，1 万元存_____年会超过 2 万元。（精确到 1 年）

三、解答题

9. A 船在某港口北偏东 30°处，距离港口 10 海里，B 船在此港口北偏西 45°处，距离港口 15 海里，求 A，B 两船之间的距离。（精确到 0.1 海里）

10. 在考古学中，有一种测定古物年代的方法，用碳的放射性同位素碳 14 的衰减来测定：在动植物的体内都含有微量的碳 14，动植物死亡后停止了新陈代谢，碳 14 不再产生，且原有的碳 14 含量的衰变经过 5 730 年（碳 14 的半衰期），它的残余量只有原始量的一半。

(1) 碳 14 每经过 1 个半衰期，残余量为原来的一半，以此类推。请写出碳 14 半衰期个数 y 与残余量 x 的数学模型。

(2)测得三星堆遗址某文物样本中碳 14 的残余量约占原始含量的 57％，求出其半衰期的个数。（精确到 0.001）

(3)请推算出三星堆古遗址的年代。（精确到 100 年）

10. 已知三元一次方程组 $\begin{cases} 5x+3y+13z=122, \\ 2x+21y+34z=290, \\ x+5y+8z=71, \end{cases}$ 则 $x+y-z$ 的值为_____。

11. 已知函数 $f(x)=\begin{cases} \dfrac{2}{x}, & x\geqslant 2, \\ (x-1)^3, & x<2, \end{cases}$　若关于 x 的方程 $f(x)=k$ 有两个不同的实数根，

则实数 k 的取值范围是_____。

12. 为了考查 A，B 两个品牌的灯泡质量，随机从这两个品牌的灯泡中各取 10 只，分别测得它们的使用寿命如下：（单位：h）

A	995	1 010	1 005	970	1 015	985	1 010	1 030	975	1 005
B	1 005	980	1 000	1 025	950	975	1 035	995	1 015	1 020

则灯泡质量较为稳定的品牌是_____。

三、解答题

13. 设函数 $f(x)=\sqrt{-x^2+2x+3}+2$。

(1)求函数的定义域、值域；

(2)写出函数的单调区间。

14. 尺规作图：如图，在图中作出点 C，使得 C 是 $\angle MON$ 平分线上的点，且 $AC=OC$。

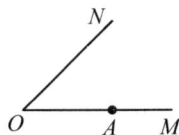

（第 14 题图）

15. 熊猴被列为中国国家级二级重点保护野生动物。全世界现存熊猴总数量不超过 30 万只，中国大约有 8 000 只。熊猴大部分栖息于西藏和云南的自然保护区内，受到了较好的保护。假设自 2022 年起的 20 年内，熊猴在中国的数量的年增长率为 2%。

(1)2024 年熊猴在中国的数量约有多少只？（精确到整数）

(2)经过多少年后，可使熊猴在中国的数量达到 10 000 只？

16. 8 个人乘坐速度相同的两辆汽车同时赶往火车站，每辆车乘 4 人(不包括司机)。其中一辆车在距离火车站 10 km 的地方出现故障，此时距停止检票的时间还有 28 min。这时唯一可利用的交通工具是另一辆汽车，已知包括司机在内这辆车限乘 5 人，且这辆车的平均速度是 60 km/h，人步行的平均速度是 5 km/h。试设计一种方案，通过计算说明这 8 个人能够在停止检票前赶到火车站。

11. 不等式 $|2x-1|>2\sqrt{x}$ 的解集为_____。（精确到 0.01）

12. 函数 $y=\mathrm{e}^x-\left(\dfrac{1}{3}\right)^x+\ln x-10$ 的零点横坐标为_____。（精确到 0.000 1）

三、解答题

13. 求二次函数 $y=x^2-2x+2$ 在以下指定范围内的最值。

(1) $[-2,0]$；

(2) $[-2,2]$；

(3) $\mathbf{R}$。

14. 尺规作图：如图，已知线段 a，b，$h(h<b)$。求作△ABC，使得 $BC=a$，$AB=b$，BC 边上的高 $AD=h$。

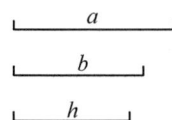

a

b

h

（第 14 题图）

15. 光线通过一块玻璃，其强度要损失 10%。设光线原来的强度为 1，把 x 块这样的玻璃重叠起来，光线通过 x 块玻璃后的强度为 y。

(1)光线通过 2 块玻璃后强度为多少？

(2)通过多少块玻璃后，光线强度减弱到原来的 $\frac{1}{3}$ 以下？（精确到整数）

16. 海水受日月的引力，在一定的时候发生涨落的现象叫潮。一般地，早潮叫潮，晚潮叫汐。在通常情况下，船在涨潮时驶进航道，靠近码头；卸货后，在落潮时返回海洋。下面是某港口在某季节每天的时间与水深的关系表。

时刻	水深/m	时刻	水深/m	时刻	水深/m
0：00	5.0	9：00	2.5	18：00	5.0
3：00	7.5	12：00	5.0	21：00	2.5
6：00	5.0	15：00	7.5	24：00	5.0

(1)选用一个函数来近似描述这个港口的水深与时间的函数关系，给出整点时水深的近似数值(精确到 0.001)；

(2)一艘货船的吃水深度(船底与水面的距离)为 4 m，安全条例规定至少要有 1.5 m 的安全间隙(船底与洋底的距离)，该船何时能进入港口？在港口能待多久？

4. 已知 x，y 满足约束条件 $\begin{cases} 2x+y\leqslant 5, \\ x-y\geqslant 1, \\ x\geqslant 0,\ y\geqslant 0, \end{cases}$ 则使目标函数 $S=3x+2y$ 取得最大值的点坐标为（　　）。

A. $(0,5)$　　　　B. $(2,1)$　　　　C. $(2.5,0)$　　　　D. $(1,0)$

5. 已知 x，y 满足约束条件 $\begin{cases} 2x+y\geqslant 5, \\ x-y\geqslant -2, \\ x\geqslant 0,\ y\geqslant 0, \end{cases}$ 则目标函数 $P=4x-y$ 的最小值为（　　）。

A. 10　　　　B. -2　　　　C. -5　　　　D. 1

6. 设随机变量 $\xi\sim N(\mu,\sigma^2)$，且 $P(\xi\geqslant m)=P(\xi<m)$，则实数 m 的值为（　　）。

A. 0　　　　B. μ　　　　C. $-\mu$　　　　D. σ

7. 某市对九年级学生的教学质量检测中，得到语文、数学、英语三门课考试成绩的直方图如图所示（由于人数比较多，成绩分布的直方图可视为正态分布），则由图中三条正态曲线可得下列说法正确的是（　　）。

A. 三门课成绩的总体均值相等，语文成绩的总体标准差最小

B. 三门课成绩的总体均值相等，英语成绩的总体标准差最小

C. 三门课成绩的总体均值不相等，数学成绩的总体标准差居中

D. 三门课成绩的总体标准差相等，数学成绩的总体均值居中

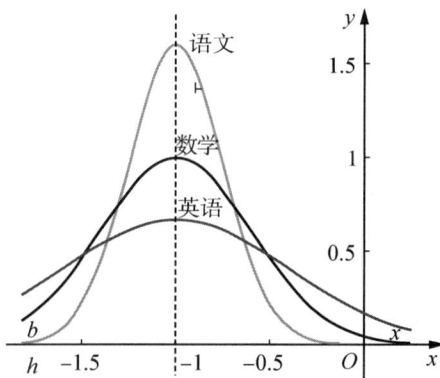

（第 7 题图）

8. 已知正态变量 $\xi\sim N(0,1)$，且 ξ 在区间 $(-2.5,-1)$ 和 $(1,2.5)$ 上取值的概率分别为 P_1，P_2，则 P_1，P_2 的大小关系是（　　）。

A. $P_1<P_2$　　　　B. $P_1>P_2$　　　　C. $P_1=P_2$　　　　D. 不能确定

二、填空题

9. 已知 x，y 满足约束条件 $\begin{cases} x+2y\geqslant 4, \\ x-2y\geqslant -2, \\ x\leqslant 4, \\ y\geqslant 0, \end{cases}$ 则使目标函数 $S=2x-y$ 取得最小值的点坐标为_____。

10. 设可行域 P 为平面内以 $A(3,2)$，$B(-1,5)$，$C(-4,3)$，$D(1,1)$ 为顶点的四边

形区域内部（含边界），则当动点$(x，y)$在可行域 P 上变动时，$z＝6x－5y$ 的最大值和最小值分别为_____。

11. 若连续型随机变量 ξ 服从正态分布 $N(3，0.4^2)$，则 $P(\xi＝k)(k\in\mathbf{R})$ 的值为_____。

12. 已知随机变量 ξ 服从正态分布 $N(0，1)$，若 $P(\xi＜2)＝m$，则 $P(-2＜\xi＜0)＝$_____。

三、解答题

13. 某公司现有资金 10 万元，分别购进 A 种原材料 8 吨、B 种原材料 4 吨。经市场调查，A 种原材料每吨不低于 0.5 万元，B 种原材料每吨不低于 0.8 万元。试写出 A，B 两种原材料的单价满足的约束条件，并在平面直角坐标系中画出相应的区域。

14. 某公司计划在 A，B 两个电商平台做一星期的广告，播放广告总时间不少于 600 分钟，广告总费用不超过 20 万元。已知 A，B 两个电商平台每分钟广告收费分别是 300 元和 420 元，A，B 两个电商平台每分钟广告预期给公司带来的收益分别为 1 800 元和 2 700 元。试建立二元线性规划模型，并求出该公司在广告全部播出后预期收益 S 的最大值。

②$P(|X|<a)=2P(X<a)-1$ $(a>0)$

③$P(|X|<a)=1-2P(X<a)$ $(a>0)$

④$P(|X|<a)=1-P(|X|>a)$ $(a>0)$

A. ①②③   B. ②③   C. ①②④   D. ①②③④

8. 某电子商务专业学生在期中考试后的数学成绩服从正态分布,平均分为 72,标准差为 12,从理论上说,该专业学生期中考试成绩在 80 分以上的优良率是(　　)。

A. 74.86%   B. 25.14%   C. 15%   D. 8%

二、填空题

9. 目标函数 $z=20x+12y$ 在约束条件 $\begin{cases} 2x-y\geqslant-3, \\ x-2y\leqslant3, \\ x+2y\geqslant1 \end{cases}$ 下,取得最大值的可行解为_____。

10. 已知实数 x,y 满足约束条件 $\begin{cases} x-2y\geqslant-1, \\ 3x-y\leqslant3, \\ x+2y\geqslant1, \end{cases}$ 若目标函数 $S=ax+y$ 仅在点 $(1,0)$ 处取得最小值,则实数 a 的取值范围是_____。

11. 在某项测量中,测量结果 ξ 服从正态分布 $N(2,\sigma^2)(\sigma>0)$。若 ξ 在 $(1,2)$ 内取值的概率为 0.35,则 ξ 在 $(1,3)$ 内取值的概率为_____。

12. 某学校共有 360 名学生参加了普通话测试,这次测试成绩服从正态分布 $N(85,0.55^2)$,若 84 分以上为普通话合格,则该校本次约有_____人通过了普通话测试。

三、解答题

13. 学校运动会的开幕式计划安排不少于 80 人的团体操表演,其中要求女生人数不少于 30 人且不超过 50 人,男生人数不少于 35 人且不超过 55 人,男生每人服装费 280 元,女生每人服装费 350 元。如何安排参加团体操表演的男生、女生人数,才能使得服装费支出最低?最低服装费支出是多少元?

14. 某蔬菜种植场计划种植有籽西瓜和无籽西瓜两个品种。根据调查得知，种植一百株有籽西瓜需要 A 肥料 200 kg、B 肥料 150 kg，获利 0.6 万元；种植一百株无籽西瓜需要 A 肥料 300 kg、B 肥料 175 kg，获利 0.8 万元。现有 A 肥料 1 160 kg，B 肥料 800 kg，问：如何安排种植两种西瓜，才能使得获得的利润最大？最大利润为多少万元？（结果保留 0.01）

15. 某品牌电动自行车的电瓶充电次数近似服从均值为 500 次、标准差为 85 次的正态分布，现从中任取一个电瓶，该电瓶充电次数不少于 650 次的概率为多少？

的翻译结果是_____。

三、解答题

13. 将二进制数 10 111 001 转换为十进制数。

14. 将十进制数 101.625 转换为二进制数。

15. 设计卧室里的一款照明灯电路，为了使用方便，房门附近的墙壁和床头附近的墙壁上各有一个开关，并希望无论哪个开关都能够控制照明灯的打开和关闭。请写出逻辑表达式。

16. 现代密码学几乎就是数学和计算机科学相结合的学科，这里给出了一个密码表，并给出一个公式，$1 \leqslant x \leqslant 26$（$x$ 为整数）时，若 x 不能被 2 整除，则 $x = \dfrac{x+1}{2}$；若 x 能被 2 整除，

则 $x=\dfrac{x}{2}+13$. 解密过程是：由明文 x 对应的密文字母 x 得出。按照给出的解密过程和对应的公式，将密文 eckzj 翻译成明文。

A	B	C	D	E	F	G	H	I	J	K	L	M
1	2	3	4	5	6	7	8	9	10	11	12	13
N	O	P	Q	R	S	T	U	V	W	X	Y	Z
14	15	16	17	18	19	20	21	22	23	24	25	26

12. 将十进制数 110.375 转换为二进制数。

13. 为了保证信息安全传输，有一种称为秘密秘钥密码系统，其加密、解密原理如下：

$$明文 \xrightarrow{\text{加密密钥密码}} 密文 \xrightarrow{\text{发送}} 密文 \xrightarrow{\text{解密密钥密码}} 明文$$

已知加密秘钥为 $y=\log_a(x+2)$，如明文"6"通过加密后的密文是"3"，再发送，接受方通过解密秘钥解密得到明文"6"。若接受方接到密文为"4"，则明文是什么？

14. 参照摩尔斯电码表，将语句"PROMISE IS DEBT"用摩尔斯电码表示出来。

摩尔斯电码表

字符	电码符号	字符	电码符号	字符	电码符号
A	· —	N	— ·	1	· — — — —
B	— · · ·	O	— — —	2	· · — — —
C	— · — ·	P	· — — ·	3	· · · — —
D	— · ·	Q	— — · —	4	· · · · —
E	·	R	· — ·	5	· · · · ·
F	· · — ·	S	· · ·	6	— · · · ·
G	— — ·	T	—	7	— — · · ·
H	· · · ·	U	· · —	8	— — — · ·
I	· ·	V	· · · —	9	— — — — ·
J	· — — —	W	· — —	0	— — — — —
K	— · —	X	— · · —	?	· · — — · ·
L	· — · ·	Y	— · — —	/	— · · — ·
M	— —	Z	— — · ·	( )	— · — — · —
				—	— · · · · —
				·	· — · — · —

(第 14 题图)

$=4\pi r^2$

6. 某商场以每件 100 元的价格进购一种商品，试销中发现，这种商品每天的销售量 m（件）与每件的销售价 x（元）满足关系式：$m=400-2x$，则销售利润 y 与每件的销售价 x 之间的函数关系式为（　　）。

A. $y=mx$

B. $y=-2x^2+600x-40\,000$

C. $y=-2x^2+400x$

D. $y=-2m^2+600m-40\,000$

7. 下图为某项目的箭线图（单位：天），缩短下列哪一项工作的时间不能加快整个项目的进度？（　　）。

（第 7 题图）

A. 工作 A

B. 工作 B

C. 工作 E

D. 工作 F

8. 下表为 A 公司 2021 年 12 月 31 日的资产负债表（简表），根据下表数据判断下列说法正确的是（　　）。

资产负债表（简表）

编制单位：A公司			2021年12月31日		单位：万元
资产	年初余额	期末余额	负债和所有者权益	年初余额	期末余额
流动资产：			流动负债：		
货币资金	102	85	短期借款	150	180
应收账款	282	447	应付账款	35	70
其他应收款	18	36	应付职工薪酬	95	133
存货	120	156	应交税费	13	22
流动资产合计	522	724	流动负债合计	293	405
非流动资产：			非流动负债：		
长期股权投资	50	100	长期借款	100	150
固定资产	236	251	非流动负债合计	100	150
在建工程	11	21	负债合计	393	555
非流动资产合计	297	372	所有者权益：		
资产总计	819	1096	实收资本	340	405
			未分配利润	86	136
			所有者权益合计	426	541
			负债和所有者权益总计	819	1096

A. A 公司 2021 年资产比 2020 年多 75 万元

B. A 公司 2021 年应交税费比 2020 年多 9 万元

C. A 公司 2021 年的所有者权益即为该公司的未分配利润

D. A 公司 2020 年的负债和所有者权益总计为 1 096 万元

二、填空题

9. 某保险公司推出一款 10 年期的保险产品，年利率为复利 4.5%，小丽用 50 000 购买了该保险产品，到期后小丽能获得利息约为_____元(结果精确到 0.01 元)。

10. 如图是某算法的程序框图，若输入 n 的值为 5，则输出 S 的值为_____。

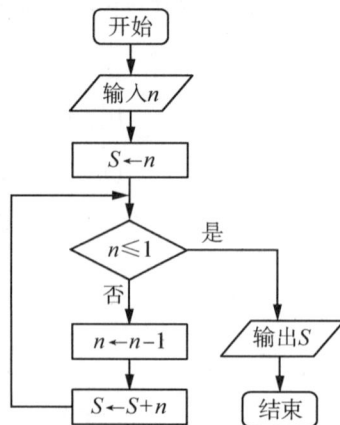

(第 10 题图)

11. 星期天小明妈妈要完成下列事情：擦玻璃要 20 分钟，收拾厨房要 15 分钟，拖地要 15 分钟，洗脏衣服的领子、袖口要 10 分钟，打开全自动洗衣机洗衣服要 40 分钟，晾衣服要 10 分钟，妈妈完成所有事情至少需要_____分钟。

12. 某公司 2021 年的负债为 381.2 万元，所有者权益为 436.5 万元，那么该公司 2021 年的资产总计为_____万元。

三、解答题

13. 某市居民使用天然气的阶梯价格如下表所示：

	年用气量/m³	单价/(元/m³)
第一档	0～310(含 310)部分	3.0
第二档	超过 310 的部分	3.3

设某户居民天然气的年使用量为 x m³，天然气费用为 y 元，请设计一个计算天然气费用的程序框图。

6. 某工厂生产产品需投入年固定成本为 80 万元，每生产 x 件产品还需投入可变成本为 $h(x)=0.001x^2+2\,800x$，通过市场分析，若每件产品的售价为 3 000 元，且该厂年内生产的产品全部售完，利润为 y 元，则利润 y 元与产品数量 x 件之间的函数关系式为(　　)。

A. $y=-0.001x^2+2\,800x-800\,000$，$x\in\mathbf{N}_+$

B. $y=-0.001x^2+200x-80$，$x\in\mathbf{N}_+$

C. $y=-0.001x^3+2\,800x^2+3\,000x-80$，$x\in\mathbf{N}_+$

D. $y=-0.001x^2+200x-800\,000$，$x\in\mathbf{N}_+$

7. 下图为小明早晨 6:30 起床后完成各项生活活动的甘特图，根据甘特图指出下列说法不正确的是(　　)。

工作代码	工作名称	工期/min	1 2	3 4	5 6	7 8	9 10	11 12	13 14	15 16	17 18	19 20
A	起床穿衣	6										
B	整理卧室	4										
C	洗漱	4										
D	打开烤箱加热面包	8										
E	吃早饭	6										

(第 7 题图)

A. 关键路径为 A—D—E

B. 小明 7:00 完成所有的生活活动

C. 小明 6:44 开始吃早饭

D. 整理卧室和洗漱应该安排在烤面包同时完成

8. 下列关于利润表的说法正确的是(　　)。

A. 利润表中主要项目包括营业利润、利润总额、净利润三个部分

B. 营业利润＝营业收入－营业成本－营业税金及附加－销售费用－管理费用－财务费用

C. 利润总额＝营业利润＋营业外收入－营业外支出

D. 净利润＝营业利润－所得税费用

二、填空题

9. 银行推出一款 5 年期的理财产品，年利率为复利 3.9%，到期后小王拿到本利和达到 50 000 元，则他至少购买_____元该理财产品(结果精确到 1 元)。

10. 下图为某活动的箭线图(单位：分钟)，则完成该活动最少需要_____分钟。

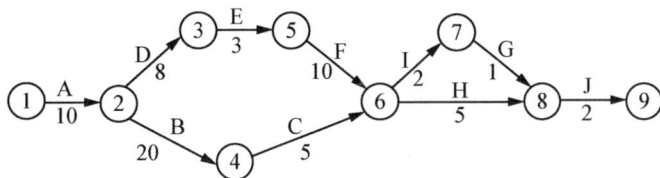

(第 10 题图)

11. 某汽车工厂 2021 年的利润总额为 1 428.2 万元，净利润为 1 292.6 万元，那么该汽车工厂 2021 年的所得税费用为_____万元。

12. 如图是某算法的程序框图，若输出 $S=55$，则图中判断框内①处应填_____。

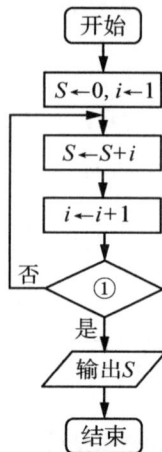

(第 12 题图)

三、解答题

13. 某商场开展了"双十一"促销活动，顾客实际付款金额与应付购物金额之间满足下图所示的关系，设顾客实际付款金额为 y 元，应付购物金额为 x 元。

(1)写出实际付款金额 y 元与应付购物金额 x 元之间的函数关系式；

(2)若小李应付购物金额为 2 600 元，则小李实际付款金额为多少元？

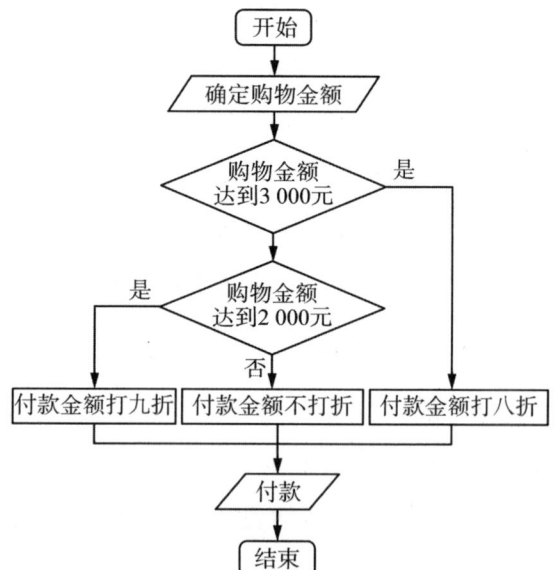

(第 13 题图)

A. 330 kg   B. 345 kg   C. 368 kg   D. 375 kg

7. 某工业机器的零件质量为 100 g，且需将误差控制在 1% 范围内（误差小于 1%），设它的实际质量为 x g，则其满足的绝对值不等式为（　　）。

A. $|x-1|<100$ B. $|x-100|<1$ C. $|x-1|>100$ D. $|x-100|>1$

8. 小李同学在记录物理实验数据时，将 15.6 cm 误记录为 13.6 cm，则小李造成的数据误差属于（　　）。

A. 随机误差   B. 系统误差   C. 可忽略的误差   D. 过失误差

二、填空题

9. 已知某交流电电压的瞬时表达式为 $u=200\sin\left(20\pi t+\dfrac{\pi}{6}\right)$ V，则交流电的角频率为 _____ rad/s。

10. 某正弦交流电在 0.02 s 内变化了 8 个周期，则它的频率为 _____ Hz。

11. 某交流电的频率为 50 Hz，电压的有效值为瞬时值 20 V，初相位为 $\dfrac{\pi}{3}$，则电压的瞬时表达式为 _____。

12. 已知某零件厚度在 (6 ± 0.1) mm 范围内时，被称为合格品。若用 x 表示符合要求的厚度，则 x 所满足的范围用绝对值不等式可表示为 _____。

三、解答题

13. 某正弦交流电电流的波形图如图所示，观察波形图。

(1) 求交流电电流的有效值；

(2) 写出电流的瞬时表达式。

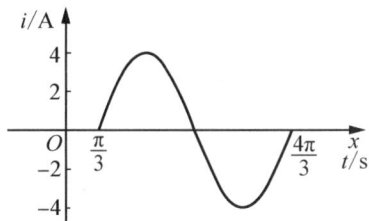

（第 13 题图）

14. 如图是某大型机械的曲柄连杆机构装置的示意图，其中连杆 BP 的长 $l＝6$ m，曲柄 AB 的长 $r＝4$ m，曲柄转角 $\angle BAP$ 记为 α，当转角 $\alpha＝60°$ 时，求此时 $\angle APB$ 的大小。（精确到 $0.1°$）

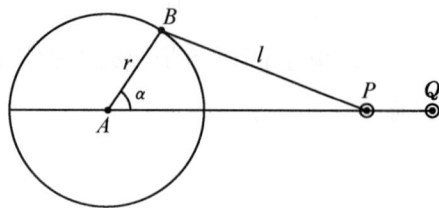

（第 **14** 题图）

15. 如图是某曲柄连杆机械装置的示意图。其中 $l＝12$ cm，$r＝5$ cm，曲柄转角 $\angle AOP$ 记为 α，连杆摆角 $\angle APO$ 记为 β，则当 $\alpha＋\beta＝70°$ 时，

(1)求 $\triangle AOP$ 的面积；（精确到 0.1 cm^2）

(2)求此时 OP 的长。（精确到 0.1 cm^2）

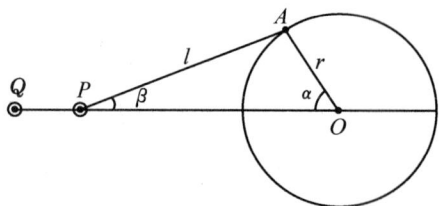

（第 **15** 题图）

是(　　)。

 A. 误差为 0.1 cm 的是合格品，误差为 0.2 cm 的为不合格品

 B. 两个都是不合格品

 C. 由于是两种不同类型的零件，规格与精度要求未知，故无法进行合理比较

 D. 误差为 0.1 cm 的零件一定比误差为 0.2 cm 的质量好，精度高

二、填空题

9. 50 Hz 的交流电的角频率为_____。

10. 已知某交流电电压的瞬时表达式为 $u=10\sin\left(20\pi t+\dfrac{\pi}{6}\right)$ V，则可以得到 u 的有效值约为_____ V。（精确到 0.1 V）

11. 如图是某曲柄连杆机械装置的示意图。当角 $\angle ABP=100°$，连杆 $BP=8$ cm，曲柄 AB 的长为 $r=3$ cm 时，AP 的长为_____ cm。（结果精确到 0.1 cm）

12. 已知某品牌的矿泉水瓶上印有"pH 7.3±0.5"（如图所示），若这瓶水的真实 pH 值为 x，则 x 满足的绝对值不等式为_____。

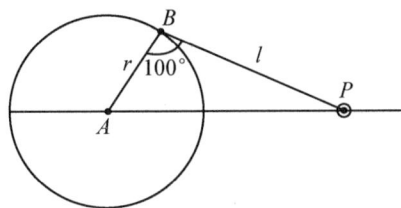

（第 11 题图）   （第 12 题图）

三、解答题

13. 已知某正弦交流电电压的瞬时表达式为 $u=10\sin\left(100\pi t+\dfrac{\pi}{6}\right)$ V。

(1)求 u 的振幅、角频率、初相位；

(2)作出该正弦交流电的电压波形图。

14. 某正弦交流电的电流有效值 $I = 3\sqrt{2}$ A，初相位 $\varphi_{i0} = -\dfrac{\pi}{3}$，频率为 50 Hz，试写出电流的瞬时表达式。

15. 如图是某曲柄连杆机械装置的示意图。曲柄转角 $\angle AOP$ 记为 α，当转角 $\alpha = 45°$，连杆摆角 $\beta = 25°$ 时，

(1)设曲柄连杆比 $\lambda = \dfrac{r}{l}$，求 λ 的值；(精确到 0.1)

(2)若 $r = 6$ cm，求 $\triangle AOP$ 的面积。(精确到 0.1 cm²)

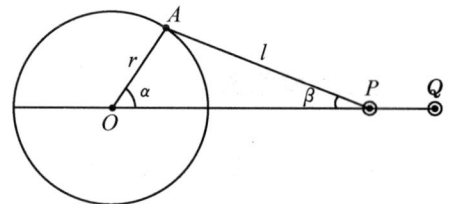

(第 15 题图)

眼里会发生倾斜，当我们"仰视"光环的时候，它像一个平平的圆盘；当我们"平视"它的时候，它几乎消失不见。一个公转周期中有 2 次无法看见光环，1995 年 5 月土星光环"消失"了一次，则在 21 世纪第一个百年中它会"消失"几次？（   ）。

A. 8 次　　　　　　B. 7 次　　　　　　C. 6 次　　　　　　D. 5 次

7. 我们经常看见一种很有规律性的画作，一般都是由一种基本图案(有的是两种)，通过平移、旋转或镜像，把整个平面铺满，没有缝隙和重叠。这种铺放方法，在数学上叫做密铺[如图(1)]。事实上，正三角形、正方形、正六边形都能实现密铺[如图(2)]。图(3)是用正三角形和正六边形组成的一种规则的密铺方式，其中正三角形与正六边形的数量之比为(   )。

A. 2∶1　　　　　　B. 3∶1　　　　　　C. 4∶1　　　　　　D. 6∶1

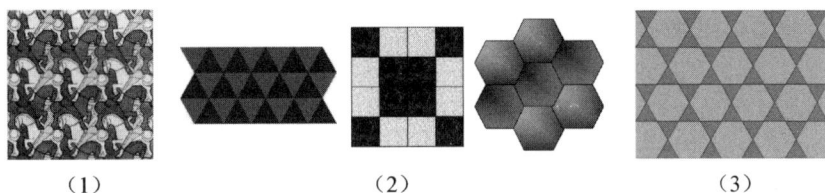

(1)　　　　　　　　　(2)　　　　　　　　　(3)

(第 7 题图)

8. 九星连珠指九大行星在太阳同一侧排列在一条直线上(如图)，是一种罕见的自然天象。九大行星是水星、金星、地球、火星、木星、土星、天王星、海王星、冥王星(注：国际天文联会 2006 年通过决议，将冥王星从"行星"中除名)。它们在各自轨道上围绕着太阳运转，轨道大小不同，运行速度和周期也不一样，通常散布在太阳系的不同区域中。经过一定时期，九颗星同时运行到太阳的一侧，汇聚在一个角度不大的扇形区域中，这一现象称为"九星连珠"。当九颗星运行在一直线(汇聚在一个角度不大的扇形区域中)上，产生九星连珠的概率为多少？（   ）。

A. $\frac{1}{18}$　　　　　B. $\frac{1}{9}$　　　　　C. $\frac{1}{8}$　　　　　D. $\frac{2}{9}$

二、填空题

9.《周髀算经》有这样一问，从冬至之日起，小寒、大寒、立春、雨水、惊蛰、春分、清明、谷雨、立夏、小满、芒种这十二个节气的日影子长依次成等差数列，若冬至、立春、春分的日影子长的和是 37.5 尺，芒种的日影子长为 4.5 尺，则冬至的日影子长为_____尺。

10. 程大位《算法统宗》中有诗一首《沽酒待客》：

待客携壶沽酒，不知壶内金波。逢人添倍又相和，共饮斗半方可。

添饮还经五处，壶中酒尽无多。要知原酒无差池，甚么法儿方可。

原酒有_____斗。(注：斗半指 1 斗半，即 1.5 斗)

11. 某次中俄军演中，中方参加演习的有 4 艘军舰、3 架飞机，俄方有 5 艘军舰、2 架飞机。从中俄两方中各选 2 个单位(1 艘军舰或 1 架飞机都作为一个单位，所有的飞机和军舰都不同），则选出的四个单位中恰有一架飞机的不同选法共有_____种。

12."数摺聚清风，一捻生秋意"是宋朝朱翌描写折扇的诗句，折扇出入怀袖，扇面书画，扇骨雕琢，是文人雅士的宠物，所以又有"怀袖雅物"的别号。如图为折扇示意图，A 为 OB 的中点，若在整个扇形区域内随机取一点，则此点取自扇面(扇环)部分的概率是_____。

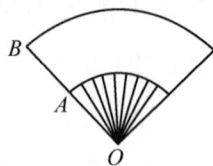

(第12题图)

三、解答题

13. 某校开展"全民健身我参与"体育节活动，其中一项为篮球赛，采取单循环赛制，即每两队之间进行一场比赛。为了充分利用现有场地等资源，计划安排篮球赛的场次在 75～100 场，则可以邀请多少支球队参赛？

14. 某观察哨在上午 11:00 时测得一艘不明船只在观察哨北偏东 60°处，12:20 时测得该船在观察哨北偏西 60°处，20 min 后该船到达位于距离观察哨 5 km 的正西方。如该船始终匀速前行，则不会进入当地军事领地范围，故可不作防备，问该船速度是多少？

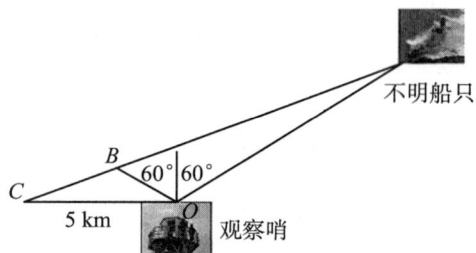

(第14题图)

如果你是军官，会把装甲装在哪个部位呢？（飞机各部位受到损坏的概率是均等的）（　　）

A. 引擎 　　　　　　B. 机身 　　　　　　C. 油料系统 　　　　　　D. 其余部位

5. 人们用几何图形来做美观的镶嵌画[如图（1）]，在埃舍尔（因其绘画中的数学性而闻名）作品中可以看到对分形、对称、密铺平面、双曲几何和多面体等数学概念的形象表达。埃舍尔将简单的正方形经过剪切和平移转变成了一个复杂的镶嵌图形[如图（2）]。试猜测绿色蜥蜴[如图（3）]由（　　）剪切和平移转变而成。

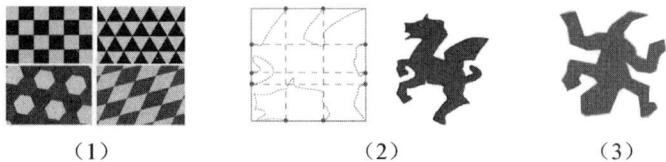

（1）　　　　　　（2）　　　　　　（3）

（第 5 题图）

A. 正三角形 　　　　B. 正方形 　　　　C. 正五边形 　　　　D. 正六边形

6. 大名鼎鼎的"狮子座"流星雨并不是"狮子座"上的流星雨，它是由一颗叫作"坦普尔·塔特尔"的星所抛撒的颗粒滑过大气层所形成的，在地球上看起来像是从"狮子座"上喷射出来的，因此被称为"狮子座"流星雨。它的回归周期为 33.18 年，1966 年它曾带来大规模流星雨，则以下哪一年能再见到"坦普尔·塔特尔"带来的流星雨？（　　）

A. 2022 年 　　　　B. 2030 年 　　　　C. 2099 年 　　　　D. 2160 年

7. 甲、乙、丙三人在环形跑道上同时同地同向出发匀速行进；当甲第一次追上乙时，丙恰好跑了 3 圈；当甲第一次追上丙时，乙恰好跑了 5 圈。那么，当丙第一次追上乙时，甲恰好跑了（　　）圈。

A. 2.5 　　　　　　B. 6 　　　　　　C. 7 　　　　　　D. 无法计算

8. 人在地球表面由于引力作用不会漂浮起来，地球引力会随着人离开地球距离的增加而减弱。h 表示人与地球表面的距离，F 表示人所受的地球引力，能够描述 F 随 h 变化的函数图像是（　　）。

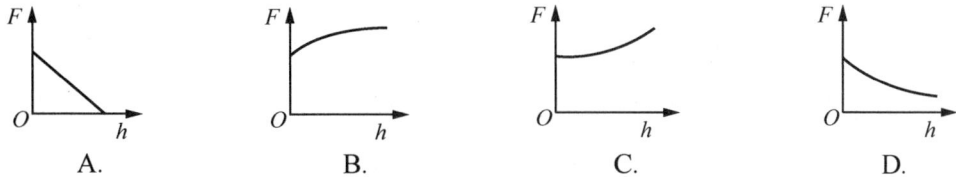

A. 　　　　　　B. 　　　　　　C. 　　　　　　D.

二、填空题

9. 由于战略调整，甲、乙两位将领互换位置到对方的军营指挥作战。两人约定在上午的某个时间同时出发，甲从 A 地往 B 地走，乙从 B 地往 A 地走，都是马不停蹄地匀速前进。两人在正午相遇，抱拳问候之后立即挥手告别，继续向前，一刻不耽误。如果甲达到 B 地的时间是下午 4∶00，乙到达 A 地的时间是晚上 9∶00。请问，他们约定的出发时间是_____。

10. 在射箭运动中，每射一箭得到的环数都是不超过 10 的自然数。现有两名运动员各射了 5 箭，巧的是，每人前 5 箭得到的环数的积都是 1 764，但是各自箭数之和相差 4 环，两人各自的总环数分别是_____和_____。

11. 大衍数列，来源于《乾坤谱》中对"大衍之数五十"的推论，主要用于解释中国传统文化中的太极衍生原理。数列中的每一项，都代表太极衍生过程中，曾经经历过的两仪数量总和，是中华优秀传统文化中隐藏着的世界数学史上第一道数列题。其前 10 项依次是 0，2，4，8，12，18，24，32，40，50，则此数列的第 30 项为_____。

12. 中国古代数学著作《算法统宗》中有诗一首："三百七十八里关，初行健步不为难，次日脚痛减一半，六朝才得到其关，要见次日行里数，请公仔细算相还。"大意为：有一人要走 378 里路，第一天健步行走，从第二天起脚痛，每天走的路程为前一天的一半，走六天恰好到达目的地，请问第一天比第四天多走了_____里。

三、解答题

13. 数学与文学有许多奇妙的联系，如诗中有回文诗：儿忆父兮妻忆夫，既可顺读也可逆读。数学中有回文数，如 121，12 521 等，两位数的回文数有 11，22，33，…，99 共 9 个，则三位数的回文数中，奇数的概率是多少？

14. 现代人们为了信息安全，会设置各种密码，如手机密码、银行卡密码、计算机开机密码等。现市面上普通银行卡可选 0～9 这 10 个数字内任意 6 个数字作为密码。问：

(1)共有多少种设置方法？

(2)小马生日为 1998 年 10 月 25 日，他想将 9，8，1，0，2，5 这六个数字的组合作为银行卡密码，则共有多少种设置方法？

(3)小马的母亲拿着小马的银行卡去取钱，她知道小马 6 位密码的数字，却忘了顺序，只记得末尾 2 位是 18，则小马的母亲一次就输对密码的概率是多少？